DIREITO DO TRABALHO E GESTÃO CORPORATIVA

DIREITO DO TRABALHO E GESTÃO CORPORATIVA

FABIANO ZAVANELLA
LUCIANA NUNES FREIRE
COORDENADORES

ipojur.

LTr®

LTr Editora Ltda.

Rua Jaguaribe, 571
CEP 01224-003
São Paulo, SP — Brasil
Fone (11) 2167-1101
www.ltr.com.br
Fevereiro, 2023

versão impressa — LTr 6392.7 — ISBN 978-65-5883-186-0
versão digital — LTr 9868.9 — ISBN 978-65-5883-187-7

Dados Internacionais de Catalogação na Publicação (CIP)
(Câmara Brasileira do Livro, SP, Brasil)

Direito do trabalho e gestão corporativa / organizadores Fabiano Zavanella, Luciana Nunes Freire. — São Paulo: LTr, 2023.

Vários autores.
Bibliografia.
ISBN 978-65-5883-186-0

1. Compliance 2. Contratos de trabalho 3. Direito do trabalho — Europa 4. Gestão empresarial 5. Inovações tecnológicas 6. Reforma trabalhista 7. Relações de trabalho 8. Teletrabalho I. Zavanella, Fabiano. II. Freire, Luciana Nunes.

22-132549 CDU-34:331(4)

Índices para catálogo sistemático:

1. Europa : Direito do trabalho 34:331(4)

Cibele Maria Dias — Bibliotecária — CRB-8/9427

SUMÁRIO

INTRODUÇÃO 07
Lucas Monteiro de Souza

PREFÁCIO 09
Nelson Mannrich

APRESENTAÇÃO 11
Maria Cristina Irigoyen Peduzzi

COMPLIANCE SINDICAL: O NECESSÁRIO CUIDADO COM CLÁUSULAS NORMATIVAS QUE POSSAM VIOLAR O DIREITO DE CONCORRÊNCIA 13
Andrea Gardano Bucharles Giroldo
Maria Lúcia Ciampa Benhame Puglisi

NOVOS ARQUÉTIPOS SINDICAIS 22
Antonio Carlos Aguiar

BENEFÍCIOS TRABALHISTAS SOB A PERSPECTIVA DA GESTÃO CORPORATIVA 31
Célia Mara Peres
Maria Lúcia Menezes Gadotti

O COMPLIANCE E AS RELAÇÕES DE TRABALHO 44
Cleber Izzo

AS RELAÇÕES DE TRABALHO À LUZ DA LGPD 51
Daiane Souza Ribeiro

CONTINGENCIAMENTO TRABALHISTA: FERRAMENTA EM PROL DA GESTÃO 61
Danilo Dias Simões
Rafael Ricardo

O DIREITO DO TRABALHO E A GESTÃO EMPRESARIAL EM PORTUGAL 74
Duarte Abrunhosa e Sousa

CIPA E A SUA NECESSIDADE DE REDIMENSIONAMENTO NO TELETRABALHO 82
Eduardo Gasparoto

DESAFIOS DA GESTÃO FRENTE AO DIREITO 4.0 93
Fabiano Zavanella
Débora Cunha Romanov

ACORDOS COLETIVOS COMO INSTRUMENTOS DE FLEXIBILIZAÇÃO NAS RELAÇÕES DE TRABALHO 110
Francisco de Assis das Neves Mendes

A GESTÃO DA RELAÇÃO DE TRABALHO E AS NOVAS TECNOLOGIAS: UMA ANÁLISE DOS PROBLEMAS E SOLUÇÕES NA EUROPA 118
Ligia Ramia Munerati

REFORMA SINDICAL, UM GRANDE DESAFIO 129
Luciana Nunes Freire

TELETRABALHO: CONVERGÊNCIAS E DIVERGÊNCIAS NA GESTÃO PÚBLICA E PRIVADA 139
Luis Otávio Camargo Pinto

TERCEIRIZAÇÃO, PEJOTIZAÇÃO, TRABALHO TEMPORÁRIO, MEI, INTERMITENTE: CUIDADOS QUE A GESTÃO DEVE TOMAR 151
Luiz Eduardo Amaral de Mendonça
Fernanda Munis Borges

EFEITOS DAS OPERAÇÕES SOCIETÁRIAS NOS CONTRATOS DE TRABALHO 163
Pamela Krug

METAVERSO — UM CAMINHO NÃO BINÁRIO 172
Ricardo Pereira de Freitas Guimarães
Marco Aurélio Fernandes Galduróz Filho

METAVERSO: O FUTURO AMBIENTE DE TRABALHO 183
Tatiana Guimarães Ferraz Andrade

PREVENÇÃO DE PASSIVOS 193
Vinicius Soares Rocha
Alessandra Viegas Vendrame

INTRODUÇÃO

O DIREITO DO TRABALHO, A GESTÃO JURÍDICA E AS TRANSFORMAÇÕES DA SOCIEDADE INTERNACIONAL: BREVE SAUDAÇÃO AOS LEITORES

As relações de trabalho foram intensamente impactadas pelas grandes transformações vivenciadas pela sociedade internacional nestas duas primeiras décadas do século XXI. Transformações em todos os campos da vida social e econômica, impulsionadas pelo exponencial desenvolvimento tecnológico que marca o nosso tempo.

Em um tal cenário, absolutamente dinâmico e complexo, muitos são os desafios para a advocacia trabalhista e para os gestores jurídicos. Assim como são múltiplas também as oportunidades para a construção de um ambiente de trabalho que proporcione, ao mesmo tempo, para os trabalhadores, bem-estar e realização profissional e, para as empresas, a efetiva materialização dos valores éticos constantes de seus programas de *compliance*.

Nesse contexto de desafios e oportunidades para a área trabalhista e para a gestão jurídica, destaca-se a atuação de fomento acadêmico e discussão de temas relevantes da Comissão de Direito do Trabalho e Relações Sindicais do IPOJUR, coordenada pelos advogados e professores Fabiano Zavanella e Luciana Nunes Freire, Organizadores da presente obra. A partir do excelente trabalho desenvolvido pela Comissão, eles conseguiram reunir neste livro "Direito do Trabalho e os Desafios da Gestão Corporativa" um conjunto de autores de grande destaque, todos muito especializados nos temas que abordam, trazendo reflexões fundamentais à compreensão do Direito do Trabalho que vem emergindo a partir dessas tantas transformações.

Parabenizo os Organizadores e todos os Coautores por esta obra de altíssimo nível técnico e pela abordagem prática dos temas enfrentados, todos eles extremamente relevantes aos profissionais que se dedicam ao Direito do Trabalho e à gestão jurídica.

Boa leitura a todos!

Lucas Monteiro de Souza
Coordenador Geral do IPOJUR.
Advogado e Professor Universitário.

PREFÁCIO

Agradeço o honroso convite para fazer o prefácio do livro "DIREITO DO TRABALHO E GESTÃO CORPORATIVA", editado pela tradicional LTr.

O livro reúne importantes textos de um grupo seleto de autores e é coordenado pelo Fabiano Zavanella e Luciana Nunes Freire, advogados reconhecidos e com longo histórico de liderança no meio empresarial e acadêmico. Como os organizadores já sabiam das minhas limitações, rogo ao leitor que me perdoe "por misericórdia e não porque mereço" (Leon Tolstoi, em Ana Karênina).

Destaco três aspectos que me chamaram a atenção, ao me deparar com o livro: diversidade dos autores, atualidade e importância dos temas selecionados e o "DNA" do IPOJUR, subjacente a estes dois aspectos.

Por essa tríplice perspectiva se percebe a lógica do livro e sua atualidade para se mergulhar nas mudanças profundas que estão ocorrendo no mundo do trabalho e, por trás disso, as preocupações ocorridas no interior das empresas, envolvendo sua percepção da necessidade de alinhamento de sua missão, código de ética e políticas internas para atender as novas exigências por parte dos *stakeholders*.

Em relação ao primeiro aspecto, os autores são acadêmicos reconhecidos e advogados de grandes corporações. Oferecem ao leitor suas experiências colhidas em função de suas atividades especializadas. São experiências únicas, que o leitor não encontra nos manuais básicos de formação jurídica.

Em relação ao segundo aspecto, apesar das diversidades, há certa unidade no exame de questões altamente relevantes, para um público exigente. Entre os diversos temas, podem ser apontados os seguintes:

a) novas relações de trabalho. Os coordenadores selecionaram temais sensíveis, como o impacto da Lei Geral de Proteção de Dados nas relações de trabalho.

b) sindicalismo e seus novos desafios. Nesse bloco, são examinados temas complexos, como reforma sindical, precauções para não violar direito de concorrência, novos arquétipos sindicais e importância do acordo coletivo de trabalho para ajustes flexíveis e necessárias adaptações, levando-se em conta, inclusive, convergências e divergências na gestão pública e privada.

c) Gestão e Compliance. Os temas não apenas ligados à ética e integridade, no âmbito interno, como os necessários cuidados envolvendo terceirização, pejotização, trabalho temporário, nos relacionamentos com terceiros, entre tantos outros temas ligados à gestão trabalhista.

d) novas tecnologias e projeções para o futuro das relações de trabalho. Entre as novas ferramentas, o livro examina os desafios impostos pelo Metaverso e gestão em face do Direito 4.0.

Além destes temas, o livro examina questões pontuais: efeitos das operações societárias nos contratos de trabalho, entre outros. Não bastasse, autores estrangeiros brindam o leitor com suas experiências em gestão empresarial (em Portugal) e soluções apontadas na Europa em matéria de impacto das novas tecnologias na gestão da relação de trabalho.

Por fim, merece destaque o IPOJUR, organizador da obra. O livro atesta o compromisso dessa respeitada entidade: oferecer ao leitor o resultado da pesquisa de alto nível, no universo corporativo. Para tanto, conseguiu atrair os melhores profissionais das áreas do Direito e da Ciência Política. Esses dois pilares — especialidade dos temas e excelência dos autores, correspondem ao diferencial desse livro.

Cumprimento os organizadores, os autores e o IPOJUR pela excelência da obra. O grande beneficiário é o leitor, para o engrandecimento da advocacia corporativa.

Nelson Mannrich

Graduado em Direito pela Pontifícia Universidade Católica de São Paulo (PUC-SP). Mestre, Doutor e Livre-Docente em Direito pela Universidade de São Paulo (USP). Professor Titular Aposentado da Faculdade de Direito da Universidade de São Paulo (USP). Membro do Conselho Superior de Relações do Trabalho da FIESP — Federação das Indústrias do Estado de São Paulo. Presidente da Academia Ibero-americana de Direito do Trabalho e Seguridade Social. Presidente honorário da Academia Brasileira de Direito do Trabalho. Sócio de Mannrich e Vasconcelos Advogados Associados.

APRESENTAÇÃO

Sabe-se que o prefácio introduz a obra e a apresentação, o seu criador.

Este Livro, intitulado "Direito do Trabalho e os Desafios da Gestão Corporativa", resulta da contribuição de plêiade de coautores, que construíram, em incontáveis reuniões mensais, os títulos de valiosa qualidade à gestão jurídica de empresas.

Detenho-me sobre os seus Organizadores, os advogados e professores **Luciana Nunes Freire** e **Fabiano Zavanella**, que coordenaram seleto grupo de advogados, com o objetivo de aprofundar discussões de temas atuais e relevantes com vistas à segura orientação das empresas.

A Dra. Luciana Nunes Freira é estrela destacada no mundo jurídico corporativo, como Diretora Executiva Jurídica da FIESP. Integra o Conselho Deliberativo do Fundo de Pensão do Bradesco e figura entre os 10 executivos jurídicos mais admirados do Brasil, segundo votação promovida pela Revista Análise Advocacia, de 2018 até os dias de hoje. Atua há mais de 20 anos na área corporativa e, além disso, é professora e destacada liderança na advocacia empresarial.

O Dr. Fabiano Zavanella é reconhecido advogado na área empresarial e possui sólida formação acadêmica. Doutorando pela Faculdade de Direito da USP e Mestre em Direito pela PUC/SP, atributos que lhe qualificam como destacado professor universitário em cursos de graduação e pós-graduação.

Nomino os coautores da obra, desde logo parabenizando-os pela produção científica, que será fonte segura de consulta e estudo em questões que envolvem a gestão trabalhista corporativa, a reforma trabalhista e sindical, assim como novos institutos, a exemplo da Lei geral de proteção de dados e do Metaverso, bem como a disciplina e ordenamento das novas formas de trabalhar e produzir, entre outros. São eles os Doutores Andrea Gardano Bucharles Giroldo e Maria Lúcia Ciampa Benhame Puglisi, Antonio Carlos Aguiar, Célia Mara Peres e Maria Lucia Menezes Gadotti, Cleber Izzo, Daiane Souza Ribeiro, Danilo Dias Simões e Rafael Ricardo, Duarte Abrunhosa e Sousa, Eduardo Gasparoto, Fabiano Zavanella e Débora Cunha Romanov, Francisco de Assis das Neves Mendes, Ligia Ramia Munerati, Luciana Nunes Freire, Luis Otávio Camargo Pinto, Luiz Eduardo Amaral de Mendonça e Fernanda Munis Borges, Pamela Krug, Ricardo Pereira de Freitas Guimarães e Marco Aurélio Fernandes Galduróz Filho, Tatiana Guimarães Ferraz Andrade e Vinicius Soares Rocha e Alessandra Viegas Vendrame.

A relevância da obra se destaca pelo momento atual, diante de grandes transformações no mundo do trabalho, em que ocorre um movimento de substituição parcial do trabalho humano pela inteligência artificial, decorrente da computação, da robótica e da cibernética. Tais desenvolvimentos tecnológicos têm impulsionado o uso de algoritmos e a arregimentação de mão de obra por meio das plataformas digitais, no bojo da Revolução Tecnológica 4.0.

Até a viabilização do teletrabalho, modalidade exigida durante a pandemia de COVID-19 — decorre do uso da tecnologia, que renova as formas e os modos como o trabalho se realiza. Se por um lado esse admirável mundo novo substitui em parte o trabalho humano, por outro cria também novas oportunidades para a atuação humana em um processo de renovação do que se entende por trabalho. Diversas tarefas, que há algumas décadas sequer eram cogitadas no imaginário da sociedade, hoje se tornaram profissões rentáveis e muito cotadas no mercado de trabalho.

Enfrenta-se o desafio de produzir normas trabalhistas aptas a solucionar as novas demandas advindas das novas formas de produção e organização do trabalho, assegurando dignidade para os que trabalham, o incentivo necessário para a iniciativa privada inovar e gerar riqueza e a segurança jurídica para que a sociedade progrida e cresça economicamente.

A Reforma Trabalhista, nessa linha, valorizou a autonomia negocial, individual e coletiva. A nova legislação atribuiu às partes, sabedoras das necessidades e particularidades das relações que se produzem entre as categorias profissional e econômica, o poder de fixar normas temporárias de regência às relações de trabalho que, nesse âmbito, se processam. Os limites ao exercício da autonomia negocial coletiva está expresso na lei: e não poderá contrariar norma constitucional nem a lei ordinária no que dispõe sobre as matérias identificadas nos incisos do art. 611-B, da CLT.

Fora desses limites, é livre a fixação de cláusulas normativas pelas respectivas categorias profissional e econômica, e a intervenção mínima do Poder Judiciário (art. 8º, § 3º, CLT) é preservada.

A obra jurídica, considerada a qualificação profissional de seus edificadores, é da melhor qualidade, recomendando-se como leitura que aprofunda os temas, discutindo os aspectos legais pertinentes com linguagem elegante.

Louvo a iniciativa, honrada com o convite para esta apresentação dos Organizadores, Coordenadores e Autores, parabenizando-os por compartilharem nova e sólida fonte de consulta à gestão empresarial.

Maria Cristina Irigoyen Peduzzi
Ministra e ex-Presidente do Tribunal Superior do Trabalho e do CSJT.
Presidente Honorária da Academia Brasileira de Direito do Trabalho.
Ex-Conselheira do CNJ e ex-Diretora da ENAMAT.
Mestre em Estado, Direito e Constituição pela UnB.

Compliance Sindical: O necessário cuidado com cláusulas normativas que possam violar o direito de concorrência

Andrea Gardano Bucharles Giroldo(*)

Maria Lúcia Ciampa Benhame Puglisi(**)

1. INTRODUÇÃO

Desde a Reforma Trabalhista as cláusulas de contribuição compulsórias para as empresas têm aumentado, possuindo diferentes formatos, desde contratação de um plano de saúde específico, com vedação de contratação livre, até contribuições a favor de sindicatos profissionais, o que a Convenção n. 98 da OIT veda.

Neste trabalho vamos focar em um tipo de cláusula que têm chamado a atenção não só pelas decisões divididas, mas pela total ausência de verificação da legislação concorrencial.

Há certo tempo entidades sindicais passaram a estabelecer em suas normas coletivas obrigações a serem cumpridas por empresas quanto à contratação de determinados benefícios — os chamados benefícios sociais.

Por meio destas cláusulas, as entidades — patronal e de trabalhadores, convencionam obrigações para serem cumpridas por todas as empresas, acerca da contratação de seguros de vida, previdência privada, plano de saúde, assistência odontológica, benefício funeral, psicossocial, farmácia, enfim, uma gama diferente de benefícios que visam melhorar a condição social dos trabalhadores, prestando auxílios que não seriam facilmente contratados por assalariados.

Quando as cláusulas são pactuadas como meio de se melhorar a condição social dos trabalhadores, sem imposição de empresas a serem contratadas e/ou sem a intermediação de qualquer das entidades sindicais, as cláusulas cumprem sua função de melhorar a condição do trabalhador. O problema reside na indicação de empresas prestadoras de serviços ou na destinação de valores para serem geridos pelas próprias entidades sindicais ("cláusulas

---

(*) Mestre em Direito dos Negócios pela Escola de Direito de São Paulo da Fundação Getúlio Vargas; Pós-graduada em Direito e Processo do Trabalho pela Universidade Presbiteriana Mackenzie; graduada pela Universidade Estadual de Londrina. Membro do CIELO Laboral e da APRES — Associação Paulista de Relações e Estudos Sindicais; Membro efetivo da Comissão de Compliance da OAB/SP; Membro do Conselho Jurídico do SindusCon-SP; Advogada;

(**) Graduada e pós-graduada em Direito do Trabalho e Previdência Social na Faculdade de Direto — USP. Mestranda nel Máster Universitario de Derechos humanos democracia y globalización na UOC — Universitat Oberta de Catalunya. Cursos de extensão na Faculdade de Direito da FGV de Liderança Sindical Empresarial, em Gestão de Pessoas e Compliance Trabalhista e em Fusões e Aquisições — M&A. Curso de Arbitragem Trabalhista no PACE-AMCHAM. Pesquisadora do Núcleo de Pesquisas CNPQ/PUCRS "Relações de Trabalho e Sindicalismo", coordenado pelo Prof. Gilberto Stürmer. Membro do CIELO Laboral, da Comissão de Dir Sindical da OAB SP; Líder do GT de Compliance Sindical na Comissão de Compliance da OAB SP; vice-líder do Comitê de Gestão de Pessoas da Câmara de Comércio Espanhola. Diretora Presidente da APRES — Associação Paulista de Relações e Estudos Sindicais; Advogada.

sociais dirigidas"), quando então a cláusula normativa passa a ganhar contornos de possível ilegalidade.

O assunto não é novo, embora exista uma negação conveniente de sua ocorrência por parte dos atores sociais, a qual possivelmente passa por um desconhecimento das implicações legais decorrentes do cumprimento das obrigações que nelas são consignadas.

Busca-se, por meio deste artigo, esclarecer os atores sociais quanto aos riscos da elaboração das cláusulas de benefícios sociais dirigidas, suas implicações e eventuais impactos na legislação de liberdade econômica e concorrencial, que possam surgir para as entidades sindicais e empresas.

2. CLÁUSULAS SOCIAIS DIRIGIDAS E O DIREITO CONCORRENCIAL.

Os instrumentos normativos são constituídos por cláusulas obrigatórias e facultativas. A própria Consolidação das Leis do Trabalho dispõe, no artigo 613, o rol das chamadas cláusulas obrigatórias. Como menciona Ronaldo Lima dos Santos[1]:

> O art. 613 da CLT contém um rol de cláusulas obrigatórias; ele estabelece o conteúdo mínimo das convenções e acordos coletivos, que deve obrigatoriamente conter: a designação dos sindicatos convenentes ou dos sindicatos e empresas acordantes (inciso I); o prazo de vigência (inciso II); as categorias ou classes de trabalhadores abrangidas (inciso III); as condições ajustadas para reger as relações individuais de trabalho durante sua vigência (inciso IV); normas para conciliação das divergências surgidas entre os convenentes por motivos de aplicação das cláusulas (inciso V); disposições sobre os processos de prorrogação e de revisão total ou parcial (inciso VI); os direitos e deveres dos empregados e empresas (inciso VII); as penalidades para os sindicatos convenentes, empregados e empresas na hipótese de violação as suas cláusulas (inciso VIII).

Por outro lado, as cláusulas facultativas são aquelas cujas matérias são de livre convenção das partes, criando obrigações que irão aderir aos contratos individuais de trabalho durante a vigência da norma que as originou. São aquelas que ...

> *(...) dispõem sobre matérias cuja inserção nos acordos e convenções coletivas apresenta-se como faculdade das partes convenentes que, baseadas em critério de oportunidade e conveniência, decidem sobre as vantagens e desvantagens de sua inclusão no instrumento normativo em elaboração.*[2]

As cláusulas de benefício social se inserem na ordem de cláusulas facultativas, gerando obrigações usualmente não previstas em lei ou melhorando aquelas que estejam previstas.

Não se pode negar a relevância das cláusulas contendo benefícios sociais, porque se constituem em ganhos para os trabalhadores, para além daquilo que a lei os garante. No entanto, quando o benefício é dirigido à determinado fornecedor de serviços ("player"), a condição normativa pode vir a ferir o direito à livre concorrência, impactando o mercado em que o benefício social se insere.

---

(1) SANTOS, Ronaldo Lima dos. *Teoria das normas coletivas*. 2. ed. São Paulo: LTr, 2009.
(2) SANTOS, Ronaldo Lima dos. *Teoria das normas coletivas*. 2. ed. São Paulo: LTr, 2009.

Para melhor compreensão do assunto, se faz necessário breves esclarecimentos quanto ao direito de concorrência e os princípios que asseguram o livre mercado:

> *(...) Fazem-se necessárias regras que garantam a lealdade do comportamento dos agentes econômicos, sem as quais a concorrência, ainda, que existente e livre, desandaria em um processo autofágico que favoreceria o restabelecimento de estruturas monopolistas e oligopolistas.*
>
> *Esses dois tipos de regra, regulando, de um lado, a "liberdade" e, de outro lado, a "lealdade" da competição, formam um todo que se pode chamar de direito concorrencial. A unicidade do sistema não significa que não exista certa tensão entre esses dois tipos de regras. Na medida em que se expande o alcance do conceito de lealdade, tornando mais rigorosas ou mais amplas as regras de concorrência desleal, a liberdade de atuação dos agentes sofre certa restrição. De outro lado, um princípio de liberdade mais amplo no campo econômico tende a restringir o número de comportamentos considerados desleais.*
>
> *Elemento fundamental para esse equilíbrio é a consideração concreta da pluralidade de interesses envolvidos no direito concorrencial. Isso significa que, para determinar o correto ponto de equilíbrio entre a liberdade que se deve dar aos concorrentes e os padrões éticos de comportamento que deles é preciso exigir, faz-se necessário ir além da relação entre os concorrentes e verificar se aquele específico comportamento pode limitar ou de qualquer forma falsear a liberdade de escolha do consumidor. É a consideração dos interesses do consumidor ao lado dos interesses do concorrente que permite resolver eventuais impasses.*[(3)]

Contudo, adverte Calixto Salomão Filho[(4)], os interesses do consumidor devem ser analisados de forma cuidadosa, porque o fato de ser o destinatário econômico final das normas concorrenciais, não é o destinatário jurídico direto.

A análise do benefício ao destinatário econômico final toma relevância no âmbito das normas coletivas, porque o trabalhador, a quem a cláusula social dirigida se destina, é diretamente impactado pela norma, na maioria das vezes de forma positiva, sendo o impacto negativo para além da relação de trabalho ou, muitas vezes, para o empresário que já possui o benefício contratado com outro player do mercado. O destinatário jurídico da questão que se coloca, obviamente, não é o trabalhador.

Com efeito, as práticas que ferem Direito da Concorrência podem ser classificadas por três principais manifestações: (i) acordos; (ii) abuso de posição dominante e (iii) concentrações. A lei não distingue quais são as condutas que tipificam caracterização de infração à ordem econômica, bastando que não seja mero fato e "*que possa, de alguma forma, prejudicar a concorrência (...).*[(5)]"

Como ensina Paula Forgioni[(6)]:

> *Para que seja considerado contrário à ordem econômica, basta que o ato (quer acordo, quer abuso, quer concentração) determine a incidência do art. 36,* caput, *ou seja, tenha por objeto ou produza um dentre os seguintes efeitos: (i) limitar, falsear ou de qualquer*

(3) SALOMÃO FILHO, Calixto. *Direito Concorrencial*. 2. ed. São Paulo: Malheiros Editores, 2002.
(4) *Idem, ibidem*
(5) FORGIONI, Paula. *Os fundamentos do Antitruste*. 5. ed. São Paulo: Revista dos Tribunais, 2012. p. 129.
(6) *Idem*, p. 131.

forma prejudicar a livre concorrência ou a livre iniciativa; (ii) dominar mercado relevante de bens ou serviços; (iii) aumentar arbitrariamente os lucros; ou (iv) exercer de forma abusiva posição dominante.

Se torna relevante destacar que apenas um dos efeitos deve estar presente para que se caracterize uma potencial conduta de infração à ordem econômica, não havendo necessidade de presença concomitante de todos.

No entanto, para uma conduta ser declarada ilícita, deve haver a comprovação de efeitos abusivos ou anticompetitivos tal como determina o *caput* do artigo 36, da Lei n. 12.529/2011.

Voltando ao âmbito do Direito do Trabalho, a instituição de uma cláusula de benefício social dirigida, em benefício de uma empresa específica, fere a liberdade da atividade e econômica, a livre-iniciativa e gera crime contra a organização econômica.

Ora, a Constituição Federal, em seu artigo 170, preserva a liberdade da iniciativa privada, estabelecendo, em seu parágrafo único, que "É assegurado a todos o livre exercício de qualquer atividade econômica, independentemente de autorização de órgãos públicos, salvo nos casos previstos em lei."

Para proteção da livre-iniciativa e da liberdade econômica, existem as Leis ns. 8.137/1990 e 12.529/2011, que estabelecem:

LEI N. 8.137, DE 27 DE DEZEMBRO DE 1990.

Art. 4º Constitui crime contra a ordem econômica:

I — abusar do poder econômico, dominando o mercado ou eliminando, total ou parcialmente, a concorrência mediante qualquer forma de ajuste ou acordo de empresas;

(...)

c) ao controle, em detrimento da concorrência, de rede de distribuição ou de fornecedores.

LEI N. 12.529, DE 30 DE NOVEMBRO DE 2011.

Art. 36. Constituem infração da ordem econômica, independentemente de culpa, os atos sob qualquer forma manifestados, que tenham por objeto ou possam produzir os seguintes efeitos, ainda que não sejam alcançados:

I — limitar, falsear ou de qualquer forma prejudicar a livre concorrência ou a livre-iniciativa;

§ 3º As seguintes condutas, além de outras, na medida em que configurem hipótese prevista no caput deste artigo e seus incisos, caracterizam infração da ordem econômica:

III — limitar ou impedir o acesso de novas empresas ao mercado;

Muitas vezes, se se investigar a fundo, se constatará que a empresa/entidade citada nas cláusulas sociais dirigidas existentes nas Convenções Coletivas de Trabalho (CCTs) não é empresa seguradora tampouco fornecedores diretos de benefício, mas sim uma entidade "gestora", sem indicação de quais seriam as empresas a conceder tais benefícios, que deveriam ter registro nos órgãos competentes, dentre eles a SUSEP.

Nos Tribunais Trabalhistas, há divergências de entendimento, conforme se observa do artigo publicado no site do TRT da 18ª Região:

Ainda não há consenso na Justiça do Trabalho goiana sobre a validade ou não da cláusula de convenção coletiva de trabalho (CCT) que institui benefício social e seu custeio pelas empresas. Decisões recentes do segundo grau apresentam entendimentos divergentes. Para a Primeira Turma, a cobrança do benefício social familiar é lícita e não fere a autonomia sindical. Já a Segunda Turma entende que o benefício trata de uma contribuição assistencial como previsto no art. 513, "e", da CLT, e, nesse caso, a sua cobrança compulsória ofende o direito de livre associação e sindicalização, cuja nulidade já foi reconhecida pelo TST.[7]

No corpo do Voto da divergência suscitada no artigo mencionado:

> *Como constou do julgado, "a contribuição social tem como finalidade prover recursos para o pagamento do denominado 'benefício social familiar' que, antes da entrada em vigor da Lei n. 13.467/2017 era aplicada e cobrada dos trabalhadores da categoria profissional dos sindicatos" (fl. 1061).*
>
> *Entretanto, a referida contribuição também deve ser autorizada pela vontade dos filiados ao sindicato. "Ao contrário do sugerido pelo recorrente, a natureza jurídica desta contribuição é não-tributária e o seu âmbito subjetivo de incidência é composto pelos membros filiados ao sindicato instituidor. Como decidido na origem, antes mesmo das alterações trazidas pela nova Lei n. 13.467/2017, todas as contribuições instituídas por meio de negociação coletiva, com exceção da contribuição sindical, possuíam caráter facultativo ao trabalhador e empregador" (fl. 1062).*
>
> *Não obstante, e de acordo com a r. sentença, "é necessária a autorização expressa e prévia da empresa atingida pela medida para se reivindicar dela o pagamento do "benefício social familiar", não podendo o instrumento coletivo olvidar tal condição, uma vez que legalmente imposta" (fl. 962).*
>
> *Dessa forma, não havendo nos autos prova da filiação da empresa, tampouco comprovação expressa e prévia de autorização para pagamento do "benefício social familiar", indevida sua cobrança de forma compulsória (fl. 963).*
>
> *Ao contrário do sugerido pelo embargante "todas as contribuições instituídas por meio de negociação coletiva, com exceção da contribuição sindical, possuíam caráter facultativo ao trabalhador e empregador. Nessa linha entendimento jurisprudencial do E. STF e do C. TST, consubstanciada, respectivamente, na Súmula Vinculante n. 40, no Precedente Normativo n. 119 e na Orientação Jurisprudencial 17 da SDC" (fl. 1062). (TRT-2 — EDCiv: 10006809620195020332 SP, Relator: Manoel Antonio Ariano, 14ª Turma — Cadeira 3, Data de Publicação: 01.12.2020)*

Ao analisar as decisões dos tribunais trabalhistas sobre as cláusulas sociais dirigidas, percebe-se que em nenhuma delas a lei concorrencial e de liberdade econômica são analisadas.

O único foco das decisões trabalhistas, talvez por refração à análise de outras áreas legais aplicáveis à matéria, é a da liberdade sindical e quanto à possibilidade de fixar pagamentos compulsórios ou destinar benefícios a serem contratados por determinadas empresas/ entidades.

Mas mesmo nesse sentido, há decisões pela ilegalidade de tais cláusulas, como vemos das decisões abaixo.

> *RECURSO ORDINÁRIO DO AUTOR. BENEFÍCIO SOCIAL FAMILIAR PREVISTO EM CONVENÇÃO COLETIVA. CONTRIBUIÇÃO COMPULSÓRIA. EMPRESA NÃO ASSOCIADA. OFENSA AO DIREITO DE LIVRE ASSOCIAÇÃO E SINDICALIZAÇÃO. IMPOSSIBILIDADE. A cláusula de convenção coletiva suscitada pelo sindicato autor, para fundamentar o pleito, referente ao benefício social familiar, viola o direito de livre associação e sindicalização, sendo nula em relação aos não associados a entidade sindical, porque estabelece contribuição social patronal compulsória em favor do sindicato, independentemente de filiação, para o custeio de um sistema assistencial, de benefícios sociais para os trabalhadores. (TRT-13 — RO: 00002924420215130007 0000292-44.2021.5.13.0007, Tribunal Pleno, Data de Publicação: 16.11.2021)*[8]
>
> *BENEFÍCIO SOCIAL FAMILIAR E TAXA DE APRIMORAMENTO. CONTRIBUIÇÃO ASSISTENCIAL CAMUFLADA. DECLARAÇÃO DE INOPONIBILIDADE DE CLÁUSULAS CONVENCIONAIS. A instituição, por norma coletiva, de benefícios aos empregados, vinculados ao pagamento pelo empregador ao sindicato profissional, revela-se uma forma camuflada e impositiva de contribuição assistencial, malferindo o disposto no art. 8º da Constituição Federal, pois implica ingerência indevida dos integrantes da categoria econômica nas entidades sindicais*

---

(7) <https://www.trt18.jus.br/portal/turmas-do-trt-divergem-sobre-instituicao-de-beneficio-social-por-norma-coletiva/>.

(8) <https://trt-13.jusbrasil.com.br/jurisprudencia/1330938421/recurso-ordinario-trabalhista-ro-29244 20215130007-0000292-4420215130007>.

profissionais. As dificuldades enfrentadas pelos sindicatos não os autorizam a contornar o ordenamento jurídico para instituir, de maneira transversa, caráter compulsório à contribuição assistencial. Recurso a que se dá provimento para declarar a inoponibilidade das cláusulas convencionais à empresa autora. (TRT18, RORSum – 0010585-31.2020.5.18.0052, Rel. GENTIL PIO DE OLIVEIRA, 1ª TURMA, 26.03.2021)

Veja-se que nenhuma das citadas decisões analisa as Leis ns. 8.137/1990 e 12.529/ 2011.

Mesmo no julgado abaixo, que esbarra na contratação compulsória, tais aspectos não são examinados com cuidado, como se vê da discussão no corpo do acórdão[9] autos n.1001867-41.2020.5.02.0612:

De fato, com a entrada em vigor da Lei n. 13.467/2017, temos que as contribuições instituídas pelos Sindicatos, a qualquer título, só se tornam exigíveis para aqueles que prévia e expressamente autorizarem, nos termos dos artigos 578 e 579 da CLT.

Ainda, com o advento da Lei n. 13.467/2017, toda contribuição cobrada pelo sindicato é considerada contribuição sindical e de caráter facultativo, não havendo distinção entre a contribuição em discussão e aquelas destinadas ao custeio do Sistema Confederativo e das Entidades Sindicais.

Neste cenário, o 'Benefício Social Familiar' não pode ser simplesmente imposto ao empregador, sendo necessária a anuência daquele que desejar contribuir.

Ainda, da análise do processo, se depreende que, embora a autora afirme ser filiada ao SIEMACO-SP, não foi apresentada comprovação da expressa e prévia autorização quanto ao pagamento do 'Benefício Social Familiar'.

Nestes termos, considero indevida a cobrança da contribuição, de forma compulsória, não havendo justificativa plausível para a negativação da autora junto aos órgãos de proteção ao crédito

Dessa forma, a Justiça do Trabalho limita-se a verificar a questão com foco na compulsoriedade ou não de tais contribuições, sem se atentar à legalidade da contratação, à real destinação dos valores e à legislação concorrencial.

Para além das normas coletivas que estabeleçam contribuições compulsórias a título de benefício social, ainda se verificam normas determinando a contratação de determinado prestador de serviços, como, por exemplo, a "cláusula de seguro de acidentes e substituição por cartão multi clube de benefícios" firmada no âmbito de determinada a categoria econômica e profissional no Estado de São Paulo[10]:

CLÁUSULA VIGÉSIMA TERCEIRA – SEGURO DE VIDA EM GRUPO E SUBSTITUIÇÃO POR CARTÃO MULTI CLUB DE BENEFÍCIOS

Fica acordado entre as partes que as empresas deverão contratar e implementar, até a data de 31.07.2019, fornecendo para cada empregado, cartão Multi Clube de benefícios, no qual deverá contemplar, também e obrigatoriamente, em favor dos empregados, seguro de vida em grupo, no mínimo nos seguintes moldes:

a) Cobertura – Capitais Segurados – Morte do Empregado – R$ 7.500,00 (sete mil e quinhentos reais).

b) Adicionais – invalidez permanente total ou parcial – R$ 7.500,00 e auxílio funeral em caso de morte do titular – R$ 3.000,00.

c) O cartão Multi Clube de Benefícios deve conter um sistema capaz de oferecer benefícios reais a grupos e segmentos específicos.

d) Deverá ter hierarquia multinível permitindo a remuneração crescente de cada nível (federal, estadual e regional) de acordo com o crescimento do número de adesões ao sistema, disponibilizando produtos e serviços com desconto, oferecendo benefícios prontos para usar.

---

(9) <https://trt-2.jusbrasil.com.br/jurisprudencia/1278540841/recurso-ordinario-rito-sumarissimo-rorsum-10018674120205020612-sp/inteiro-teor-1278541275>.

(10) BRASIL. Ministério do Trabalho e Previdência. Sistema Mediador. N. de Registro SP001009/2019. N. da Solicitação MR074416/208. Disponível em: <http://www3.mte.gov.br/sistemas/mediador/Resumo/ResumoVisualizar?NrSolicitacao=MR074416/2018>. Acesso em: 23 ago. 2022.

e) Os empregados deverão contribuir com a importância fixa de R$ 2,00 (dois reais) mensais, que deverá ser descontada em folha de pagamento.

47.1. Até a implementação de referido cartão, as empresas estão obrigadas a manter, em favor dos seus empregados, independentemente da forma de contratação, um Seguro de Vida e Acidentes Pessoais em grupo, no mínimo nos moldes da normatização disciplinada no anexo I que é parte integrante do presente ajuste.

A empresa fornecedora do cartão multi benefícios não é indicada na norma coletiva de forma proposital, mas as entidades graciosamente indicam a contratação mediante solicitação dos interessados em cumprir a norma.

Não se pode esquecer que a atividade de seguros é altamente regulada, inexistindo qualquer indicação das entidades geridas pela empresa multi benefícios, ou seja, se elas oferecem seguros, ou benefícios como pecúlios no desligamento, deveriam ser indicadas juntamente com seus registros na SUSEP — Superintendência de Seguros Privados — órgão regulador, bem como sua capacidade de pagamento de totalidade dos benefícios ofertados.

Dessa forma, o que se verifica é que, se os tribunais do trabalho continuarem a focar somente na legalidade ou ilegalidade de contribuições sindicais, sem analisar passar pela análise da validade da contratação compulsória com base na legislação concorrencial e de liberdade econômica, os julgados continuarão a ser divergentes, e sem analisar o âmago mais importante da questão.

O Direito é multidisciplinar e enxergar a Justiça do Trabalho somente como um órgão protetivo do trabalhador, sem que seja um órgão responsável pela legalidade, reduz sua importância e relevo.

Veja-se que o julgado abaixo, quase diz que os assuntos empresariais não são afetos à justiça do trabalho, como se sua função não fosse a de analisar a situação jurídica de maneira imparcial e multidisciplinar:

NORMA COLETIVA. BENEFÍCIO SOCIAL FAMILIAR. VALIDADE. LIBERDADE SINDICAL. INOCORRÊNCIA DE AFRONTA. QUESTIONAMENTO RESTRITO À EMPRESA E AO SINDICATO QUE A REPRESENTA. Reexaminando a matéria, concluo pela validade da cláusula que prevê a cobrança do benefício social familiar, ante a autonomia sindical, quando atendidas as formalidades legais. Trata-se de regra altamente benéfica para o empregado, proporcionando-lhe, sem ônus, acesso a benefícios sociais e familiares, com o pagamento integralmente feito pela empregadora. Ademais, a negociação coletiva, em regra, decorre de concessões mútuas e a eliminação de cláusula benéfica ao trabalhador pode gerar desequilíbrio no instrumento coletivo, prejudicando o empregado. E mais, essa norma em nada interfere na liberdade sindical, porque independe de sindicalização, abrangendo todos os empregados da empresa, indistintamente. Não se questiona que a empresa é representada pelo sindicato que firmou o instrumento coletivo. ***Eventual prejuízo para a empregadora deve ser solucionado diretamente por ela com o sindicato patronal, seja pela efetiva participação nas assembleias convocadas para essa finalidade ou até mesmo por outros procedimentos legais[11].*** *(destacamos)*

A propósito da decisão acima, foi instaurado Incidente de Resolução de Demandas Repetitivas no âmbito do Tribunal Regional do Trabalho da 18ª Região (IRDR), tombado sob o n. 0010882-63.2021.5.18.0000, pendente de julgamento na data em que o presente artigo foi escrito.

No entanto, extrai-se dos autos importante manifestação do Ministério Público do Trabalho que, não obstante apresente Parecer contrário à cláusula normativa pugnando por sua ilegalidade, deixa de ingressar no campo do direito concorrencial:

---

(11) BRASIL. Tribunal Regional do Trabalho da 18ª Região. TRT — RORSum-0010994-12.2020.5.18.0018. Relator Desembargador Gentil Pio de Oliveira. Goiânia, GO, 29 de julho de 2021. Disponível em: <https://sistemas.trt18.jus.br/consultasPortal/pages/Processuais/DetalhaProcesso.seam?p_num_pje=151214&p_grau_pje=2&popup=0&tipo_proc=RORSum&cid=332727>. Acesso em: 23 ago. 2022.

No mérito, observa-se que a obrigação impelida na cláusula 21 da CCT e seu aditivo acaba por criar benefícios ou preferências para empregados sindicalizados ou não, mediante ato ou custeio direto ou indireto a cargo dos empregadores, o que claramente representa uma sindicalização forçada da categoria, ofendendo o princípio da liberdade sindical. Inclusive a prática materializa ingerência patronal indevida no sindicato obreiro, o qual passa a ter como uma fonte de custeio as empresas e não associados.

(...)

Autorizar que uma empresa custeie benefícios para obreiros sindicalizados caracteriza claro ato de ingerência, por meio de financiamento empresarial das atividades rotineira ou de fortalecimento do sindicato de trabalhadores.

(...)

Isto é assim porque o financiamento por empregadores das atividades de um sindicato profissional claramente conduz à ingerência, violando a autonomia sindical. Ora, quem "paga a conta" certamente também influência nas decisões.(12)

As decisões que sustentam a validade destas cláusulas pactuadas no âmbito de normas coletivas, infelizmente, reduzem a importância da Justiça do Trabalho, mas mais do que isso, ferem a legislação concorrencial e o artigo 170 da CF/88, que prevê a liberdade da atividade econômica.

As decisões e os atores sociais impactados sequer verificam a regularidade de empresas, não avaliam que contratos firmados por empregadores dentro da regularidade deverão ser rescindidos com pagamento de multas, tudo em prejuízo do próprio empregado que sequer terá a certeza do recebimento do dito "benefício", já que são empresas que recebem valores sem prestar contas deles a nenhum órgão regulatório.

A função social da empresa e a liberdade negocial não podem ser usadas para contratações que infrinjam a lei.

Com efeito, todo negócio jurídico, e os instrumentos coletivos são uma espécie do gênero, estão submetidos à legalidade de seu objeto, conforme artigo 104 do Código Civil.

O instrumento coletivo que possua objeto ilícito será nulo.

Portanto, por qualquer ângulo que se analise a questão, tais cláusulas, ao imporem de maneira compulsória a contratação de uma única empresa, sem sequer verificar a legalidade de atuação regulatória dessa empresa e sem avaliar qual o impacto desta contratação obrigatória para os demais "players" do mercado, ferem o ordenamento jurídico e, portanto, devem ser consideradas nulas pela Justiça do Trabalho.

3. AS DISPOSIÇÕES DO CADE

O Conselho Administrativo de Defesa Econômica ("CADE"), claramente reconhece que a lei concorrencial atinge qualquer entidade pública ou privada, dentre estas os sindicatos, como se infere da Cartilha de Combate a Cartéis e Programa de Leniência:(13)

A política brasileira de defesa da concorrência é disciplinada pela Lei n. 8.884, de 11 de junho de 1994, conhecida como Lei de Defesa da Concorrência. Todos — pessoas físicas, empresas públicas e privadas, ***associações de classe e sindicatos, independentemente do setor de atuação — estão sujeitos aos dispositivos dessa lei.***

No mesmo documento verificamos a competência do CADE e do Ministério Público Federal e Estadual nas investigações dos crimes contra a organização e liberdade econômica:

(12) BRASIL. Tribunal Regional do Trabalho da 18ª Região. IRDR 0010882-63.2021.5.18.0000. Relator Desembargador Daniel Viana Junior. Goiânia, GO, 23 jun. 2022. Disponível em: <https://pje.trt18.jus.br/consultaprocessual/detalhe-processo/0010882-63.2021.5.18.0000/2#00488a9>. Acesso em: 23 ago. 2022.

(13) BRASIL. Ministério da Justiça e Segurança Pública. Conselho Administrativo de Defesa Econômica. <https://cdn.cade.gov.br/Portal/centrais-de-conteudo/publicacoes/documentos-da-antiga-lei/cartilha-leniencia-sde-cade.pdf>. Acesso em: 23 ago. 2022.

A SDE, por meio do Departamento de Proteção e Defesa Econômica (DPDE), é o órgão responsável por investigar infrações à ordem econômica e por emitir pareceres não vinculativos em fusões e aquisições. A SEAE, por sua vez, é responsável por emitir pareceres econômicos em fusões e aquisições, bem como, facultativamente, elaborar pareceres em investigações sobre condutas lesivas à concorrência. ***O CADE é um órgão colegiado que realiza o julgamento final, em âmbito administrativo, dos processos que investigam violações à ordem econômica e dos atos de concentração****, após a análise dos pareceres proferidos pela SDE e SEAE*(14).

Assim, cláusulas convencionais que prejudiquem a livre concorrência, impondo contratações de empresas "aprovadas" poderão ser analisadas também pelo CADE e não só pela Justiça do Trabalho.

A denúncia é efetuada diretamente ao CADE que inicia um processo investigatório, que pode culminar com sanções administrativas e processos criminais contra os dirigentes que pactuaram as cláusulas sociais dirigidas, puníveis com multa ou prisão de dois a cinco anos em regime de reclusão.

Portanto, para além das repercussões e impactos nas relações de trabalho, as cláusulas de benefício social dirigidas acarretam prejuízos à sociedade, porque impactam a concorrência e o livre mercado, sendo os responsáveis por sua elaboração passíveis de responsabilização penal.

4. CONCLUSÕES

As cláusulas sociais dirigidas, sob a justificativa de criarem benefícios para os trabalhadores, acabam por prejudicar a sociedade. Para além dos impactos nefastos nas relações entre empresas e sindicatos, com eventual caracterização de financiamento da atividade sindical, tais cláusulas podem vir a atingir determinado mercado, acarretando uma concorrência desleal com outros players e impactando o livre mercado.

A Justiça do Trabalho, quando instada a se manifestar sobre a legalidade desse tipo de cláusula, não aprofunda a discussão, não adentra nos fundamentos do direito concorrencial e liberdade econômica, o que acaba por estimular a proliferação de negociações envolvendo tais benefícios, até porque, se não são refreados, cria-se um estímulo a sua utilização.

Para além de proferir julgamentos pela ilegalidade das cláusulas normativas que estipulem os benefícios sociais na forma como apresentados neste artigo, compete à Justiça do Trabalho oficiar os órgãos competentes para apuração dos ilícitos no âmbito de suas atribuições.

(14) *Idem.*

Novos arquétipos sindicais

Antonio Carlos Aguiar(*)

> *Se a narrativa faz com que vejamos eventos passados como se fossem mais previsíveis, mais esperados e menos aleatórios do que realmente foram, então deveríamos ser capazes de fazer com que isso funcionasse a nosso favor como uma terapia contra algumas das feridas causadas pela aleatoriedade.*
>
> Nassim Nicholas Taleb(1)

Pensar e conceituar o sindicato, tal como ao longo da história vem sendo feito, repetido, ensinado, aprendido e vivido, tem a ver com lógica advinda de um mundo analógico, onde questões de defesa laboral centravam-se neste contexto social linear.

Por óbvio, de todo errado não está. Tampouco em completo desuso, uma vez que o mundo do trabalho ainda é — em grande parte — analógico, demandando, por isso mesmo, soluções ainda pautadas nesta forma de compreensão das coisas.

Mas essa constatação de nada serve para não enxergar o que nos está diante dos olhos.

Colocar uma venda analógica-linear para não querer ver um mundo digital e multidisciplinar é ter um "lado". Um "lado" obscuro, disforme e desconforme com a realidade, unicamente sustentado por uma crença, que desagua na certeza da ignorância.

Sabedoria não tem lado.

"Quando você está acaloradamente discutindo não defende seu lado por achar que ele é o certo. Ao contrário, acha que é o certo por estar desse lado" (...). Há pouco mais de uma década dois pesquisadores de Harvard bolaram um experimento engenhoso para testar se isso era verdade. Eles apresentavam duas fotos para que os voluntários escolhessem qual era mais atraente. Uma vez feita a escolha, os cientistas a entregavam nas mãos do sujeito para que ele olhasse novamente e explicasse o porquê de sua decisão. Sem saber, contudo, eles recebiam a outra foto, que não haviam escolhido. Quantos notaram a troca? Menos de 20%. A maioria absoluta não notava a mudança e passava a argumentar porque aquela pessoa era mais atraente na sua opinião. (...) Agora mais inacreditável ainda foi o resultado de uma pesquisa feita esse ano (*2018*) por cientistas suecos, testando posturas políticas. Os voluntários respondiam a questões sobre sistema de saúde, educação e meio ambiente, dizendo se concordavam ou não com as afirmações de inclinação liberal ou conservadora. Da mesma forma, a resposta era manipulada, e pedia-se para que explicassem as razões

---

(*) Advogado. Mestre e Doutor em Direito do trabalho pela PUC São Paulo. Presidente da Academia Paulista de Direito do Trabalho. Titular da cadeira 45 da Academia Brasileira de Direito do trabalho. Autor do livro Negociação Coletiva de Trabalho pela editora Saraiva.

(1) TALEB, Nassim Nicholas. *A lógica do cisne negro. O impacto do altamente improvável. Gerenciando o desconhecido.* Tradução Marcelo Schild. 18. ed. Rio de Janeiro: Best business 2019. p. 111.

de suas escolhas. Metade dos voluntários notou o truque. Mas a metade que não notou e acabou realmente mudando a sua opinião."[(2)]

Não à toa e com repercussões das mais trágicas, de uma hora para outra, uma avalanche de notícias falsas (chamadas de *fake news*) viraliza nas redes sociais rápida e exponencialmente.

Portanto, para se movimentar, atuar e contribuir de modo ativo e eficiente num mundo digital do século XXI, são exigidos daqueles que conduzem meios de representação coletivos, atuação própria para esse novo.

Não se trata, portanto, de defesa de um lado, mas enxergar e vivenciar uma realidade: apinhada de mudanças.

E dentro desse vendaval de mudanças encontra-se o sindicato.

Um sindicato ainda com traços, características e "funções" atreladas ao arquétipo da linha de produção. Que vê e trata os trabalhadores como pessoas perfiladas, lado a lado, em frente a uma esteira. "A matéria prima chega ao primeiro trabalhador, que executa sua tarefa e a passa em frente. O seu colega pega a matéria-prima (levemente transformada) e acrescenta mais modificações. E assim segue, passando de mão em mão, sofrendo cada vez mais interferências. Até que, na última etapa, o que era matéria-prima vira um produto finalizado, pronto para a prateleira. Sejam pessoas ou máquinas, seja o número de interações que a matéria-prima receba, seja o estado inicial, a lógica não muda muito"[(3)].

E é com essa lógica que os sindicatos ainda hoje, em pleno século XXI, "funcionam" ...

Uma lógica presa a um pensamento industrial linear próprio da linha de montagem: etapa por etapa do processo, com interações apenas entre o grupo que está operando com o que o antecede e com o outro que na esteira o sucede. Jamais com nenhum outro; com um diferente; com a diversidade, própria dos novos tempos.

"Cada tarefa é feita por uma pessoa ou por um grupo de pessoas. Elas são separadas em sessões ou departamentos e ficam responsáveis por uma parte específica do processo. Não há fluxo em grupos, a não ser entre aqueles que têm conexão direta por força da linha de montagem. (...) O fluxo é artificial e não orgânico".[(4)]

Perfaz-se esse entendimento logístico por toda uma lógica de previsibilidade que compõe esse espaço funcional-operacional, e que, ao final, sustenta e sedimenta a atuação sindical.

Tudo linear, repetitivo, segmentado e previsível. Contudo, impregnado de vieses, que acabam por gerar erros específicos e identificáveis, justamente para os mecanismos que os geram.

Uma lógica que não deriva única e exclusivamente da vontade do sindicato, mas, é fruto de um ambiente de tempos longínquos, onde sequer imaginava-se que um dia existiria a Internet para substituir todo o arquétipo do jogo de cartas que em seus naipes delimitava o que era especificamente uma função, um cargo, uma profissão e um local de trabalho (obrigatoriamente físico).

---

(2) BARROS, Daniel Martins. *De que lado você está?* Jornal O Estado de S. Paulo, domingo, 02 de dezembro de 2018, A$/Metrópole.

(3) MATTOS, Tiago. *Vai lá e faz.* Caxias do Sul, Belas letras: 2017. p. 44.

(4) Ob. cit., p. 45.

Atualmente, não só as funções, profissões e cargos, mas, os próprios locais de trabalho são outros. Que o digam os nômades digitais(5).

Tudo mudou. E não para de mudar. Está-se diante de um arquétipo social-mutante.

"Basta olhar ao redor para ver um mundo muito diferente. Um mundo não linear, conectado, multidisciplinar e exponencialmente imprevisível. Não linear porque os assuntos se misturam e se recombinam. Recebemos uma mensagem pelo WhatsApp, respondemos pelo Facebook, recebemos a tréplica por e-mail. Um artigo na *timeline* nos leva para um vídeo que nos leva para um livro que nos devolve novamente para o artigo — agora, em um outro ponto. Se o capítulo dois está chato, pulamos. Começamos uma coisa e terminamos em outra, sem necessariamente seguir uma ordem. Criamos nosso próprio *storytelling*. O mundo é um buffet infinito. Num passado distante era no controle remoto. Num passado recente, o ALT+TAB do computador. E hoje em dia, no *touchscreen* do tablet. O remix e o *copy+past* são fenômenos estabelecidos na cultura de hoje. E o que era para ser formatado e linear abriu espaço para a auto-curadoria e a customização — de um jeito que nenhum de nós poderia prever"(6): nem os sindicatos!

As eleições para prefeitos e vereadores, em 2020, na cidade de São Paulo evidenciam isso. Para a câmara municipal "dois transexuais foram eleitos entre os dez vereadores mais votados. Erika Hilton (PSOL) ficou em 6º lugar e Thammy Miranda (PL), em 9º. 'Mulher preta e trans eleita a vereadora mais votada da cidade! Feminista, antirracista, LGBT', comemorou Erika"(7). Além disso, o PSOL lançou uma "candidatura coletiva à vereança", pela bancada feminista (50.900)(8).

No quesito família, também um retrato bem alterado socialmente se apresenta. Ela não é mais formada apenas por um pai, uma mãe e filho(s). Sua composição tornou-se multiforme: "mães e pais solteiros, divorciados que unem suas famílias, casal de homossexuais que têm filhos de um relacionamento heterossexual anterior, crianças que são criadas pelos avós, pessoas que só tem seu animal de estimação como família, praticantes do poliamor, heterossexuais que adotam, homossexuais que adotam, casais sem filhos, amigos que moram juntos, três gerações que dividem o mesmo teto, casais divorciados que vivem na mesma casa: as possibilidades são diversas". O Censo de 2010 do IBGE mostra que a família brasileira se multiplicou, trazendo 19 laços de parentesco, contra 11 presentes no censo de 2000. O conceito tradicional de família, composta por um casal heterossexual com filhos, esteve presente em 49,9% dos lares visitados, enquanto em 50,1% das vezes, a família ganhou uma nova forma. As famílias homoafetivas já somam 60 mil, sendo 53,8% delas formada por mulheres. Mulheres que vivem sozinhas são 3,4 milhões, enquanto 10,1 milhões de famílias são formadas por mães ou pais solteiros.(9)

Mais da metade da família brasileira não faz parte do tradicional "núcleo duro" analógico. E olhem: são dados que têm mais de dez anos...

Não só a família, mas os membros dela e da sociedade como um todo, também se multiplicam em diversidade, em especial, quando o tema é gênero. Não há dúvidas. Estamos dentro de uma sociedade complexa, de diferentes e, agora não mais invisíveis, partícipes ativos.

---

(5) Nomadismo digital não significa estar o tempo todo viajando, mas ter a liberdade de fazer isso, trabalhando, quando e onde quiser.

(6) Ob. cit., p. 51.

(7) Disponível em: <https://g1.globo.com/sp/sao-paulo/eleicoes/2020/noticia/2020/11/16/dois-transexuais-estao-entre-os-dez-vereadores-mais-votados-de-sao-paulo.ghtml>. Acesso em: 16 nov. 2020, às 14h26.

(8) Disponível em: <https://bancadafeministapsol.com.br/>. Acesso em: 16 nov. 2020, às 14:43.

(9) Disponível em: <https://www.hypeness.com.br/2015/03/novas-configuracoes-de-familias-provam-que-o-afeto-vai-muito-alem-do-tradicional-mae-pai-filhos/>. Acesso em: 16 nov. 2020, às 14:34.

"Sabemos que sempre foi pouco dividir a humanidade simplesmente em homens e mulheres. Não há, afinal, nenhuma época histórica em que as identidades de gênero não tivessem sido múltiplas. Em Nova York, porém, a Comissão dos Direitos Humanos decidiu por oficializar essa multiplicidade, rumo a um futuro em que todo mundo possa se sentir devidamente identificado. A lista completa reconhecida pela Comissão de Nova York segue abaixo, e foi traduzida dentro do possível. Vale uma visita ao Google para maiores dúvidas sobre cada termo: 1. *Bi-Gendered* (Bi-gênero); 2. *Cross-Dresser*; 3. *Drag-King*; 4. *Drag-Queen*; 5. *Femme Queen*; 6. *Female-to-Male* (Fêmea-para-macho); 7. FTM; 8. *Gender Bender* (Gênero fronteiriço); 9. *Genderqueer*; 10. *Male-To-Female* (Macho-para-fêmea); 11. MTF; 12. *Non-Op*; 13. *Hijra*; 14. *Pangender (Pangênero)*; 15. Transexual/Transsexual; 17. Trans Person (Pessoa trans); 18. *Woman* (Mulher); 19. Man (Homem); 20. Butch; 21. Two-Spirit (espírito duplo); 22. Trans; 23. *Agender* (sem gênero); 24. Third Sex (Terceiro sexo); 25. *Gender Fluid* (Gênero fluido); 26. *Non-Binary Transgender* (transgênero não binário); 27 *Androgyne* (andrógena); 28 *Gender-Gifted*; 29. *Gender Bender*; 30. *Femme*; 31. *Person of Transgender* Experience (Pessoa em experiência transgênera); 32. *Androgynous* (Andrógeno)"[(10)].

A lista não é exaustiva. O Facebook, por exemplo, em 2014, já disponibilizava 52 (cinquenta e duas) opções...[(11)]

Acrescente-se a essa complexidade, o número de gerações que hoje convivem entre si: (i) Geração X; (ii) Y (*Millennials*); (iii) Z; e (iv) *Baby Boomers*, ou seja, 4 (quatro) gerações convivendo, estudando e trabalhando simultaneamente. A nomenclatura obedece a lógica relativa à data de nascimento, que marca o estágio geracional. Os *Baby Boomers* são os nascidos entre 1945 e 1964; depois, vem a geração X, que compreende o período de 1965 a 1984; seguida pela geração Y, formada pelos indivíduos que nasceram entre 1985 e 1999; e, por fim, a geração Z, que contempla os nascidos a partir de 2000. Mais do que uma classificação cronológica, as gerações são determinadas a partir do comportamento das pessoas que nasceram no mesmo período.

Toda uma diversidade complexa no meio de um universo laboral digital que muda diuturnamente. Todos juntos e misturados trabalhando e desenvolvendo novos modelos de prestação e entrega de serviços em velocidade e dinâmica digitais.

Rapidez, simplicidade e objetividade próprias de um mundo cravado neste "digital".

As startups representam bem esse momento. A cultura da garagem, ou seja, onde uma ideia criada por amigos, numa garagem, tem a possibilidade (real) de tornar-se em pouco tempo um unicórnio (empresa com valor de mercado superior a um trilhão de dólares) é o símbolo máximo deste deslocamento exponencial. O Brasil tem bons exemplos disso: 99, *iFood*, *Movile* (dona, entre outras marcas, do próprio *iFood*), *Nubank* e *Stone*.

A lógica econômica está mudando também.

As *fintechs* são um bom exemplo disso. "Hoje, as startups do setor financeiro também querem explorar nichos — e causas. (...) há *fintechs* dedicadas a quem tem menos de 18 anos, a negros, à comunidade LGBTI+, a quem é de esquerda e para os interessados em apoiar organizações não governamentais (ONGs). Mas qual é o benefício dessas contas digitais de nicho? Diferentemente do que se pode pensar, uma *fintech* focada em um público específico

(10) Disponível em: <https://www.hypeness.com.br/2016/06/nova-york-agora-reconhece-31-diferentes-tipos-de genero/#:~:text=O%20mundo%20est%C3%A1%20mudando%2C%20se,simplesmente%20em%20homens%20e%20mulheres>. Acesso em: 16 nov. 2020, às 14h50.

(11) Disponível em: <https://epoca.globo.com/vida/noticia/2014/03/52-opcoes-de-bidentidade-sexual-no-facebookb.html>. Acesso em: 16 nov. 2020, às 14h53.

não é só jogada de marketing. Esses negócios podem ajudar a financiar causas e a levar crédito para pessoas que são deixadas de fora pelos bancos tradicionais"[(12)].

Diversidade, *fintechs* de nicho e mais Disrupção tecnológica: *machine learning*, IoT (internet das coisas), *cloud computing*, inteligência artificial, 5G, digital *twins, fog & edge computing, quantum computing* e o RPA inteligente (automação inteligente de processos robóticos). Todo um mundo de inovação tecnológica que bate de frete com o mundo do trabalho: para o bem e para o mal.

Alie-se ainda a tudo isso a obrigação de reciclagem de todo esse material tecnológico. Daí a imperiosa necessidade de fabricação de componentes que possam ter a vida útil estendida caracterizando o preceito de uma economia digital e circular. Lembre-se, nesse quesito, que o Brasil lidera a produção de lixo eletrônico na América Latina e é o sétimo país do ranking mundial ficando atrás da China, Estados Unidos, Japão, Índia, Alemanha e Reino Unido com 1,5 milhão de toneladas ao ano.

Novos arquétipos.

O sindicato até então pautava sua atuação por meio dos arquétipos (i) do herói, que representava e trazia à tona todas as reivindicações da parte mais fraca na relação' de trabalho: o trabalhador e do (ii) fora da lei, que enfrentava as amarras institucionais do Estado, quando emparedava o trabalhador, dentro do seu universo de subordinação. O sindicato não se vergava a pressões; desafiava padrões instrucionais em busca de justiça e não necessariamente obediência à lei.

Tudo dentro de uma estrada linear que disciplinava as jornadas acima encabeçadas pelos arquétipos do herói e fora da lei.

Todavia, hoje, as jornadas são outras.

Não se trata mais de um mercado de trabalho fechado, dividido por claras e especificas categorias.

Estamos diante de arenas abertas, que compõem o ecossistema trabalhista.

Mais do que nunca há a necessidade de observar o mundo pela lente de um *zeitgeist internético*[(13)], própria de um lugar de trabalho abrigado pela multidisciplinariedade, pelo imprevisível e enfatize-se: formado por "pessoas híbridas".

Sim. "Nos tornamos híbridos. Parte de nós é humana, ainda é orgânica. Mas, parte de nós já se tornou máquina. Porque quando alguém diz *estou sem bateria* (quando na verdade é o celular que está), a simbiose entre homem e máquina já foi absorvida pelo espectro psicológico. Somos uma interface conectada, que entra em desespero se estamos sem sinal de wi-fi — ou simplesmente esquecemos o celular (...). Sentimos que o vidro do celular quebrado é quase como uma cicatriz na nossa pele"[(14)].

O trabalhador do século XXI pode ser definido como um *homo zappiens,* conceito utilizado por Venn & Vrakking para definir os alunos o século XXI, mas que bem se enquadra ao trabalhador atual, na medida em que ele também é "direto, ativo, impaciente, incontrolável e, de certa forma, indisciplinado (...), que aprende muito cedo que há muitas fontes de informação

(12) Disponível em: <https://economia.estadao.com.br/noticias/geral,fintechs-de-nicho-vao-alem-do-dinheiro,70003737450>. Acesso em: 26 ago. 22, às 17h35.

(13) Expressão de Tiago Mattos.

(14) Ob. cit., p. 53.

e que essas fontes podem defender verdades diferentes"[15]e, como tal, não pode ser regrado por normas e/ou ditames próprios de um mundo linear.

Não dá para "rodar" o hardware de uma sociedade eminentemente analógica dentro do software desses novos trabalhadores e seus novos trabalhos.

Dá pau.

Para melhor compreensão desse ecossistema trabalhista há de se desconsiderar alguns arquétipos então presentes no viés analógico, como, por exemplo e inicialmente, o arquétipo da linha de montagem, onde as pessoas/trabalhadores estão perfiladas, lado a lado, em frente a uma esteira.

No ecossistema trabalhista estão cada vez mais presentes atores com propósitos. Com viés transformador. Onde a transformação radical é o objetivo fundamental. Onde não há porque se prender a espaços, tempos, marcas e remuneração, se objetivos não são respeitados. Governança, ESG, *Compliance*, políticas de atração, engajamento, autonomia, experimentação, ativos alavancados, staff sob demanda, interfaces, pensamento efetual, algoritmos...

O sindicato deve se valer o arquétipo criador (onde há vontade há caminho).

O Direito do Trabalho é transformador, cresce e se espraia de modo rizomático.

Várias definições de identidade neste ecossistema trabalhista são possíveis. Quando se limita apenas à *celetização* como o "melhor caminho", como se qualquer outro obrigatoriamente se vestisse de uma capa de exploração, se despreza a alteridade. Recusa-se então o pertencimento dentro do ecossistema, que é reduzido a uma identidade hierarquizada de um só "ser o certo"; "ser o melhor"; "ser o tudo". Cria-se uma definição de identidade do trabalhador, como empregado, de maneira melancólica, limitada a uma única experiência. À custa de uma série de derivas, ela não é mais usada como um instrumento conceitual histórico de compreensão evolutiva, mas, como uma trava; um "obstáculo contra à exploração dos novos bárbaros digitais", que se estabelece por narrativas predefinidas, sem celebrar a diversidade.

Precisamos dar luz às trevas que sustentam a racionalização subjetiva desse entendimento próprio, que está preso às amarras do século passado; a um mundo analógico e linear, que está desaparecendo.

O arquétipo criador baseia-se nisso.

Para tanto, vamos trabalhar com jornadas permeadas de pistas capazes de contribuir para nos tirar da desesperança, em direção a um mundo possível, dentro do ecossistema trabalhista.

É claro que a busca pela direção correta não implica menosprezar o que já existe, porque existe, e como existe.

"Os antigos navegadores guiavam-se pelas estrelas. Mesmo nesta nossa época do radar e do sonar, os pilotos ainda dependem da linha do horizonte para manter a perspectiva durante o voo. E, verdade seja dita, foi a Lua que guiou de volta à Terra os astronautas, já quase perdidos, da missão espacial Apolo 13. Sem pontos de referência fixos e estáveis, é quase certo que estaremos desesperadamente perdidos"[16].

---

(15) VRAKKING, Ben. VEEN, Wim. *Homo zappiens, educando na era digital*. Porto Alegre: Artmed, 2009. p. 27.

(16) MARK, Margaret; PEARSON, Carol S. *O Herói e o Fora-da-lei*. Tradução Merle Scoss. São Paulo: Editora Cultrix. 1. ed. 2003, 8ª reimpressão 2021, pag. 269.

Tal como se come uma alcachofra, a meta é retirar todas as folhas desnecessárias e chegar ao coração; a razão e motivação do ecossistema.

Para isso o arquétipo do criador recorre ao aparato sensorial, que é em si recurso e ao mesmo tempo limite.

Com base no vetor do arquétipo da criação o sindicato permeia e entra em metamorfose junto com outros atores presentes no ecossistema trabalhista: os coletivos sociais.

Sua função principal passa pelo status de centro de convergência de pessoas e práticas, poroso e catalisador em relação a outros coletivos, grupos e blocos de criação e comunidades. Somente assim poderá de fato e de direito atender aos reais interesses daqueles que representa.

A ideia desse viés coletivo sindical do século XXI não é apenas para servir de representante (como nos tempos analógicos) de um certo número limitado de trabalhadores (empregados) de um determinado setor, mas trabalhar na construção de um bloco de interesses, afetos, diálogos, experiências aos quais o maior número de trabalhadores adira, numa espécie de condensador, agregador de sujeitos e ideias, em constantes aproximações, diversidade, adesões e desgarramentos, transformando-se para tanto em contato ativo com outros centros de intensidade.

Afinal, "um coletivo é um campo de troca privilegiado, uma concentração de encontros de intensidade distinta. (...) se articulam em função de uma afinidade que se concretiza em ações em tempos variados. (...) pela heterogeneidade necessária e pelas múltiplas velocidades que constituem um coletivo. E a manutenção da intensidade que atravessa um coletivo depende da possibilidade de suportar e fomentar a coabitação de velocidades distintas, presenças inconstantes e dedicações não mensuráveis em dinheiro ou tempo, uma vez que são as intensidades transindividuais que garantem a força irradiadora do coletivo"(17).

Outro arquétipo funcional imprescindível é o da diversidade chamado de SINDIVERSIDADE.

A união de e com outras entidades sindicais, oficialmente ou não, para atender ao maior número de pessoas (mesmo aquelas que não são empregados), funcionando, igualmente, para formação de seus quadros, por meio de parcerias estratégicas, com vários outros coletivos sociais, catalisando, facilitando e aumentando o centro trabalhista dos interesses, numa espécie de "guarda-chuva" desses coletivos sociais no campo laboral, com ideias, ideais e idealização relativas a pontos de vista diferentes, mas integrativos.

Tudo atento e convergente à alteridade cultural e estruturante deste mundo digital, pivotando crenças, resolvendo conflitos por meio de cocriatividade (atuação conjunta com outros coletivos) e quebrando paradigmas comportamentais analógicos, onde não coubei coexistência com o digital.

Transformando, deste modo, o quadrado num redondo, mas, não a fórceps ou por meio de digressões interpretativas tortas, e, sim, pela simplicidade inerente ao mundo digital.

Como se vê, a noção de coletivo faz parte de um contexto inalienável de configuração que atravessa as vidas por intermédio de várias redes sociotécnicas.

A característica das redes é estabelecer a "conexão entre coletivos em que os coletivos aparecem como uma tentativa micropolítica de sincronia com movimentos de redes

(17) MIGLIOR, Cesar. *O que é um coletivo*. Disponível em: <file:///C:/Users/ACA/Downloads/Cezar_Migliorin%20 (2).pdf>. Acesso em: 26. ago. 2021, às 18:51.

que os ultrapassam e para as quais eles são fundamentais. O coletivo é um ponto na rede e, também, ele próprio uma rede. Na construção de redes, acentradas, entre múltiplos atores em um espaço ilimitado, os coletivos aparecem como centros de concentração de ideias, pessoas, criação, forças de onde novas conexões podem sair para compor outras redes"(18).

Tudo de modo digital e por meio de um trabalho sistêmico de construção de conhecimento e representação coletivos, que vai além do sindicato em si, se estabelecendo uma espécie de *crowdsourcing* sindical, sistema de chamada aberta e democrática para participação daqueles que efetivamente querem contribuir. Dentro desse sistema subdividem-se outros integrativos, como: a) *crowdvoting* (votação); b) *crowdfunding* (obtenção de recursos: vaquinhas digitais para projetos de representação específicos ou para manutenção da estrutura; c) *crowdsolving* (solução de problemas; e) *crowdsearching* (encontrar algo), etc.

Dentro dessa nova identidade sindical acomodam-se novas formas de trabalho. Acordos Coletivos de Trabalho que não se restringem a contratos de emprego. Atravessam zonas cinzentas ou cercadas de tabus de eventual "conflito de interesses" de trabalhadores que são mais trabalhadores do que microempresários ou simples associados. O espectro de alcance e acolhimento não é limitativo. O gênero trabalhador, tal como aquele ligado ao sexo não é binário. O sindicato evolui e se transforma. Torna-se digital.

REFERÊNCIAS

Livros:

MARK, Margaret e PEARSON, Carol S. *O Herói e o Fora-da-lei.* Tradução Merle Scoss. São Paulo: Editora Cultrix. 1. ed., 2003, 8ª reimpressão 2021.

MATTOS, Tiago. *Vai lá e faz.* Caxias do Sul: Belas letras: 2017.

TALEB, Nassim Nicholas. *A lógica do cisne negro. O impacto do altamente improvável. Gerenciando o desconhecido.* Tradução Marcelo Schild. 18. ed. Rio de Janeiro: Best business 2019.

VRAKKING, Ben. VEEN, Wim. *Homo zappiens, educando na era digital.* Porto Alegre: Artmed, 2009.

Jornal:

BARROS, Daniel Martins. *De que lado você está?* Jornal O Estado de S. Paulo, 2018.

Sites:

Disponível em: Nhttps://g1.globo.com/sp/sao-paulo/eleicoes/2020/noticia/2020/11/16/dois-transexuais-estao-entre-os-dez-vereadores-mais-votados-de-sao-paulo.ghtml>. Acesso em: 16 nov. 2020, às 14h26.

Disponível em: <https://bancadafeministapsol.com.br/>. Acesso em: 16 nov. 2020, às 14:43.

Disponível em: <https://www.hypeness.com.br/2015/03/novas-configuracoes-de-familias-provam-que-o-afeto-vai-muito-alem-do-tradicional-mae-pai-filhos/>. Acesso em: 16 nov. 2020, às 14:34.

(18) MIGLIOR, Cesar. *O que é um coletivo.* Disponível em: <file:///C:/Users/ACA/Downloads/Cezar_Migliorin%20(2).pdf>. Acesso em: 26 ago. 2021, às 18:51.

Disponível em: <https://www.hypeness.com.br/2016/06/nova-york-agora-reconhece-31-diferentes-tipos-de genero/#:~:text=O%20mundo%20est%C3%A1%20mudando%2C%20se,simplesmente%20em%20homens%20e%20mulheres>. Acesso em: 16 nov. 2020, às 14h50.

Disponível em: <https://epoca.globo.com/vida/noticia/2014/03/52-opcoes-de-bidentidade--sexual-no-facebookb.html>. Acesso em: 16 nov. 2020, às 14h53.

Disponível em: <https://economia.estadao.com.br/noticias/geral,fintechs-de-nicho-vao-alem--do-dinheiro,70003737450>. Acesso em: 26 ago. 2012, às 17h35.

Disponível em: <https://canaltech.com.br/inovacao/disrupcao-e-longevidade-no-seculo-xxi/>. Acesso em: 26 ago. 2021, às 18:14.

MIGLIOR, Cesar. *O que é um coletivo*. Disponível em: <file:///C:/Users/ACA/Downloads/Cezar_Migliorin%20(2).pdf>. Acesso em: 26 ago. 2021, às 18:51.

Benefícios trabalhistas sob a perspectiva da gestão corporativa

Célia Mara Peres(*)

Maria Lúcia Menezes Gadotti(**)

1. INTRODUÇÃO

O contrato de trabalho é pacto bilateral, por meio do qual as partes ajustam suas vontades, tendo sua liberdade/autonomia limitada por normas de ordem pública, impostas pelo Estado para a garantia de direitos mínimos, que devem ser assegurados aos empregados. Tais direitos mínimos estão previstos na Constituição Federal, especificamente, no art. 7º e seus 34 incisos.

Em linhas gerais, o contrato de trabalho contém as denominadas cláusulas essenciais, que existem em qualquer pacto dessa natureza, para qualquer empregado. Outras cláusulas acessórias ou especiais podem ser inseridas nos contratos de trabalho, a depender do caso concreto, como, por exemplo, cláusulas de confidencialidade, não concorrência, transferência, descontos em caso de prejuízos ao empregador, não aliciamento e não solicitação, entre outras.

No âmbito das cláusulas essenciais do contrato de trabalho, podemos afirmar que, em linhas gerais, o pacto sempre conterá quatro cláusulas específicas, necessárias para que o contrato de trabalho se estabeleça. Referidas cláusulas tratam, basicamente, dos seguintes temas: (i) função; (ii) local de trabalho; (iii) jornada e (iv) remuneração do empregado. Basicamente, tais cláusulas refletem os principais temas que qualquer empregado precisa ter conhecimento/negociar ao ser contratado por qualquer empregador, independentemente de o contrato ser formal, vez que, sabidamente, o contrato de trabalho, nos termos do art. 443 da CLT, não é ato solene e admite o acordo tácito ou expresso, verbal ou por escrito, por prazo determinado ou indeterminado.

No tocante à remuneração do empregado, a cláusula essencial de um contrato de trabalho, refere-se, basicamente, ao pagamento pelo empregador ao empregado, de um salário, como contraprestação pelos serviços que tomar. Nesse sentido, prevê a Constituição Federal, no art. 7º, IV, o direito de o empregado receber, ao menos, um salário-mínimo, proibindo, ademais, no seu inciso IV, que referido salário sofra redução, salvo por meio de negociação coletiva, por intermédio de um Acordo Coletivo de Trabalho, no âmbito da empresa e do sindicato que representa a categoria dos trabalhadores, ou por uma Convenção Coletiva de Trabalho, no âmbito dos sindicatos das categorias profissional e econômica.

(*) Advogada trabalhista. Mestre em Direito Civil Comparado e Doutora em Direito do Trabalho pela Pontifícia Universidade Católica de São Paulo (PUC-SP). Professora de Pós-Graduação e MBA da FIA e ESALQ/USP. Pesquisadora do GETRAB-USP.

(**) Advogada trabalhista. Especialista em Direito do Trabalho e Mestre em Direito das Relações Sociais pela Pontifícia Universidade Católica de São Paulo (PUC-SP), Doutoranda em Direito e Ciências Sociais Pela Universidade de Córdoba. Professora de Pós-Graduação e MBA da FIA. Conselheira do CORT/FIESP e da APRES. Membro da ILERA-OIT, Cielo Laboral e do IIBDT. Pesquisadora do GETRAB-USP.

Ocorre que, dado o dinamismo e evolução das relações de trabalho, a fixação de um salário como contraprestação aos serviços do empregado, não se mostrou e não tem se mostrado suficiente, exigindo do legislador, das próprias partes (empregado e empregador), bem como, dos sindicatos, a previsão de outros benefícios e utilidades que compõem a contraprestação aos serviços contratados e/ou atraem o profissional para aquela vaga.

No decorrer dos tempos, assim, a legislação trabalhista passou a prever parcelas obrigatórias que, além do salário, devem ser asseguradas aos empregados, como por exemplo: adicionais de horas extras; de insalubridade e de periculosidade; de sobreaviso e prontidão; gratificação natalina (13º salário); vale-transporte, entre outras. Da mesma forma, as normas coletivas, frutos de negociação com o sindicato dos trabalhadores, passaram a assegurar benefícios complementares ao salário, visando à melhoria das condições de trabalho dos empregados, tais como: pagamento/concessão de planos de saúde e odontológicos; seguros de vida; participação nos lucros e resultados; incentivos à educação/qualificação, concessão de telefones móveis e pagamento das referidas despesas, e, para categorias específicas, rubricas para reembolso de despesas decorrentes do uso de veículo próprio do empregado, entre outros.

Ao mesmo tempo, as próprias partes passaram a negociar outros benefícios espontâneos, exigidos pelo mercado de trabalho, para que o empregador pudesse ser competitivo e ter atrativos para a retenção de talentos. É o caso de prêmios (denominados informalmente pelas gestões de RH de bônus), gratificações, custeio de despesas com educação do empregado e de seus dependentes, alimentação, combustível ou cessão de veículo corporativo, despesas com aluguel de imóveis; celular etc.

Ocorre que a concessão de benefícios espontâneos sempre gerou discussão no âmbito do Direito do Trabalho, pois, de acordo com a legislação trabalhista, regra geral, a concessão de benefícios em dinheiro ou que possam ser convertidos em pecúnia, passam a integrar a remuneração do empregado, gerando reflexos em todos os demais pagamentos decorrentes do contrato de trabalho, tais como: décimo-terceiro salário, férias, descanso semanal remunerado, depósitos ao FGTS, aviso prévio, entre outros.

Além dos impactos trabalhistas, propriamente ditos, o pagamento/concessão de benefícios que extrapolem o salário-base, geram impactos, também, no âmbito fiscal (para fins de retenção de imposto de renda) e previdenciário, vez que, como regra, para fins previdenciários, os ganhos habituais devem incorporar o salário *"para efeito de contribuição previdenciária"* (art. 201, § 11, da CF/88), bem como, todos os rendimentos pagos, devidos ou creditados, a qualquer título, ao empregado ou contribuinte individual, em retribuição ao trabalho ou serviço por ele prestado, devem compor o chamado *"salário-contribuição"* e ser base de cálculo da contribuição previdenciária (art. 22, I, da Lei n. 8.212/91).

Tanto a legislação previdenciária, quanto a fiscal, possuem tipos determinados para a inclusão ou exclusão de determinada verba da base de cálculo do tributo, o que acaba por reduzir as possibilidades de afastamento do enquadramento legal daquilo que não se encaixa especificamente nas hipóteses de isenção prescritas no ordenamento vigorante e incrementar o risco de discussões acerca da natureza jurídica do benefício ou da utilidade concedida pelo empregador.

O tema, atualmente sob diversa roupagem, não é, todavia, novo. De fato, em meados de 2005, a Receita Federal do Brasil, o Ministério da Previdência e o Ministério Público Federal iniciaram operação investigatória denominada "Premium Card" contra mais de 1000 empresas que pagavam ou haviam pago remunerações a seus empregados por meio de cartões de incentivos patrocinados por agências de marketing de incentivo, diante da suspeita de sonegação de impostos e contribuições previdenciárias, já que, no entender destas autoridades, tais pagamentos constituíam verbas salariais, portanto, sujeitas aos encargos legais.(1)

Assim, diante dessa equação, naturalmente surgida e que tem se intensificado ao longo dos tempos, no sentido de que, apesar de não obrigatória, a concessão de benefícios além das parcelas legal ou convencionalmente previstas, é exigência do mercado de trabalho, ao mesmo tempo em que empregadores, comumente, apresentam dificuldades para assumirem maiores encargos, de quaisquer naturezas, sobre os pagamentos efetuados aos seus empregados, é que se faz necessária a abordagem do tema voltado à concessão de benefícios espontâneos/flexíveis, no atual contexto, em que, de um lado, novas empresas têm surgido e oferecido aos empregadores, cartões múltiplos de benefícios e, de outro, uma nova geração de empregados e futuros empregados buscam, como condição para se vincularem aos seus empregadores, maior liberdade para escolher e direcionar a utilização dos benefícios oferecidos como melhor lhes aprouver.

2. ASPECTOS GERAIS TRABALHISTAS SOBRE O SALÁRIO E REMUNERAÇÃO E A CONCESSÃO/ PAGAMENTO DE BENEFÍCIOS AOS EMPREGADOS

Para Volia Bomfim Cassar(2): *"Salário é toda a contraprestação ou vantagem em pecúnia ou em utilidade, devida e paga diretamente pelo empregador ao empregado, em virtude do contrato de trabalho. É o pagamento direto feito pelo empregador ao empregado pelos serviços prestados, pelo tempo à disposição ou quando a lei assim determinar (aviso prévio não trabalhado, 15 primeiros dias da doença etc.). Pode ser fixo ou variável. Salário fixo e a contraprestação garantida e invariável, salvo faltas e atrasos do empregado. Salário variável ou aleatório é aquele submetido a uma condição, normalmente, à produção do trabalhador. Sua expressão monetária é diferente mês a mês."* Para a mesma autora: *"Remuneração é a soma do pagamento direto com o pagamento indireto, este último entendido como toda contraprestação paga por terceiros ao trabalhador em virtude de um contrato de trabalho que este mantém com seu empregador."*

Segundo Carla Teresa Martins Romar(3): *"Salário e remuneração correspondem à contraprestação pecuniária paga ao empregado em decorrência da sua prestação de serviços. Remuneração é o gênero, do qual salário é espécie. Remuneração é o conjunto de todas as verbas recebidas pelo empregado como contraprestação pelos serviços prestados, abrangendo aquela que é paga pelo próprio empregador (salário), como aquelas pagas por terceiro (gorjetas). Salário é uma das parcelas da remuneração, equivalente ao valor pago diretamente pelo empregador ao empregado como contraprestação decorrente da relação de emprego, abrangendo os períodos de prestação de serviços, o tempo à disposição do empregador e os períodos de interrupção do contrato de trabalho (art. 457, CLT). O valor do salário abrange todas as parcelas contraprestativas que o empregador paga ao empregado."*

Além dos conceitos de salário e remuneração, importa, para a análise dos impactos trabalhistas e previdenciários decorrentes da concessão de benefícios espontâneos/flexíveis pelo empregador ao empregado, o conceito de salário-utilidade.

Nesse sentido, de acordo com Luciano Martinez(4): *"Entende-se que o salário é pago in natura quando, em lugar de dinheiro, o empregador disponibiliza utilidades em favor de seus*

---

(1) Disponível em: <https://informelex.com.br/noticias-tributarias/ver/1846/cart%C3%B5es-de-incentivo-chegam-ao-conselho>. Acesso em: 21 ago. 2022.

(2) CASSAR, Vólia Bomfim. *Direito do Trabalho de acordo com a Reforma Trabalhista.* 16. ed. São Paulo: Método, 2019. p. 750 e 751.

(3) ROMAR, Carla Teresa Martins. *Direito do Trabalho Esquematizado.* São Paulo: Saraiva, 2013. p. 325.

(4) MARTINEZ, Luciano. *Curso de Direito do Trabalho.* 3. ed. São Paulo: Saraiva, 2012. p. 392.

empregados. (...) Utilidades são bens suscetíveis de apreciação econômica que poderiam ser adquiridos pelos empregados mediante os salários recebidos, mas que, por um ajuste com os empregadores, lhes são oferecidos como substituintes do dinheiro. As utilidades são também conhecidas, em linguagem corporativa, como 'fringe benefits'. Tais vantagens recebem o nome de salário-utilidade ou de salário in natura para indicar que, em lugar do dinheiro, retribui-se o trabalho com a própria coisa, desde que, evidentemente, os contratantes estejam assim ajustados."

Já para Gustavo Filipe Barbosa Garcia[(5)]: *"O salário-utilidade também é denominado salário in natura. Saber se determinada utilidade recebida pelo empregado detém natureza salarial, ou não, possui interesse não só teórico, mas, essencialmente, prático, em razão das diversas decorrências advindas para o contrato de trabalho, em face da sua integração ao salário, no cálculo de diversos direitos trabalhistas. Ilustrando, cabe mencionar que, se a prestação for salário-utilidade, será devido depósito do FGTS sobre ela incidente (Lei n. 8.036/1990, art. 15, caput). Além disso, no âmbito previdenciário, haverá incidência da respectiva contribuição (Lei n. 8.212/1991, art. 28, I)."*

Com base nesses conceitos, basicamente, além do salário pago pelo empregador ao empregador, outras parcelas, *in natura* ou não, podem ser concedidas/pagas ao empregado e integrar a sua remuneração, para todos os efeitos, sejam trabalhistas, gerando reflexos nas demais verbas decorrentes do contrato de trabalho (13º salário, férias, FGTS etc.), sejam previdenciárias, pois serão consideradas como salário-contribuição, gerando a obrigação de recolhimento da contribuição previdenciária (quota-parte empregado e empregador), sejam, ainda, fiscais.

O entendimento doutrinário e jurisprudencial construído ao longo dos anos, estabeleceu alguns critérios para que a utilidade concedida pelo empregador possa ou não ser caracterizada como parte da remuneração do empregado, gerando, assim, reflexos de ordem trabalhista.

Nesse sentido, o primeiro requisito para que a utilidade concedida seja, ou não, considerada como remuneração é verificar se a prestação é concedida para o trabalho ou pelo trabalho. Se for concedida para o trabalho, não terá natureza salarial, pois entende-se que é indispensável/ferramenta para que o empregado possa trabalhar. Ao contrário, se a prestação é concedida pelo trabalho, sem que seja indispensável para a execução das atividades do empregado, tal parcela será considerada como um ganho ao trabalhador e, portanto, como parte integrante da remuneração, gerando reflexos nas demais verbas trabalhistas.

Ainda, o segundo requisito, é verificar se a prestação é fornecida com habitualidade, analisando-se se é fornecida de modo repetido ao longo dos tempos ou, ao contrário, de modo eventual. A habitualidade mencionada é extraída do texto do *caput*, do art. 458 da CLT, *in verbis*: *"Além do pagamento em dinheiro, compreende-se no salário, para todos os efeitos legais, a alimentação, habitação, vestuário ou outras prestações "in natura" que a empresa, por força do contrato ou do costume, fornecer habitualmente ao empregado. Em caso algum será permitido o pagamento com bebidas alcoólicas ou drogas nocivas."*

De acordo com a doutrina e jurisprudência, recomenda-se que ambos os requisitos devam coexistir, para que se verifique se a prestação *in natura*, de fato, é ou não considerada como salário-utilidade e gere, ou não, reflexos nas demais verbas do contrato de trabalho. Caso seja eventual e fornecida para o trabalho, serão remotas as chances de se configurarem como salário-utilidade e integrarem a remuneração do empregado.

---

(5) GARCIA, Gustavo Filipe Barbosa. *Curso de Direito do Trabalho.* 11. ed. São Paulo: Rio de Janeiro: Forense, 2017. p. 492 e 493.

Por outro lado, parte da doutrina e jurisprudência, ainda aponta um terceiro requisito, qual seja, a análise da gratuidade na concessão da parcela *in natura* ao empregado. Assim, para que a parcela seja considerada como salário-utilidade e integre a remuneração do empregado, gerando reflexos nas demais verbas decorrentes do contrato de trabalho, a parcela deve ser concedida gratuitamente. Se houver cobrança pela prestação, pelo empregador, deixará de ser considerada como salário-utilidade. Vale mencionar, que doutrina e jurisprudência, ainda, apontam, que tal raciocínio não se aplicará em caso de desconto da utilidade do empregado, for em valor ínfimo, com o nítido intuito de retirar a natureza salarial da utilidade.

Sopesados os critérios construídos pela doutrina e jurisprudência para a definição do que, efetivamente, no âmbito trabalhista, é considerado como parte integrante da remuneração, com o objetivo de incentivar empregadores à concessão de parcelas *in natura*, sem que fossem incluídas na remuneração do empregado, gerando custos, o legislador, por meio da Lei n. 10.243, de 19 de junho de 2001, alterou a redação do art. 458, § 2º da CLT, excluindo a natureza salarial de diversas utilidades concedidas pelo empregador, entre elas: (i) vestuários, equipamentos e outros acessórios fornecidos aos empregados e utilizados no local de trabalho, para a prestação do serviço; (ii) educação, em estabelecimento de ensino próprio ou de terceiros, compreendendo os valores relativos a matrícula, mensalidade, anuidade, livros e material didático; (iii) transporte destinado ao deslocamento para o trabalho e retorno, em percurso servido ou não por transporte público; (iv) assistência médica, hospitalar e odontológica, prestada diretamente ou mediante seguro-saúde; (v) seguros de vida e de acidentes pessoais; e (vi) previdência privada.

Em 2005, o TST, por meio da Resolução n. 129, convertendo as Orientações Jurisprudenciais n. 24, 131 e 246 da SBDI-1), editou a Súmula n. 367, por meio da qual deu um passo importante na consolidação do entendimento acerca de utilidades *in natura*, nos seguintes termos:

> *"UTILIDADES "IN NATURA". HABITAÇÃO. ENERGIA ELÉTRICA. VEÍCULO. CIGARRO. NÃO INTEGRAÇÃO AO SALÁRIO (conversão das Orientações Jurisprudenciais ns. 24, 131 e 246 da SBDI-1) — Res. 129/2005, DJ 20, 22 e 25.04.2005*
>
> *I — A habitação, a energia elétrica e veículo fornecidos pelo empregador ao empregado, quando indispensáveis para a realização do trabalho, não têm natureza salarial, ainda que, no caso de veículo, seja ele utilizado pelo empregado também em atividades particulares. (ex-OJs da SBDI-1 ns. 131 — inserida em 20.04.1998 e ratificada pelo Tribunal Pleno em 07.12.2000 — e 246 — inserida em 20.06.2001)*
>
> *II — O cigarro não se considera salário utilidade em face de sua nocividade à saúde. (ex-OJ n. 24 da SBDI-1 — inserida em 29.03.1996)".*

Em 2012, por sua vez, a Lei n. 12.761, de 27 de dezembro de 2012, inseriu no art. 458, § 2º, o inciso VII, que previu a concessão do valor correspondente ao vale-cultura, como parcela não integrante da remuneração do empregado.

Além do art. 458 da CLT, outros dispositivos fazem referência expressa à exclusão da natureza remuneratória de parcelas *in natura* concedidas pelo empregador ao empregado, entre eles: (i) o art. 3º, da Lei n. 6.321/1976, regulamentada pelo Decreto n. 5/1991, reforçada pela Orientação Jurisprudencial n. 133 da SDI-TST, no sentido de que a alimentação fornecida por empresa participante do PAT (Programa de Alimentação do Trabalhador) não tem caráter salarial; e (ii) o art. 2º, da Lei n.7.418/1985, regulamentado pelo Decreto n. 95.247/1987, que estabelece que o vale-transporte não tem natureza salarial.

Mais recentemente, a Reforma Trabalhista (Lei n. 13.467, de 13 de julho de 2017), previu no art. 457, § 2º, que: *"As importâncias, ainda que habituais, pagas a título de ajuda de custo, auxílio-alimentação, vedado seu pagamento em dinheiro, diárias para viagem, prêmios e abonos não integram a remuneração do empregado, não se incorporam ao contrato de trabalho e não constituem base de incidência de qualquer encargo trabalhista e previdenciário."*

Da mesma maneira, com a Reforma Trabalhista, os arts. 75-A a 75-F, da CLT, que regulamentaram o Teletrabalho, fizeram referência ao reembolso das despesas incorridas pelo empregado, prevendo, no art. 75-D, que *"as disposições relativas à responsabilidade pela aquisição, manutenção ou fornecimento dos equipamentos tecnológicos e da infraestrutura necessária e adequada à prestação do trabalho remoto, bem como ao reembolso de despesas arcadas pelo empregado, serão previstas em contrato escrito."*

Ainda, o Decreto n. 10.854, de 10.11.2021 (vulgo Marco Legal Trabalhista), trouxe previsões relacionadas ao vale-transporte e alimentação. O art. 111, prevê que a contribuição do empregador para o custeio do vale-transporte: "I — não tem natureza salarial, nem se incorpora à remuneração do beneficiário para quaisquer efeitos; II — não constitui base de incidência de contribuição previdenciária ou do FGTS; III — não é considerado para fins de pagamento da gratificação de Natal a que se refere o Capítulo XI; e IV — não configura rendimento tributável do beneficiário".[6]

Também, o art. 110 dessa norma segue vedando a substituição do vale-transporte por antecipação em dinheiro ou qualquer outra forma de pagamento (salvo no caso do doméstico) e o art. 113 proíbe a acumulação do vale-transporte com outras vantagens relativas ao transporte do beneficiário (exceto na hipótese de o empregador fornecer, por conta própria ou de terceiros, condução coletiva em trecho parcial do trajeto casa-trabalho e vice-versa)

Já o art. 178, desse mesmo Decreto, estabelece, ainda, que "a parcela paga *in natura* (grifos no texto original) pela pessoa jurídica beneficiária, no âmbito do PAT, ou disponibilizada na forma de instrumentos de pagamento, vedado o seu pagamento em dinheiro: I — não tem natureza salarial; II — não se incorpora à remuneração para quaisquer efeitos; e III — não constitui base de incidência do FGTS".

A Instrução Normativa n. 2, de 08.11.2021, do Ministério do Trabalho e Previdência, que dispõe sobre os procedimentos a serem observados pela Auditoria-Fiscal do Trabalho, em três incisos de seu artigo 221, considera de natureza salarial, para fins de recolhimento do FGTS e da contribuição previdenciária, as seguintes hipóteses vinculadas à alimentação:

> *"XXIX — a alimentação fornecida in natura, em desacordo com o Programa de Alimentação do Trabalhador — PAT, instituído pela Lei n. 6.321, de 1976;*
>
> *XXX — o valor dos tickets, vales e cartões fornecidos a título de auxílio-alimentação em desacordo com o PAT antes de 11 de novembro de 2017, data de início da vigência da Lei n. 13.467, de 2017; e*
>
> *XXXI — as importâncias pagas em dinheiro a título de auxílio-alimentação, independentemente da adesão ao PAT".*[7]

Também em 3 incisos, do artigo 222, da Instrução Normativa em comentário, trata-se da exclusão da alimentação, em suas variadas formas, da base de cálculo dos encargos do FGTS e contribuição previdenciária:

> *XX — a alimentação fornecida in natura, de acordo com o Programa de Alimentação do Trabalhador — PAT, instituído pela Lei n. 6.321, de 1976;*

(6) Disponível em: <http://www.planalto.gov.br/ccivil_03/_Ato2019-2022/2021/Decreto/D10854.htm>. Acesso em: 21 ago. 2022.

(7) Disponível em: <https://www.in.gov.br/en/web/dou/-/instrucao-normativa-359448244>. Acesso em: 21 ago. 2022.

XXI — os instrumentos de pagamento fornecidos a título de auxílio-alimentação, quando realizado de acordo com o PAT, antes de 11 de novembro de 2017, data de início da vigência da Lei n. 13.467, de 2017;

XXII — os instrumentos de pagamento fornecidos a título de auxílio-alimentação, independentemente da adesão ao PAT, a partir de 11 de novembro de 2017, data de início da vigência da Lei n. 13.467, de 2017.

Nesta direção, o inciso XXIII do mesmo dispositivo legal exclui o "vale-transporte, nos termos e limites legais, bem como transporte fornecido pelo empregador para deslocamento ao trabalho e retorno, em percurso servido ou não por transporte público".

Ainda, a Lei n. 14.442, de 02 de setembro de 2022, cuja conversão em lei foi aprovada pela Câmara dos Deputados e pelo Senado Federal (MP n. 1.108/2022), pendendo, apenas, de sanção presidencial, dispôs e alterou regras relativas ao pagamento de auxílio-alimentação, prevendo, resumidamente, que as importâncias destinadas ao auxílio-alimentação deverão ser utilizadas exclusivamente para o pagamento de refeições em restaurantes e estabelecimentos similares ou para a aquisição de gêneros alimentícios em estabelecimentos comerciais. No momento do fechamento deste artigo, tem-se como certo o veto presidencial à portabilidade da bandeira do cartão e do saque do saldo após 60 dias, este último apontado como risco para o trabalhador, já que poderá ser considerado remuneração pela Receita Federal.[8]

Nota-se, portanto, que, desde a alteração da CLT, em 2001, visando, simultaneamente, atender à demanda do mercado de trabalho, para a retenção de talentos e conferir segurança ao empregador, incentivando-o à concessão de benefícios espontâneos não previstos nas normas coletivas e em lei, muitos desafios têm sido enfrentados por empregadores, já que as previsões legais, relativamente às parcelas adicionais ao salário, não são capazes de exaurir as discussões jurídicas, que ultrapassam, inclusive, o âmbito trabalhista, envolvendo questões tributárias e previdenciárias.

3. OS CARTÕES DE BENEFÍCIOS FLEXÍVEIS E IMPACTOS TRABALHISTAS, PREVIDENCIÁRIOS E FISCAIS

Nos últimos anos, impulsionados pela nova configuração do mercado de trabalho, que conta com uma geração de empregados e futuros empregados que valorizam para a aceitação de uma vaga de emprego, além do salário, o conjunto de benefícios oferecidos e a maior/menor liberdade para utilizá-los de acordo com suas necessidades, despontaram no mercado, empresas dedicadas à administração de benefícios concedidos por empregadores. Nesse modelo de negócio, o empregador, por meio de contrato com a empresa administradora dos benefícios, disponibiliza ao empregado um cartão multibenefícios pré-pago, com determinada bandeira de crédito, permitindo-lhe sua utilização para a aquisição de diferentes produtos e serviços de diversos estabelecimentos comerciais.

Basicamente, ao receber o cartão pré-pago, o empregado é cadastrado na plataforma da empresa administradora dos benefícios e, a partir daí, dependendo da extensão dos benefícios contratados pelo empregador, pode ter acesso às modalidades, que, regra geral, são as seguintes: (i) alimentação; (ii) refeição; (iii) cultura; (iv) saúde; (v) educação; (vi) *home office* e (vii) mobilidade. Além dessas modalidades, referidas empresas, ainda, podem disponibilizar uma categoria distinta, não elencada como benefício, para pagamento de premiações e reembolso de despesas.

Tais empresas administradoras de benefícios, também, como regra, não credenciam os estabelecimentos comerciais, fazendo o controle dos gastos do empregado, mediante aferição

(8) Disponível em: <https://www12.senado.leg.br/radio/1/noticia/2022/08/04/apesar-de-aprovada-mp-do-auxilio--alimentacao-portabilidade-do-cartao-e-saque-de-saldo-deverao-ser-vetados>. Acesso em: 21 ago. 22.

do número denominado de Merchant Category Code ("MCC") do estabelecimento comercial, utilizado pelas empresas de cartão de crédito para identificar o tipo de negócio (bens ou serviços) disponibilizados ao cliente. Assim, o saldo da conta de benefício de vale-refeição, por exemplo, somente pode ser utilizado em restaurantes e fornecedores de gêneros alimentícios.

Cada empregador pode, a seu critério, fixar o valor para determinada modalidade de benefício, permitindo ou travando, totalmente, a possibilidade de o empregado poder transferir, mediante livre escolha, os saldos entre as modalidades contratadas, ou ainda, travando, parcialmente, as transferências, para determinadas modalidades e valores. Nada obstante a possibilidade de trava, a transferência de saldo entre as modalidades de benefícios é, exatamente, um dos pontos de atração dos cartões multibenefícios, que tem por objetivo principal, individualizar a concessão dos benefícios de acordo com as necessidades de cada empregado. Assim, um empregado que trabalha em *home office*, por exemplo, poderia ter mais necessidade de usufruir de valores vertidos aos benefícios voltados à alimentação/refeição, do que, propriamente, para mobilidade/deslocamento.

Outro ponto importante na análise das modalidades de benefícios instituídas por essas empresas de cartão, é a amplitude da interpretação de cada uma das categorias, permitindo que os valores disponibilizados sejam gastos por empregados em produtos ou serviços que, em tese, estariam incluídas na referida modalidade. Por exemplo, na modalidade de benefício "Cultura", o valor depositado pelo empregador no cartão poderia ser gasto com pagamento de serviços de *streaming* ou de música. Na mesma linha, na categoria "Mobilidade", poderiam ser pagos serviços de transporte coletivo ou individual utilizados pelo empregado, inclusive por meio de aplicativos. Ainda, na modalidade "Saúde", as empresas administradoras dos benefícios, consideram, por exemplo, que nela estão incluídas as despesas com academias e outras atividades desportivas.

A despeito de o tema ser recente e não haver precedentes que possam indicar qual será tendência da jurisprudência a respeito, resta analisar se a legislação trabalhista/previdenciária/fiscal e os critérios já desenhados pela jurisprudência, de fato, oferecem elementos para a defesa da concessão de tais benefícios por meio desses cartões, sem que sejam, ao final, considerados como parcela integrante da remuneração do empregado para todos os fins, atraindo um ônus, não apenas financeiro, com o pagamento dos encargos acrescidos de multa, juros e atualização monetária, mas também jurídico, lavratura de autos de infração pelo Ministério do Trabalho e Previdência e Receita Federal e imposição de multas pelo descumprimento da legislação, investigação pelos Ministérios Públicos do Trabalho e Federal, para a apuração de crimes contra a ordem tributária e de sonegação de contribuições previdenciárias, questões de *Compliance* e governança, incluindo a apuração da responsabilidade legal de gestores, que decidiram contratar as empresas provedoras deste tipo de serviço, e a aplicação de sanções, entre outras consequências.

Pois bem, do ponto de vista trabalhista, a legislação vigente, especialmente após as alterações inseridas na CLT pela Reforma Trabalhista e normas esparsas posteriores já referidas, não autoriza a conclusão de implementação desta prática com absoluta segurança jurídica.

Embora a Reforma Trabalhista tenha atraído certa flexibilidade no tema da remuneração, com as modificações insertas nos artigos 457 e 458 da CLT, as verbas passíveis de concessão via benefícios flexíveis não foram alvo direto destas alterações; pelo contrário, seguem sendo criteriosamente reguladas e objeto de sanções pelo desvio de sua finalidade, conforme relatado em item próprio do presente artigo, não apenas para fins trabalhistas, mas também previdenciários e fiscais.

Não obstante, sentença de lavra da Juíza do Trabalho Substituta, Dra. Danielle Viana Soares, do TRT da 2ª Região, nos autos do Processo n. 1001410-39.2021.5.02.0041, afastou o pedido de integração dos benefícios flexíveis concedidos pelo reclamante daquela ação, com base na nova redação do § 2º, do artigo 457, da CLT:

> *"Alega, o autor, que além do salário de R$ 9.000,00, consignado em sua CTPS, recebia R$ 3.000,00 por fora, cujo montante não foi considerado para fins de recolhimento de fiscais e previdenciários, nem integrados à remuneração para fins de cálculo das verbas rescisórias. Em defesa, a ré nega o pagamento de salário "por fora", aduzindo que os extratos bancários juntados pelo reclamante são, na realidade, extratos de cartão de benefícios "VEE" concedido ao reclamante. Assevera que trata-se de cartão de benefícios flexíveis, processado em folha de benefícios, como ajuda de custo, não tendo, portanto, natureza salarial. O reclamante não impugnou os documentos juntados pela reclamada, pelo que reputo verdadeiro o documento de fls. 155/156 que estabelece a política de benefícios, com previsão de pagamento de ajuda de custo ao gerente, relativa à vestimenta,* home office*, educação, alimentação e mobilidade. O valor de R$ 3.000,00 encontra-se dentro dos parâmetros da ajuda de custo definida na mencionada política de benefícios. Observo que o art. 457 da CLT sofreu alterações pela Lei n. 13.467/2017, passando a dispor: Art. 457 — Compreendem-se na remuneração do empregado, para todos os efeitos legais, além do salário devido e pago diretamente pelo empregador, como contraprestação do serviço, as gorjetas que receber. § 1º Integram o salário a importância fixa estipulada, as gratificações legais e as comissões pagas pelo empregador. § 2º As importâncias, ainda que habituais, pagas a título de ajuda de custo, auxílio-alimentação, vedado seu pagamento em dinheiro, diárias para viagem, prêmios e abonos não integram a remuneração do empregado, não se incorporam ao contrato de trabalho e não constituem base de incidência de qualquer encargo trabalhista e previdenciário. Cabia ao reclamante, comprovar o desvirtuamento da ajuda de custo paga pela ré, ônus do qual não se desvencilhou. Nesse sentido, a ajuda de custo recebida pelo reclamante por meio do cartão de benefício VEE, não integra sua remuneração, nos termos do § 2º do art. 457 da CLT. Desse modo, julgo improcedentes todos os pedidos formulados pelo autor".*[9]

Embora a parte sucumbente tenha interposto Recurso Ordinário contra referida decisão, ao qual foi dado parcial provimento, este tópico especificamente foi mantido, por questões processuais, que não guardam compatibilidade com o objeto do presente artigo.

Em processo similar, n. 1002396-31.2017.5.02.0203, julgado pela Desembargadora Relatora Elza Eiko Mizuno, da 1ª Turma do TRT da 2ª Região, foi negada a integração dos benefícios flexíveis à remuneração do empregado.[10]

Na mesma direção, acórdão de relatoria do Desembargador Paulo José Ribeiro Mota, da 13ª Turma do mesmo TRT, no processo n. 1001010-55.2016.5.02.0702.[11]

A jurisprudência, todavia, não é unânime. Em acórdão de lavra do Desembargador, atualmente aposentado, Carlos Roberto Husek, da 17ª Turma do TRT da 2ª Região, nos autos do processo n. 1000005-29.2019.5.02.0011, a integração foi concedida, neste caso, com base no desvio da finalidade do benefício.[12]

Manifestando-se sobre caso idêntico ao relatado pela Desembargadora Elza Eiko Mizuno, a Desembargadora Sonia Maria de Barros, da 7ª Turma do mesmo TRT, opinou, nos autos do Processo TRT/SP n. 1002094-33.2016.5.02.0204, pela manutenção de parte do tópico da sentença recorrida, que havia reconhecido a natureza salarial dos benefícios flexíveis, excluindo, apenas, o auxílio-alimentação, em razão de a empresa estar enquadrada no PAT e diante do entendimento consolidado na Orientação Jurisprudencial n. 133 da SDI-I do C. TST.[13]

---

(9) Disponível em: <https://pje.trt2.jus.br/consultaprocessual/detalhe-processo/1001410-39.2021.5.02.0041/2#-c7fcc8e>. Acesso em: 22 ago. 2022.

(10) Disponível em: <https://pje.trt2.jus.br/consultaprocessual/detalhe-processo/1002396-31.2017.5.02.0203/2#bf95154>. Acesso em: 22 ago. 2022.

(11) Disponível em: <https://pje.trt2.jus.br/consultaprocessual/detalhe-processo/1001010-55.2016.5.02.0702/2#ed24ced>. Acesso em: 22 ago. 2022.

(12) Disponível em: <https://pje.trt2.jus.br/consultaprocessual/detalhe-processo/1000005-29.2019.5.02.0011/2#8a9506b>. Acesso em: 22 ago. 2022.

(13) Disponível em: <https://pje.trt2.jus.br/consultaprocessual/detalhe-processo/1002094-33.2016.5.02.0204/2#0c42627>. Acesso em: 22 ago. 2022.

Não se pode olvidar que os valores despendidos com o pagamento de alimentação e transporte de empregados podem ser, como regra, considerados despesas dedutíveis do Imposto de Renda da Pessoa Jurídica. No caso de empresas enquadradas no PAT, em razão do benefício fiscal concedido por força do art. 1º da Lei n. 6.321/1976, o rigor da fiscalização pelas autoridades é, naturalmente, maior.(14)

Vale lembrar que, quando da eclosão da Operação da Receita Federal "Premium Card" em 2005, vigorava o parágrafo 2º, do artigo 458, da CLT, com redação dada pela reforma de 2001, e, mesmo assim, foi transmudada a natureza jurídica dos créditos efetivados nos cartões, para considerá-los como verbas de natureza salarial.

Também importante destacar que nem sempre as três esferas são convergentes no tratamento legal a determinada prática empresarial, bastando citar, como exemplo, a exclusão do veículo concedido ao empregado para o exercício da sua função, para fins trabalhistas, ainda que utilizado para fins privados, conforme entendimento sumulado pelo TST, o que não é contemplado pelas legislações previdenciária e fiscal, que o consideram como base de cálculo dos respectivos encargos. O mesmo acontece em algumas práticas de educação e qualificação dos empregados, previdência complementar e outros itens contratuais sobre os quais não discorreremos por não ser objeto do presente artigo.

Tais contradições legislativas acabam por provocar controvérsias que, por sua vez, acarretam conflitos e insegurança jurídica.

Nelson Mannrich, reconhecendo o esforço do legislador em aprimorar o sistema, pontua que persistem os conflitos decorrentes de atos normativos: *"Como se vê, a omissão legislativa e o excesso de regulamentação infralegal comportam efetiva insegurança jurídica no sistema, de modo que os Tribunais se veem forçados a colmatar o sistema, tarefa duramente criticada em face de determinadas soluções inaceitáveis, quando simples reforma legislativa bastaria para corrigir as distorções apontadas".*(15)

Para que a empresa tenha argumentos de defesa coerentes, que possam justificar o enquadramento desta prática nas exclusões estabelecidas pela legislação trabalhista, é necessária a implementação de política empresarial regulatória do uso destes cartões, limitando as possibilidades de utilização aos tipos legais expressamente excluídos das bases de cálculo dos encargos trabalhistas, previdenciários e fiscais, com a fiscalização efetiva do uso do crédito e o sancionamento de eventual desvirtuamento constatado.

A regulação via norma coletiva também pode ser uma alternativa(16), a teor das prerrogativas outorgadas aos sindicatos pelos arts. 7º, XXVI, e 8º, III e VI, da Constituição Federal,

---

(14) Disponível em: <http://www.planalto.gov.br/ccivil_03/leis/l6321.htm>. Acesso em: 21 ago. 2022

(15) Consequências trabalhistas da atividade de marketing de incentivo e natureza jurídica do prêmio. *In Marketing de incentivo*: uma visão legal/ Elidie P. Bifano, Barueri, SP: Manole, 2008. p.155/156.

(16) Cita-se como exemplo, a cláusula 8ª, negociada na Convenção Coletiva de Trabalho, vigente de 01.04.2022 a 31.03.2023, firmada entre o Sindicato dos Publicitários, dos Agenciadores de Propaganda e dos Trabalhadores em Empresas de Propaganda do Estado de São Paulo e o Sindicato das Agências de Propaganda do Estado de São Paulo, que trata dos benefícios flexíveis:
"8 — BENEFÍCIOS FLEXÍVEIS.
As empresas poderão adotar programas de benefícios flexíveis, observadas as disposições legais sobre o assunto.
8.1 — Para os efeitos previstos nesta cláusula, os benefícios poderão ter naturezas diversas e ficarão disponíveis para que os empregados escolham aquele(s) que melhor atenda(m) às suas necessidades de vida.
8.2 — As regras do programa deverão estar descritas em documentos específicos, de forma clara e inequívoca. As empresas deverão comunicar e dar publicidade efetiva sobre o mecanismo adotado.
8.3 — As empresas poderão rever periodicamente os programas de benefícios flexíveis, desde que informem aos empregados antecipadamente sobre a alteração pretendida.
8.4 — As empresas devem observar os valores mínimos dos benefícios previstos na presente Convenção Coletiva de Trabalho para compor os benefícios flexíveis."

e 611-A da CLT, todavia, a negociação coletiva não poderá disciplinar os efeitos tributários da prática, por constituir objeto ilícito, diante da expressa proibição disposta no inciso XXIX, do artigo 611-B, da CLT.

A respeito deste tema, citamos o acórdão proferido pelo Conselho Administrativo de Recursos Fiscais — CARF, cujo texto foi repetido *ipsis literis* em outras decisões idênticas(17):

> *"Em relação aos denominados benefícios flexíveis previstos no mencionado ACT, de igual modo, não há nenhuma norma isentiva excepcionando tais pagamentos, razão pela qual devem integrar a regra geral inserta no art. 22, I, da Lei n. 8.212/91, abaixo transcrita:*
>
> *Art. 22. A contribuição a cargo da empresa, destinada à Seguridade Social, além do disposto no art. 23, é de:*
>
> *I — vinte por cento sobre o total das remunerações pagas, devidas ou creditadas a qualquer título, durante o mês, aos segurados empregados e trabalhadores avulsos que lhe prestem serviços, destinadas a retribuir o trabalho,* **qualquer que seja a sua forma**, *inclusive as gorjetas, os ganhos habituais sob a forma de utilidades e os adiantamentos decorrentes de reajuste salarial, quer pelos serviços efetivamente prestados, quer pelo tempo à disposição do empregador ou tomador de serviços, nos termos da lei ou do contrato ou, ainda, de convenção ou acordo coletivo de trabalho ou sentença normativa. (destacou-se)*
>
> *Destarte, também quanto a este tocante deve ser negado provimento ao recurso voluntário".*(18)

Com respeito aos encargos previdenciários e fiscais, a Receita Federal, ciente destas práticas empresariais, vem acompanhando atentamente o mercado de benefícios corporativos flexíveis, cuja previsão de crescimento entre 2022 e 2026 é de cerca de 9% ao ano(19), e disparou alerta às empresas que os utilizam, no sentido de que devem ser hábeis a demonstrar, de forma detalhada e precisa, a utilização dos créditos realizados nos cartões de seus empregados para as finalidades previstas em lei, sob pena de serem considerados como base dos encargos previdenciários e fiscais, ressuscitando os riscos que se concretizaram no início deste século.(20)

Há opiniões no sentido de que há efetiva diferença entre a prática repudiada pela fiscalização e pelo Poder Judiciário no início dos anos 2000 e a atual, pautadas, sobretudo, pela modificação da legislação e da tecnologia utilizada em uma e outra sistemática, como pudemos constatar na matéria veiculada no Jornal Valor em 05.11.2021.(21)

De fato, a prática denominada de Marketing de Incentivo tinha por objetivo, no entender de Wagner Balera e Luis Rodrigues Kerbauy, a *"premiação de funcionários que venham a atingir determinado resultado, previamente estabelecido, de relevância para o desenvolvimento de atividades promovidas pela empresa. Poderá ser utilizado,* verbi gratia, *para o lançamento de uma nova linha de produtos ou para o alcance de metas internas da empresa"*.(22)

---

(17) Processo n. 14041.000558/2008-89 e Acórdão 2201-006.950, Processo n. 14041.000560/2008-58 e Acórdão 2201-006.953, Processo n. 14041.000562/2008-47 e Acórdão 2201-006.951, todos da 2ª Sessão de Julgamento, 2ª Câmara/1ª Turma Ordinária, sessão de 04.08.2020

(18) Processo n. 14041.000559/2008-23, Acórdão 2201-006.954, 2ª Sessão de Julgamento, 2ª Câmara/1ª Turma Ordinária, sessão de 04.08.2020

(19) Disponível em: <ttps://portal.comunique-se.com.br/index.php/adesao-massiva-a-cartoes-de-beneficios-flexiveis-preocupa-receita-federal/>. Acesso em: 21 ago. 2022.

(20) Disponível em: <https://valor.globo.com/legislacao/noticia/2021/11/05/receita-alerta-sobre-tributacao-de-cartoes-de-beneficios-flexiveis.ghtml>. Acesso em: 21 ago. 2022.

(21) Disponível em: <https://valor.globo.com/legislacao/noticia/2021/11/05/receita-alerta-sobre-tributacao-de-cartoes-de-beneficios-flexiveis.ghtml>. Acesso em: 21 ago. 2022.

(22) Incentivos não devem ser passíveis de tributação, 08.04.2007. Disponível em: <https://www.conjur.com.br/2007-abr-08/incentivos_nao_passiveis_tributacao>. Acesso em: 22 ago. 2022.

Já naquele tempo, Nelson Mannrich apontava que *"o marketing de incentivo traz à lume nova lógica que contrapõe a idéia (sic) do conflito permanente, antigo paradigma do Direito do Trabalho clássico".*[23]

Não obstante, em razão do tipo tributário não admitir qualquer elastecimento e da ausência, à época, de disposição legal acerca da natureza jurídica da premiação quitada em programas de incentivo e do sujeito passivo da obrigação, o INSS e a Receita Federal, atendo-se aos estritos termos da regra matriz (geral) de incidência da contribuição previdenciária e do Imposto de Renda, enquadraram os pagamentos efetivados a este título como verbas de natureza salarial, autuando as empresas que optaram por tal ferramenta.

Os órgãos de fiscalização apontaram a existência de triangulação artificial entre contratante, contratada e trabalhador beneficiado, que ocultava ou dificultava a identificação dos beneficiários finais (que também se deixavam de informar tais rendimentos em suas declarações anuais) e eliminava as retenções obrigatórias de tributos incidentes sobre verbas de natureza salarial pela fonte pagadora dos recursos, circunstâncias agravantes para a cobrança de tributos e multas. Em alguns casos, ainda, glosaram os pagamentos efetivados pela contratante à contratada, quando utilizados para abatimento do IRPJ e da CSLL, acarretando um incremento do valor das autuações.

Não se pode, ainda, deixar de considerar que muitas das empresas autuadas naquela época utilizaram tal prática para travestir prêmios contraprestacionais habituais e, portanto, à época, de natureza indubitavelmente salarial, integrando a remuneração do empregado para todos os fins.

O Conselho Administrativo de Recursos Fiscais (CARF) confirmou o entendimento das autoridades fiscalizatórias, mantendo as autuações impingidas às empresas e confirmando o passivo não previsto nos orçamentos[24]. Muitas empresas, ainda, enfrentaram investigações pelo Ministério Público para verificação de crimes de sonegação fiscal.[25]

---

(23) Ob. cit. p. 168.

(24) MARKETING DE INCENTIVO. PAGAMENTO DE PRÊMIO DE INCENTIVO POR DESEMPENHO. FUNCIONÁRIOS OU TERCEIROS. INCIDÊNCIA DO IMPOSTO DE RENDA NA FONTE. FONTE. PAGADORA É A EMPRESA QUE PRETENDE INCENTIVAR SEUS COLABORADOS. USO DE TERCEIRO CONTRATADO PARA IMPLEMENTAR O PROGRAMA DE INCENTIVO. IR. RELEVÂNCIA. O pagamento de prêmio de incentivo por desempenho por pessoa jurídica a pessoas físicas colaboradoras, sejam empregadas ou terceiras, mediante o uso de cartão de crédito ou débito, está sujeita ao imposto de renda retido na fonte. A fonte pagadora do prêmio de incentivo é a pessoa jurídica que incentivou os colaboradores e a empresa terceirizada contratada por aquela para instrumentalizar o plano de incentivo. MARKETING DE INCENTIVO. PAGAMENTO DE PRÊMIO DE. INCENTIVO POR DESEMPENHO. FUNCIONÁRIOS OU TERCEIROS. INCIDÊNCIA DO IMPOSTO DE RENDA NA FONTE, BASE DE. CÁLCULO DO IRRF. A base de cálculo do imposto de renda fonte é o valor do prêmio pago ao colaborador cujo desempenho se quis incentivar". (Processo n. 10680.003.391/2007-41, Acórdão 1201-00.234, 2" Câmara, 1ª Turma Ordinária, 09.03.2010). Disponível em: <https://carf.fazenda.gov.br/sincon/public/pages/ConsultarJurisprudencia/listaJurisprudencia.jsf?idAcordao=4753068>. Acesso em: 22 ago. 2022.

"ASSUNTO: CONTRIBUIÇÕES SOCIAIS PREVIDENCIÁRIAS. Período de apuração: 01.01.2007 a 31.12.2007. MARKETING DE INCENTIVO. PRESTAÇÃO DE SERVIÇO. CONTRIBUIÇÃO PATRONAL. Caso o marketing de incentivo seja caracterizado como prestação de serviço remunerado, haverá a incidência da contribuição social. Nesse caso, a empresa contratante é responsável pela arrecadação, mediante desconto da remuneração, da contribuição social devida pelo contribuinte individual a seu serviço, devendo recolher o valor arrecadado juntamente com a contribuição a seu cargo. ERRO FORMAL. NULIDADE. NECESSIDADE DE CERCEAMENTO DO DIREITO DE DEFESA. A caracterização da nulidade do auto de infração, dada a existência de imprecisões, incorreções e omissões, só ocorre se prejudicar o pleno conhecimento dos fatos pelo sujeito passivo. APLICAÇÃO DA MULTA DO ART. 35 DA LEI N. 8.212/1991. Com a revogação da Súmula n. 119, DOU 16.08.2021, o CARF alinhou seu entendimento ao consolidado pelo STJ. Deve-se apurar a retroatividade benigna a partir da comparação do devido à época da ocorrência dos fatos com o regramento contido no atual artigo 35, da Lei n. 8.212/91, que fixa o percentual máximo de multa moratória em 20%, mesmo em se tratando de lançamentos de ofício". (Processo n. 15889.000058/2010-62, Acórdão 2201-009.498, sessão de 01.12.2021. publicado em 24.01.2022). Disponível em: <https://carf.fazenda.gov.br/sincon/public/pages/ConsultarJurisprudencia/listaJurisprudenciaCarf.jsf>. Acesso em: 22 ago. 2022.

(25) Disponível em: <http://carf.fazenda.gov.br/sincon/public/pages/ConsultarJurisprudencia/consultarJurisprudenciaCarf.jsf>, buscar pelo número do acórdão.

Parece-nos que quanto mais as empresas se aproximarem dos textos legais que regulam a concessão de benefícios e fiscalizarem a utilização dos créditos pelos seus empregados, maior será a possibilidade de afastarem a transmudação da natureza jurídica para todos os fins legais.

Os gastos que não se encaixam estritamente no tipo legal, como despesas com transporte por aplicativos, com academia, veterinários, serviços de *streaming*, entre outros, poderão, efetivamente, ter a natureza jurídica contestada pelos órgãos de fiscalização e pelo Judiciário, acarretando riscos legais e passivo trabalhista, previdenciário e fiscal.

Caso a empresa tencionando manter a atratividade e retenção de mão de obra, especialmente de gerações mais novas com propósitos de vida diversos, opte por permitir a utilização para outras finalidades, deve ter em mente os riscos antes mencionados e a possibilidade de constituição de passivo nas três esferas, com as consequências já descritas neste artigo.

4. CONCLUSÕES

O mundo do trabalho vem sofrendo várias quebras de paradigmas ao longo dos últimos tempos. As recompensas estão, indubitavelmente, incluídas neste cenário, já que elas são responsáveis pela atração e retenção de mão de obra, ao lado de outros elementos como a marca, imagem e a reputação do empregador, o propósito empresarial, as práticas de ESG e as possibilidades de desenvolvimento da carreira.

E, neste contexto, elas também acompanham as tendências mercadológicas, amoldando-se aos interesses e expectativas do público que está sendo recrutado e contratado. Infelizmente, o interesse econômico nem sempre convive pacificamente com as obrigações legais.

Apesar de todo o esforço legislativo para regular o tema, sabemos que o Direito não acompanha a velocidade dos fatos sociais e, nesta condição, muitas das práticas implementadas pelas empresas para atrair e reter profissionais sequer estão previstas nas normas ou encaixam-se nos tipos descritos na lei que são estritos, suscitando controvérsias e riscos jurídicos, como descrevemos neste trabalho.

Os benefícios flexíveis enquadram-se nesta problemática, já que concebidos neste cenário de necessidade de atração e retenção de talentos, mas com características que nem sempre se enquadram na estrita tipologia legal.

Nesta condição, a concessão de tal retribuição, fora dos rigorosos limites da lei e do arcabouço infralegal pode atrair a transmudação da natureza jurídica, por força de autuação pelos órgãos públicos e/ou de condenação imposta em reclamação trabalhista, para os fins de integração dos valores pagos a este título na remuneração dos empregados e recolhimento dos encargos decorrentes.

A regulação de tais benefícios via política empresarial e/ou norma coletiva de trabalho, resguardadas as fronteiras destacadas em item próprio do presente artigo, podem propiciar maior segurança jurídica à prática, vedando, expressamente, desvirtuamentos na sua utilização, fiscalizando o seu uso e sancionando quem infringir esta proibição.

O Compliance e as Relações de Trabalho

Cleber Izzo(*)

A EVOLUÇÃO DO COMPLIANCE NO ASPECTO NORMATIVO E SUA IMPLICAÇÃO NAS RELAÇÕES DE TRABALHO

Fazer nada não é uma opção!

Com essa frase, inicio este capítulo trazendo a importância das áreas de Recursos Humanos e *Compliance* atuarem juntas para transformar e fortalecer a cultura da ética e integridade dentro das organizações.

Traduzir de forma descerimoniosa a palavra *"Compliance"*, do inglês *"to comply with"*, que significa *estar de acordo com; em conformidade com as normas, procedimentos e legislação em vigor* seria muito simples. O grande desafio para qualquer empresa, organização ou instituição é assegurar que seus colaboradores e empregados cumpram e façam cumprir todos os normativos, regulamentos e legislação existentes, bem como garantir que seus prestadores de serviços o façam, e é exatamente este o desafio imposto pela Lei Anticorrupção Brasileira, Lei n. 12.846 de 1º de agosto de 2013, regulamentada pelo Decreto n. 11.129 de 12 de julho de 2022.

Com o amadurecimento da legislação anticorrupção, o novo Decreto acima citado, estabelece em seu artigo 57 a aplicação do Programa de Integridade e indica as diretrizes da Organização para a Cooperação e Desenvolvimento Econômico — OCDE, sobre a Integridade Pública, que objetiva a implementação do programa de forma efetiva e não apenas declaratória.

A Lei Anticorrupção chama à responsabilidade e ainda prevê punições severas para as empresas e seus prepostos envolvidos em atos de corrupção ativa ou passiva, com penas que variam desde a reparação total do dano causado à determinada pessoa ou entidade, bem como a publicação da condenação na mídia, à proibição de recebimento de valores por instituições financeiras por um período de até cinco anos; à vedação de participação em licitações públicas; suspensão e/ou interdição parcial das atividades da empresa; multas elevadas que variam de 0,1% a 20% do faturamento anual bruto e se não for possível calcular, o juiz poderá decidir valores entre R$ 6 mil e R$ 60 milhões; privação de liberdade de seus proprietários e até mesmo o encerramento das atividades da empresa, tudo isso sem ter que comprovar a culpa, bastando ser comprovada a corrupção.

(*) Advogado. Professor e Escritor. Pós-graduado em Direito do Trabalho — ESA-OAB. Com Especialização em Liderança Sindical & Empresarial — FGV e Master Business Administration — MBA em Gestão de Pessoas — FIA-USP. Possui mais de 25 anos de experiência em Recursos Humanos & Compliance em diferentes empresas, tais como: CBSI/CSN, Sky Brasil, Jaguar Land Rover, Grupo Ecorodovias e Ford Motor Company, na qual foi Head de Investigações Especiais na América do Sul por 6 anos. Técnico de Segurança do Trabalho, foi Docente no SENAC por 12 anos. Membro das Comissões de Compliance da OAB-SP e do Instituto dos Advogados de São Paulo — IASP. Diretor do Grupo de Relações de Trabalho na Associação Brasileira de Profissionais de Recursos Humanos — ABPRH (2017-2019). Professor na Legal Ethics & Compliance — LEC há 5 anos. Atualmente é Diretor de Relações de Trabalho na Secretaria de Gestão e Desempenho de Pessoal no Ministério da Economia do Governo Federal. Possui vivência nos subsistemas de Recursos Humanos e experiência na condução de assuntos relativos a fraudes, desvios, violações de leis e normas internas, assuntos relativos à saúde e segurança do trabalho, questões sociais e de comportamento humano, bem como gestão de Código de Conduta Ética e Canais de Denúncia. Hábil na coordenação de investigações sigilosas internas e técnicas de entrevistas em Português, Inglês e Espanhol.

Portanto, o *Compliance* deve ser muito mais que um simples programa! Antes da Lei n. 12.846/13 entrar em vigor, as empresas e entidades flagradas em alguma prática ilícita alegavam que determinado fato era algo pontual ou que havia sido praticado por alguns de seus empregados, porém a empresa ou instituição nem sempre recebia punição. Menciono em minhas aulas o exemplo de situações nas quais os empregados envolvidos eram simplesmente transferidos ou até desligados, contudo, o problema continuava existindo, pois estava incrustado naquela organização.

A Certificação ISO 37.001 (Certificação na Área de *Compliance*) possui abordagem diferente dos demais certificados, pois as empresas devem se antecipar, começando pelo chamado *tone at the top*, ou seja, os exemplos precisam vir de cima. Os proprietários, presidentes e diretoria precisam absorver a cultura e cascateá-la para todos os níveis de empregados da organização, incluindo estagiários, terceiros, fornecedores e prestadores de serviços, visando criar a cultura do ambiente ético e de responsabilidade.

Porém, recomendo que haja também o envolvimento do *tone at the middle*, ou seja, a média liderança que possui papel fundamental nesse processo, em razão de ser exatamente o nível que receberá as determinações do topo e as repassará aos subordinados, ou seja, não basta o tom vir de cima se a média liderança não acredita e, principalmente, não faz a gestão pelo exemplo.

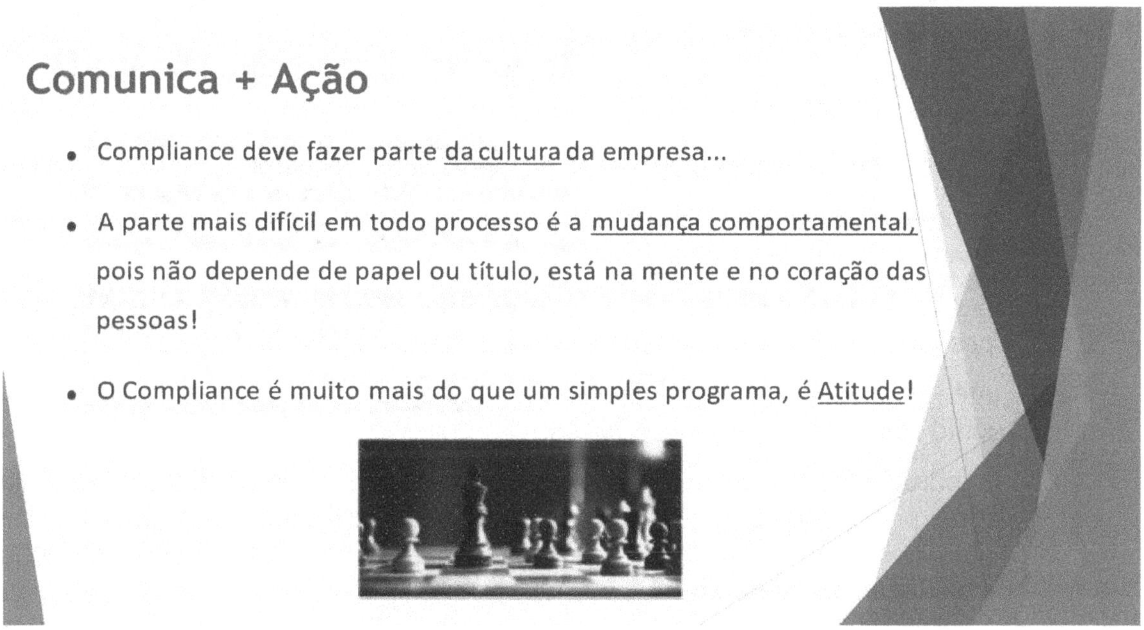

AS RELAÇÕES TRABALHISTAS & SINDICAIS E SEU PAPEL FRENTE ÀS NEGOCIAÇÕES COLETIVAS E ENTIDADES REPRESENTATIVAS

A área de Relações Trabalhistas & Sindicais pode ter surgido de várias formas em todo mundo e os estudos demonstram que ela derivou da área de Recursos Humanos nas empresas mais bem estruturadas. Nos Estados Unidos, as empresas possuem um setor ligado à área de Recursos Humanos, assim denominada *Labor Relations ou Employee Relations* ou, como antigamente, da área de Relações Industriais, responsável pela organização do trabalho, documentação de pessoal e contatos com os sindicatos. Ocorre que muitas pessoas, empresas e entidades passaram pelo papel de "negociador" e talvez nunca pararam para pensar de que forma isso aconteceu: simplesmente foram fazendo.

Com base em minha experiência em mais de 25 anos nas áreas de Recursos Humanos e *Compliance* em empresas nacionais e multinacionais, atuando em diversas regiões do Brasil e América do Sul, com aproximadamente quinhentos Sindicatos, Associações, Federações, Confederações e órgãos de classe, como Fecomércio, SINCROD, FIESP e SINFAVEA, dentre outros, pude perceber que cada interlocutor atua sob orientação e possuem objetivos políticos distintos e por isso essas características precisam ser conhecidas *a priori* pelo profissional de negociação porque estas interferem diretamente nas negociações coletivas e na chamada relação capital-trabalho.

Dentre os principais objetivos e responsabilidades da área de gestão das Relações Trabalhistas & Sindicais (RT&S), destacam-se:

i) Conduzir as negociações sindicais, respeitando as peculiaridades local, com o objetivo de equilibrar as práticas e cláusulas de gestão das diferentes áreas ou empresas do grupo econômico;

ii) Administrar os conflitos sindicais e as relações trabalhistas do dia a dia envolvendo empregados e prestadores de serviços;

iii) Cumprir e fazer cumprir as normas e os acordos coletivos firmados com sindicatos (de empregados e/ou empregadores);

iv) Prover pareceres técnicos, alinhados com o Departamento Jurídico e/ou Escritório Jurídico, onde houver;

v) Elaborar e/ou revisar normas, procedimentos internos, acordos individuais e coletivos de trabalho;

vi) Analisar e recomendar a aplicação de medidas disciplinares;

vii) Acompanhar e divulgar alterações na legislação que impacta na gestão de pessoas e nas relações trabalhistas;

viii) Analisar e apresentar os indicadores e resultados (ex.: absenteísmo, negociações, pesquisa de clima, reclamações, fiscalizações etc.) para Diretoria e Conselho;

ix) Atender as fiscalizações e auditorias (internas e externas) e representar a empresa junto aos Fóruns e Órgãos Públicos;

x) Suportar e/ou conduzir os assuntos identificados pelos Canais de Denúncia (Código de Conduta Ética e Programa de *Compliance)*, bem como capacitar empregados e prestadores de serviços sobre os assuntos pertinentes à legislação e de Recursos Humanos.

A GLOBALIZAÇÃO E AS NEGOCIAÇÕES SINDICAIS COLETIVAS

A globalização é um fenômeno social e econômico sem sombra de dúvidas, porém a grande diferença entre a multinacionalização do avanço tecnológico e de hoje é a facilidade e a velocidade da informação e o impacto no conhecimento que afeta a vida de todos.

Antes de 1995 a comunicação entre as pessoas era morosa e de alto custo, para uma ligação internacional havia a necessidade de intermediação de uma telefonista. Essa prática foi extinta e hoje o próprio celular possibilita o acesso em segundos. Aliás, o fenômeno de falar foi substituído pelo teclar. Vivemos no mundo digital.

Imagine antes como eram difíceis as transações de natureza econômica. Você se encontrava na Europa e precisava trocar dinheiro para transitar de um país para o outro. Hoje não! Você compra Euro e viaja para 26 (vinte e seis) países diferentes, ou se preferir, realiza transferências bancárias imediatas e com muita facilidade. O mundo digital inovou também nesse sentido, as operações financeiras são feitas *on-line*, independentemente da moeda de cada país.

Ao mesmo tempo em que a globalização trouxe inúmeras vantagens, impulsionou nos povos a crescente necessidade de consumo imediato. Atualmente, a tecnologia estimula a ostentação, a aparência acima de tudo, impondo a necessidade de mostrar riqueza e de estar sempre bem.

É comum ao ligarmos para o *call center* de uma empresa americana sermos atendidos por uma pessoa da China ou Índia. Com a globalização, as relações entre o capital e o trabalho se transformaram. Em alguns países faltam pessoas qualificadas e em outros há a escassez de mão de obra operacional.

Fatores importantes também influenciaram na globalização, dentre elas as religiões; as grandes navegações; a Guerra Fria; as guerras mundiais e a incansável necessidade do homem em novas descobertas, enfim.

A globalização é então um fenômeno social caracterizado pela intensificação sem precedentes das relações que interligam pessoas e localidades ao redor do mundo, de tal sorte que as barreiras físicas e temporais já não são viáveis insuperáveis, haja vista o fenômeno mundial do trabalho remoto ou sistema laboral híbrido, parte remoto e parte presencial.

O local e o universal mantêm relações complexas de interferências mútuas em nítidos contrastes com os progressos sociais de efeito unidirecional. A eliminação das restrições de tempo e espaço, efeito direto da revolução tecnológica, ensejou a aproximação das pessoas, culturas e países em torno de interesses comuns, reforçando a característica marcante da multinacionalização que é a livre circulação de pessoas e mercadorias entre diferentes países, encurtando distâncias e tempo a um só *click*.

Especialistas de vários países têm demonstrado preocupação com o fenômeno da globalização. Se contradizem e possuem pontos de vista antagônicos para determinados temas, porém ao mesmo tempo se unem objetivando evitar problemas maiores, sob o prisma econômico, social ou até mesmo cultural para que os povos preservem suas identidades.

Nos tempos atuais há calmaria no assunto, porém no ano de 2011 o modelo estava em xeque em todo mundo, pensou-se até mesmo na extinção da moeda Euro. A globalização precipitou o advento da sociedade do conhecimento pós-industrial, alicerçada no ressignificado e na inovação.

A área de Recursos Humanos também foi se transformando com o passar do tempo e chegou no que os especialistas classificam como RH 4.0. Iniciou com o RH 1.0, na época da Revolução Industrial, quando era conhecida simplesmente como Departamento de Pessoal, com viés burocrático e mecânico. Com o avanço dos métodos de produção, observou-se a necessidade de passar para o estágio do RH 2.0, com a incorporação das áreas de Treinamento & Desenvolvimento, melhoria na seleção de candidatos e novas formas de gestão, incluindo a necessidade de certificações específicas, dentre elas a ISO 9000.

Na década de 1990, a área de Recursos Humanos ganhou um novo *status*. À medida em que passou a participar de discussões e decisões estratégicas, inclusive fazendo parte do *Board* de algumas corporações e influenciando na decisão das empresas, alcançou à denominada categoria de RH 3.0.

Com o avanço tecnológico e os mundos virtuais, dentre eles o Metaverso, novas formas de comunicação instantânea, necessidade de trabalhos híbridos e disruptivos e até mesmo em razão da pandemia do Coronavírus — COVID-19, a área de Recursos Humanos ganhou protagonismo inigualável, sem deixar de executar as atribuições anteriores.

Porém, com as diligências denominadas atualmente pela sigla ESG *Environment, Social and Governance*, que em tradução literal significa a real preocupação com as questões ambientais, sociais e de governança, neste caso incluindo os temas de *compliance*, ética e integridade, não somente como diferencial, mas como fatores fundamentais para o crescimento sustentável, a área consolidou seu protagonismo nas corporações.

O comércio internacional de serviços financeiros, educacionais, de saúde etc., têm crescido em um ritmo acelerado. Anteriormente à pandemia da COVID-19, as vendas virtuais representavam cerca de 9% (nove por cento) e hoje este número alcança 55% (cinquenta e cinco por cento), dependendo do setor.

E como ficará a globalização? Não se sabe ao certo, mas a percepção é que se trata de um processo irreversível de crescimento exponencial no campo da indústria, comércio e financeiro, propiciando assim aproximação de diferentes culturas. O risco é de que possa haver alterações nos aspectos socioculturais e econômicos das nações. Portanto, o desafio da área de Recursos Humanos é trabalhar os eventos decorrentes dessa transição.

O PERFIL DOS NOVOS SINDICALISTAS NO BRASIL

Com o avanço da tecnologia e a necessidade de se reinventar, percebemos que o perfil dos representantes sindicais sofreu transformação, incluindo sua forma de atuação, a exigência de um melhor preparo técnico e comportamental e até mesmo a obrigação de engajar pessoas por meios virtuais, pois houve a imposição de desaprender e reaprender para fazer a diferença, seja nas empresas privadas ou no setor público.

Para quem já participou de eleições da Comissão Interna de Prevenção de Acidentes — CIPA, sabe que muito ante do processo eleitoral e até mesmo após a conclusão das eleições, pairava clima de agitação nas organizações e todos queriam saber quais eram os candidatos que estavam disputando o pleito, bem como quem havia sido eleito. O processo de apuração de votos era demorado, complicado e ficava na dependência da área de Comunicação a necessidade de rapidez na divulgação dos resultados. Atualmente a realidade em algumas empresas é diferente, tendo em vista que a divulgação da informação é veiculada por meio do *WhatsApp*.

É condição *sine qua non* que os sindicatos e associações sejam formados por esse novo perfil de representante sindical, dinâmico e bem-informado, que possua conhecimento técnico e mantenha bom relacionamento com todos os níveis da organização em que faça parte.

O COMPLIANCE SINDICAL FRENTE ÀS NOVAS ATUAÇÕES DOS ÓRGÃOS DE CONTROLE

Aquela antiga frase "companheiro não entrega companheiro" está em xeque, pois há sindicatos sendo convocados pelo Ministério Público do Trabalho para prestarem esclarecimentos acerca de acordos coletivos firmados com determinadas empresas, em que há indícios de prejuízo aos empregados ou à sociedade de forma mais ampla, em matéria de falta de recolhimentos de impostos, por exemplo.

Sindicatos e empresas estão mais cautelosos nas negociações e seus Departamentos Jurídicos nunca trabalharam tanto. Mesmo com o avanço do chamado "negociado *x* legislado", aprovado pela Reforma Trabalhista por meio da Lei n. 13.467/17, as áreas de Recursos Humanos e *Compliance* estão mais atuantes e estabelecendo relação de confiança a longo prazo.

É importante que a relação de confiança entre as partes seja de longo prazo, pois de nada adianta firmar acordo coletivo em que uma das partes se sinta prejudicada posteriormente à negociação sindical. O fato de uma se sentir ludibriada na situação atual, pode comprometer as próximas negociações.

Anteriormente, quando um representante sindical recebia uma denúncia ou reclamação por parte de seus representados ele tentava resolver a questão e muitas vezes não a reportava através dos canais oficiais, nem sequer informava o problema para as áreas de Recursos Humanos ou área que iria tratar a denúncia. Havia o sentimento de que não valia a pena levar o assunto adiante ou até mesmo que poderia ter maior credibilidade com seus representados caso conseguisse resolver sozinho a situação.

Com a promulgação da lei anticorrupção, Lei n. 12.846/13, a denúncia não apurada ou o caso mal investigada, poderá acarretar sérias consequências para os sindicatos, desde a notificação judicial até mesmo a aplicação de multas ou intervenção, ou seja, receber a denúncia e não a reportar tornou-se uma "batata quente", pois os representantes sindicais reconhecem a importância de reportar o assunto aos responsáveis para se resguardar juridicamente de eventuais punições, seja no âmbito trabalhista, civil ou criminal. O *Compliance Officer*, assim denominada a pessoa responsável por tratar as denúncias, possui papel crucial neste cenário.

MEDIDAS PREVENTIVAS NA AUTUAÇÃO DE COMPLIANCE

O Programa de *Compliance*, se inicia pelo topo da empresa *"tone at the top"*, disseminando-se a todos os níveis da organização, incluindo seus empregados, estagiários e prestadores de serviços.

Medidas preventivas de comunicação, treinamentos, implantação do Código de Conduta Ética, Canais de Denúncia eficazes, Ouvidoria e Auditorias (internas e externas) e alocação de recursos, fortalecem o Programa de *Compliance* e podem atenuar a punibilidade.

O engajamento e capacitação elevam a confiança e proporcionam ambientes de trabalho mais saudáveis quanto a ética e a integridade das organizações.

Elaborar e revisar normas e procedimentos, contratos individuais e acordos coletivos, demonstram a real vontade de adaptar-se à nova legislação anticorrupção e, desta forma, melhoram a imagem e reputação da organização, bem como demonstram adequação aos ditames do *Compliance*.

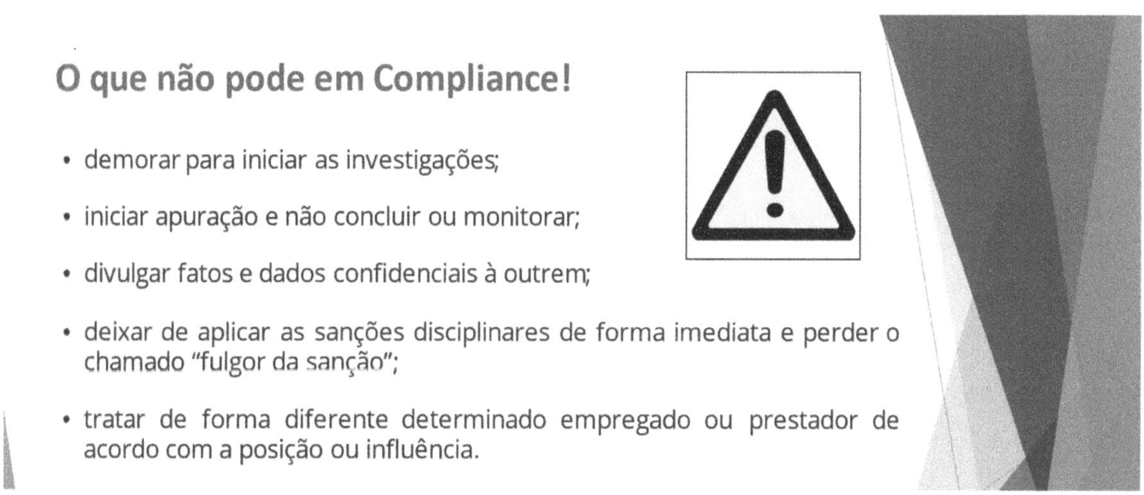

REFERÊNCIAS

LEC News — *Legal Ethics, Compliance*. <www.lecnews.com>. Site e Revista especializada nos assuntos jurídicos sobre ética e Compliance. 2019.

IZZO, Cleber. Anotações pessoais — Participações em aulas, cursos e palestras sobre os temas de Direito do Trabalho e Compliance realizados pela Ordem dos Advogados do Brasil, Escola Superior de Advocacia — ESA e no VIII Congresso Internacional de Compliance. São Paulo. 2021.

ASSI, Marcos. *Gestão Compliance, seus desafios*. São Paulo: Saint Paul, 2013.

SAAD-DINIZ, Eduardo; ADACHI, Pedro Podboi; DOMINGUES, Juliana Oliveira (Organizadores). *Tendências em governança corporativa e compliance*. São Paulo: Líber ARS, 2019.

As relações de trabalho à luz da LGPD

Daiane Souza Ribeiro(*)

INTRODUÇÃO

A Lei Geral de Proteção de Dados (LGPD — Lei n. 13.709/2018) trouxe uma série de regras e princípios que devem ser verificados quando houver a utilização de dados pessoais e dados sensíveis por empresas privadas e públicas.

Consequentemente, essa legislação afetou as relações trabalhistas, dado o grande volume de dados que são particulares a elas, da fase da seleção e recrutamento até a rescisão do contrato de trabalho.

Com isso, para a adequação na LGPD, além de conhecer a legislação, algumas mudanças na rotina da empresa devem ser observadas, a fim de mitigar riscos de utilização indevida dos dados por terceiros não autorizados, bem como eventuais multas.

1. DADOS PESSOAIS E DADOS PESSOAIS SENSÍVEIS

Em atenção a evolução tecnológica e disponibilização de informações pessoais publicamente em diversos locais, o desafio para proteção de dados tem sido cada vez mais discutido em âmbito global. Nesse enlace, surge a LGPD (Lei Geral de Proteção de Dados), Lei n. 13.709/18, que zela pelo tratamento dos dados pessoais e dados pessoais sensíveis de pessoa natural ou jurídica, visando tutelar sobre os direitos fundamentais de liberdade, intimidade e de privacidade.

No que tange aos dados pessoais, estes tratam de informações relativas à pessoa que possibilitam a sua identificação, conforme previsto no artigo 5º da LGPD, é a *"informação relacionada à pessoa natural identificada ou identificável"*.

Esses dados são aqueles que normalmente são fornecidos em cadastros, como por exemplo: nome, CPF, RG, telefone e endereço. E, ainda, aquelas informações que podem ser fornecidas de forma inconsciente, como cookies, hábitos de consumo, fotografia e localização.

A LGPD, portanto, ao tratar dos dados pessoais, visa a proteção da personalidade do titular.

Já os dados pessoais sensíveis, conforme artigo 5º, inciso II da LGPD, é o "*dado pessoal sobre origem racial ou étnica, convicção religiosa, opinião política, filiação a sindicato ou a organização de caráter religioso, filosófico ou político, dado referente à saúde ou à vida sexual, dado genético ou biométrico, quando vinculado a uma pessoa natural*".

No que tange aos dados sensíveis, estes carecem de uma atenção maior para o tratamento, dada a possibilidade de discriminação do titular.

(*) Advogada. Pós-Graduada em Direito Processual e Material do Trabalho (2012) e em Compliance Digital (2022). Certificados em Compliance Anticorrupção (CPC-A) | Certificado em Investigação Corporativa (CPIC). Gerente Jurídica e de Compliance na Idea Maker Meios de Pagamento e Consultoria Ltda.

Nesse enlace, há princípios que devem reger a proteção ao titular, para o tratamento dos seus dados pessoais e dados pessoais sensíveis, previstos no artigo 6º da lei, quais sejam:

Finalidade: esse princípio prevê que os dados apenas poderão ser utilizados para o fim específico a que foi coletado. Ou seja, o mero armazenamento dos dados sem um propósito específico gera uma não conformidade.

Adequação: a finalidade da coleta apresentada ao titular deve ser compatível com o tratamento. Quer dizer que a justificativa deve ter coerência com o dado solicitado.

Necessidade: o tratamento deve ser limitado à finalidade a que foi coletado, de forma proporcional e não excessiva.

Livre acesso: significa conceder ao titular a consulta livre, fácil e gratuita quanto a forma e a duração do tratamento de seus dados.

Qualidade dos dados: o titular deve ter a garantia de que os seus dados são verdadeiros e estão atualizados.

Transparência: a empresa deve passar todas as informações referentes ao tratamento de dados de forma clara e honesta. Se o empregador for compartilhar com outras empresas os dados, o titular deve ter conhecimento, por exemplo.

Não discriminação: não utilizar os dados de forma que podem acarretar atos discriminatórios, ilícitos ou abusivos.

Segurança: os procedimentos e tecnologias que mitiguem riscos de acessos por terceiros não autorizados aos dados são de responsabilidade das empresas, assim como criar plano de contingência para solucionar eventuais incidentes que possam acarretar riscos ou danos significantes aos titulares.

Prevenção: as empresas devem agir de forma preventiva no trato de dados, de modo a não deixar para agir apenas quando ocorrer algum incidente de segurança.

Responsabilização e prestação de contas: não basta ter processos robustos para o tratamento de dados, é necessário demonstrar que estes também são eficazes. Para tanto, evidências das medidas aplicadas devem demonstrar a diligência e boa-fé da empresa. Nos próximos tópicos, serão abordadas algumas boas práticas e exemplos de como podem ser demonstradas as ações e zelo da empresa, para cumprimento deste princípio.

A LGPD, com efeito, busca dar segurança jurídica aos titulares, trazendo regras aos protagonistas envolvidos na coleta, armazenamento, tratamento e uso dos dados pessoais e/ou sensíveis, sejam digitais ou físicos.

2. BASES LEGAIS

Importante destacar que quando falamos de dados pessoais ou dados pessoais sensíveis, estes devem ser acompanhados de uma base legal, que são as possibilidades para todo tratamento, onde qualquer utilização que esteja fora, haverá descumprimento da LGPD.

São dez bases legais que possibilitam o tratamento de dados, sendo que entre elas não há qualquer ligação, cabendo a empresa responsável definir qual será a mais adequada para cada situação.

Abaixo as dez bases legais previstas na LGPD:

Situação	Bases Legais
Consentimento do titular	art. 7º, I, LGPD
Legítimo Interesse	art. 7º, IX, LGPD

Situação	Bases Legais
Cumprimento de obrigação legal ou regulatória	art. 7º, II, LGPD
Tratamento pela administração pública	art. 7º, III, LGPD
Realização de estudos e de pesquisas	art. 7º, IV, LGPD
Execução ou preparação contratual	art. 7º, V, LGPD
Exercício regular de direitos	art. 7º, VI, LGPD
Proteção da vida e da incolumidade física	art. 7º, VII, LGPD
Tutela de saúde do titular	art. 7º, VIII, LGPD
Proteção de crédito	art. 7º, X, LGPD

Que, em suma, são:

(i) **Consentimento do titular:** é uma das mais comuns, uma vez que basta o titular dos dados, literalmente, dar o consentimento para utilização de suas informações. É importante que o consentimento seja expresso, para fins de evidências.

(ii) **Legítimo interesse:** trata da base legal mais abrangente. Isso porque, refere a vontade do controlador, ou da sociedade, em utilizar legalmente os dados do titular.

Conforme o artigo 10 da LGPD: "*O legítimo interesse do controlador somente poderá fundamentar tratamento de dados pessoais para finalidades legítimas, consideradas a partir de situações concretas, que incluem, mas não se limitam a: I — apoio e promoção de atividades do controlador; e II — proteção, em relação ao titular, do exercício regular de seus direitos ou prestação de serviços que o beneficiem, respeitadas as legítimas expectativas dele e os direitos e liberdades fundamentais, nos termos desta Lei.*"

(iii) **Cumprimento de obrigação legal ou regulatória:** Nesse caso, o tratamento de dados é amparado pela necessidade de atendimento a outros normativos. O armazenamento por determinado prazo dos comprovantes de recolhimento de INSS e FGTS, bem como documentação do contrato de trabalho para eventual defesa em processo judicial ou para órgãos fiscalizadores, são exemplos para essa base legal.

(iv) **Tratamento pela administração pública:** A administração pública pode utilizar os dados para a execução de políticas públicas amparadas em leis, convênios, contratos ou afins.

(v) **Realização de estudos e pesquisa:** essa possibilidade é prevista para o tratamento de dados para empresas públicas e privadas que visam realizar estudos e pesquisas para desenvolvimento científico, social ou econômico.

(vi) **Execução ou preparação contratual:** os contratos entre particulares podem prever cláusulas que permitam o uso dos dados, bem como o respectivo tratamento. O ato de assinatura do contrato formaliza essa autorização.

(vii) **Exercício regular de direitos:** conforme o artigo 7º, inciso VI da LGPD, *o "tratamento de dados pode ser feito para o exercício regular de direitos em processo judicial, administrativo ou arbitral".*

(viii) **Proteção da vida e da incolumidade física:** em situações em que for indispensável para a proteção à vida e segurança física do titular, a utilização de seus dados podem ser utilizados sem o respectivo consentimento.

(ix) **Tutela de saúde do titular:** previsto para profissionais e serviços de saúde, assim como para autoridades sanitárias.

(x) **Proteção de crédito:** nos casos de aprovação de crédito e mitigação de riscos transacionais, os dados poderão ser consultados para análise de perfil.

3. OS DADOS E AS ATIVIDADES CORPORATIVAS

A LGPD é omissa quanto a disposição expressa no que tange à proteção de dados no âmbito das relações de trabalho. Contudo, conforme artigo 1º, a LGPD é objetiva no sentido de proteger os dados de pessoas naturais, sejam eles tratados por pessoas físicas ou jurídicas:

> *Art. 1º da LGPD: esta Lei dispõe sobre o tratamento de dados pessoais, inclusive nos meios digitais, por pessoa natural ou por pessoa jurídica de direito público ou privado, com o objetivo de proteger os direitos fundamentais de liberdade e de privacidade e o livre desenvolvimento da personalidade da pessoa natural.*

Com isso, é fácil verificar que os dados, sejam pessoais ou sensíveis, estão em toda a relação trabalhista, a iniciar na fase pré-contratual (recrutamento/seleção), até na rescisão contratual, com a finalização da relação entre as partes.

Inicialmente, recomenda-se realizar um inventário para identificar onde os dados da relação de emprego estarão presentes, a fim de seguir com o devido tratamento observando as exigências da legislação. De forma não taxativa, abaixo são alguns dos documentos utilizados na relação de trabalho e que são amparados pela LGPD:

(i) **Fase pré-contratual (recrutamento/ seleção):** é comum o preenchimento de ficha de solicitação de emprego, recebimento de currículo pela área de recursos humanos e ficha de referência, que são alguns dos documentos onde constam inúmeros dados.

Considerando que nesta fase ainda não há uma relação de emprego, é de suma importância que o candidato dê o consentimento para a devida utilização e tratamento do dado. E, no mesmo sentido, caso tenha empresa interposta, como especialistas de recrutamento, deve haver transparência ao candidato.

(ii) **Durante a relação de trabalho:** fichas de registro, termos, contrato de trabalho, exame admissional, dados bancários, assim como inúmeros outros poderão ser coletados na vigência contratual.

(iii) **No término da relação de trabalho:** emissão de guias no processo demissional, armazenamento de dados para fins previdenciários, tributários e trabalhistas, para eventual defesa em processos administrativos e judiciais.

Fato é que durante toda a relação de emprego há o compartilhamento de dados pessoais e dados pessoais sensíveis pela empresa, que, por sua vez, deve observar a legislação vigente.

No mais, não há qualquer distinção quanto ao porte da empresa, de modo que empregadores de pequeno, médio e grande porte deverão se adequar a LGPD, independente do número de colaboradores. Na mesma linha, a empresa estrangeira que venha a contratar no Brasil, precisa também se ajustar a esta lei.

É possível extrair da documentação exemplificada, que o consentimento e legítimo interesse, conforme bases legais aqui tratadas, são os principais pontos que devem ser observados para formalização das relações entre colaborador e empregador, no que toca a LGPD.

Em observância aos princípios, destaca-se que durante todo o processo de vigência do contrato de trabalho, é necessário que o colaborador tenha conhecimento para qual finalidade os seus dados estão sendo coletados, assim como serão tratados, em observância ao artigo 9º da LGPD.

Quanto aos dados de menores de idade, como de filhos e dependentes, há um ponto de atenção, onde o consentimento deverá ser específico e para o melhor interesse do titular, assim como ciência e autorização por um dos pais ou representante legal. Ou seja, com a LGPD o menor passa a ser assistido em todo o momento da contratação e não apenas na rescisão.

Com efeito, há aplicação direta da LGPD nas relações de trabalho, dado o elevado número de dados pessoais e sensíveis que são compartilhados internamente entre as áreas da empresa, além das necessidades legais e regulatórias para a existência desse vínculo, sendo obrigatória a conformidade em todas as etapas existentes entre empregadora e colaborador.

4. SUJEITOS

A LGPD prevê três figuras importantes, que qualquer empresa que busca adequação à lei necessita saber, tal qual as respectivas atribuições. Em suma, são pessoas ou empresas que estão ativamente ligadas ao processo de tratamento dos dados, com responsabilidades legais bem definidas. São elas:

(i) **Controlador:** conforme previsto na LGPD, trata-se de *"pessoa natural ou jurídica, de direito público ou privado, a quem competem as decisões referentes ao tratamento de dados pessoais"*. Essa é a figura mais interessada no tratamento dos dados, assim como a que recebe maior responsabilidade perante os titulares no que insta ao tratamento dos dados.

(ii) **Operador:** essa figura possui a atribuição de zelar pelo cumprimento da legislação, conforme definido pelo controlador. E, ainda, agir de forma transparente com o titular dos dados, em observância aos princípios que regem a LGPD, deixando claro o objetivo da coleta, assim como dando a possibilidade de solicitar eventual exclusão ou esclarecimentos atinentes à tratativa dos dados.

(iii) **Encarregado:** conhecido como DPO, essa figura é responsável pela atuação de "fiscal" da legislação na empresa. Por certo, o DPO deve ter pleno conhecimento da LGPD, a fim de atuar de forma independente e orientar toda a cadeia de negócios sobre a tratativa de dados.

Ao relacionar essas figuras na relação de trabalho, é possível verificar que os empregadores se equiparam ao Controlador. Portanto, este deverá garantir o tratamento adequado de todos os dados que venha a coletar durante a relação de emprego, em observância à LGPD.

O Operador, por sua vez, pode ser caracterizado por alguma empresa parceira, prestadora de serviços ou mesmo de serviço autônomo, que venha a ter acesso aos dados, como uma empresa de fornecimento de ponto eletrônico. O Controlador deve exigir o cumprimento de suas instruções para o devido tratamento, assim como prever a responsabilidade desta figura em caso de alguma utilização indevida, vazamento ou fraude.

Por último, o Encarregado, ou conhecido como DPO, pode ser um funcionário ou não da empresa, designado para ser o canal de comunicação com os titulares de dados, assim como observar o adequado fluxo e exigências legais para o tratamento dos dados.

Durante a relação de trabalho, essas funções são responsáveis por zelar pelos dados conforme a LGPD, de modo que eventuais danos que sejam causados aos titulares, como perda, vazamento ou compartilhamento indevido, estes poderão ser responsabilizados, mesmo que de forma subsidiária, como no caso dos Operadores.

Verifica-se, portanto, que as obrigações da empresa com os seus colaboradores e candidatos estão ligados com os sujeitos trazidos na LGPD.

5. LGPD E A BIOMETRIA

A biometria trata-se não tão somente da impressão digital ou à íris, e sim, também se abrange a voz e facial, muito usual para identificação pessoal para acessos controlados, a fim de atendimento da legislação trabalhista:

> *Art. 74 da CLT "para os estabelecimentos com mais de 20 (vinte) trabalhadores será obrigatória a anotação da hora de entrada e de saída, em registro manual, mecânico ou eletrônico, conforme instruções expedidas pela Secretaria Especial de Previdência e Trabalho do Ministério da Economia, permitida a pré-assinalação do período de repouso".*

Essa forma de controle de jornada tem sido aceito na Justiça do Trabalho, assim como reconhecida a sua segurança, segundo Vólia Bomfim Cassar (2020):

> *"(...) Conquanto seja possível, de fato, assinalar a jornada por outros meios diversos da biometria, não há meio tão eficaz quanto este para assegurar a integridade dos horários lançados nos respectivos registros e autoria.*
>
> *E a fidedignidade desses registros é essencial e extremamente saudável para ambas as partes, evitando alegações de desvirtuamento da jornada pela existência, por exemplo, de controle paralelo e permitindo a justa e real apuração do saldo de horas (...)".*

Pois bem! Considerando a sua aceitação no âmbito trabalhista, no que concerne aos controles de ponto para cumprimento de uma obrigação legal, uma dúvida comum é sobre a biometria para a identificação dos colaboradores ser ou não um dado pessoal. Ocorre que, uma vez que é possível identificar a pessoa, sim, este é um dado pessoal conforme a LGPD.

Ainda, nesse enlace, esse dado pessoal é considerado sensível, nos termos da LGPD:

> *Art. 5º Para os fins desta Lei, considera-se:*
>
> *(...)*
>
> *II – dado pessoal sensível: dado pessoal sobre origem racial ou étnica, convicção religiosa, opinião política, filiação a sindicato ou a organização de caráter religioso, filosófico ou político, dado referente à saúde ou à vida sexual, dado genético ou biométrico, quando vinculado a uma pessoa natural;*

Corroborando, o artigo 11, inciso II, letra "g", também prevê a possibilidade de utilização de sistemas eletrônicos, a fim de mitigar riscos de fraude e à segurança do titular. No mais, há amparo de uma base legal, conforme artigo 11º, inciso II, letra "a", que prevê a utilização do dado sensível para o *"cumprimento de obrigação legal ou regulatória pelo controlador"*.

Portanto, forçoso o enquadramento da biometria para marcação de jornada de trabalho ou controles de acesso como um dado pessoal sensível, e a sua guarida para mitigar a violação de direitos de personalidade dos colaboradores, além de atender obrigação constante na CLT, carecendo do tratamento em observância a LGPD.

6. PRAZO PARA ARMAZENAMENTO

A diretriz da legislação também exige que se observe o prazo para armazenamento dos dados pessoais e/ou sensíveis. Com isso, o tratamento deve ser transparente ao colaborador e/ou candidato no que tange ao tempo que os dados de sua titularidade serão tratados pela empresa.

No que se refere ao armazenamento dos dados na relação de emprego, é comum o questionamento sobre o prazo para tanto. Contudo, este não está expresso na LGPD, mas caso a caso poderá ser analisado a fim de verificar a real necessidade do arquivo, observando as bases legais.

Vale destacar que mesmo com o fim do vínculo empregatício, deve-se armazenar alguns documentos, para atendimento de eventuais exigências judiciais ou mesmo de órgãos fiscalizadores. O armazenamento para essa finalidade pode ser enquadrado na base legal para cumprimento de obrigação legal ou regulatória.

7. NORMATIVOS INTERNOS

Considerando o alto nível de responsabilidades da empresa no tratamento de dados na relação trabalho, faz-se necessário a orientação a todos os colaboradores sobre a forma correta de fazê-lo.

A criação de políticas e procedimentos internos é o primeiro passo para disseminar aos colaboradores o que se espera do tratamento de dados para cada função, além de conhecimento sobre a forma que os seus próprios dados serão processados.

De forma não taxativa, seguem alguns pontos importantes para execução das atividades em observância a LGPD pela empresa, bem como para serem observados nos normativos internos, como a política de proteção de dados:

(i) informar de forma transparente aos colaboradores/ candidatos sobre como os dados pessoais e os dados pessoais sensíveis transitam na empresa;

(ii) incentivar a boa prática de não deixar documentos em cima da mesa;

(iii) disponibilizar canal acessível para todos os colaboradores, que possam reportar preocupações ou eventual desvio no tratamento de dados;

(iv) utilizar os dados apenas para a finalidade para a qual foram coletados;

(v) atentar-se as formas de coletas de informações pessoais ou sensíveis, que não sejam documentais, como biometrias e câmera de segurança; e

(vi) manter um maior controle para informações sensíveis, como atestados médicos, que possuem um amparo específico na legislação.

Os colaboradores, por sua vez, também possuem parcela de responsabilidade para assegurar o cumprimento da LGPD, de modo que possuem postura ativa dentro da cultura organizacional, tais quais:

(i) ser um disseminador dos normativos internos, respeitando os fluxos dos procedimentos e políticas;

(ii) apontar ajustes e melhorias nos fluxos que venham a ter contato com dados pessoais e dados pessoais sensíveis; e

(iii) comunicar ao superior hierárquico eventual desvio que tenha ciência.

A rigor, as empresas possuem responsabilidade de definir e orientar toda a cadeia de negócios quanto às diretrizes que exige para o tratamento dos dados, que vai de encontro com aos princípios que regem a legislação.

8. MUDANÇA CULTURAL

Um dos maiores desafios no processo de adequação da LGPD na empresa é enraizar uma nova cultura organizacional, com viés à proteção de dados, com a participação e engajamento de todos os colaboradores.

Cumpre trazer o conceito de cultural organizacional, que, conforme Chiavenato (2010, p. 172), é *"o conjunto de hábitos e crenças, estabelecidos por normas, valores, atitudes e expectativas, compartilhadas por todos os membros da organização"*.

Por sua vez, a cultura de proteção de dados remete a ideia da confidencialidade de dados pessoais e/ou sensíveis dos candidatos e colaboradores, em proteção a todas as partes (titular e empresa) de qualquer tipo de exposição indevida ou mesmo fraudes.

Assim, superada a formalização dos normativos internos, é recomendado que cláusulas próprias sobre a LGPD sejam incluídas nos contratos de trabalho. Nesta fase, o contrato de trabalho deverá conter cláusulas contratuais específicas que tratem do tratamento de dados pessoais e dados sensíveis, conforme previsão do artigo 6º da LGPD.

Eventuais aditivos ou novos termos podem ser exigidos pela empresa empregadora no decorrer do contrato, dadas eventuais mudanças na legislação, que deverão ser monitoradas para estes ajustes contratuais.

Enraizando a cultura da proteção de dados, aquela comum frase *"mas sempre foi assim"* deverá ser trabalhada, de modo a mudar antigos hábitos que podem ser um desrespeito a legislação vigente. Toda a organização, neste momento, deverá ser responsável pela disseminação e adoção das boas práticas trazidas pela LGPD.

A falsa ideia de que a LGPD é um empecilho ou mesmo que cria processos burocráticos para a empresa, precisam ser desmistificados, de maneira que fique claro e compreendido por todos que a lei é um caminho fundamental para a segurança de toda a cadeia de negócios.

Essa comunicação deve ser clara e objetiva no sentido de que cada um possui uma grande responsabilidade perante os dados que venha a ter acesso. Assim como que todos compreendam a sua própria importância perante o atendimento das exigências da LGPD em suas atividades.

Para tanto, seguem alguns pontos relevantes para essa comunicação ser possível:

(i) Treinamentos para a LGPD

Embora tenha entrado em vigor em 2021 e ser algo comum de escutar no dia a dia, fato é que muitos colaboradores, certamente, simplesmente não conhecem os objetivos da LGPD, impossibilitando que contribuam com melhorias em suas atividades no que tange a proteção de dados, a respeito da coleta, armazenamento e tratamento de dados.

Em função disso, após o compromisso do colaborador no contrato de trabalho e criação das políticas internas, uma das principais etapas para uma cultura de proteção de dados é a realização de treinamentos e ações para a conscientização, voltado para todas as empresas. Isto porque, não basta ter uma massa documental robusta, mas esta ser ineficaz, dada a falta de conhecimento pelos colaboradores.

Os *workshops*, EADs, rodas de conversas, avisos com mensagens no *e-mail* ou painéis, são algumas das formas para criar um momento para tratar da proteção de dados com os colaboradores, trazendo maior conhecimento da legislação, bem como das consequências de eventuais descumprimentos.

(ii) Ferramentas tecnologias

Os *softwares* de gestão são opções para a adequação dos processos internos que demandam atividade humana, para garantir maior proteção aos dados.

Trata-se de uma providência mais segura para o armazenamento e tratamento dos dados, mitigando o risco de comprometimento a confidencialidade e fraudes. Isto porque, processos com documentos em papel e analógicos estão mais suscetíveis para esses tipos de processos. A adoção de *softwares* e automatização de processos é um excelente caminho para contribuir com a cultura de proteção de dados, além de otimizar a gestão de pessoas.

Pelo exposto, bons controles e treinamentos são indispensáveis para promover a mudança cultural, mitigando riscos de falhas humanas e desencadear inobservância a LGPD.

9. TOP DOWN DOS GESTORES

A gestão *top down* (tradução de cima para baixo), é de suma importância e a base para firmar uma mudança cultural, razão pela qual merece destaque.

As tomadas de decisões são realizadas pela alta administração da empresa, que, por sua vez, deverá, além de definir as estratégias e diretrizes para atendimento das exigências da LGPD, também ser responsável por gerenciar pelo exemplo.

Assim, o direcionamento e a referência deve sempre vir de cima para baixo, em evidente efeito cascata, para que toda a cadeia do negócio seja aculturada com o propósito de proteger os dados pessoais e dados pessoais sensíveis no exercício de suas tarefas.

Com efeito, insta salientar que todos os colaboradores, iniciando pela alta administração, independente da função que exerce na empresa, devem ter a preocupação de garantir a segurança dos dados pessoais e/ou sensíveis que venha a ter contato. Ou seja, não é uma tarefa tão somente do DPO.

10. PENALIDADES PELO DESCUMPRIMENTO DA LGPD NAS RELAÇÕES TRABALHISTAS

Considerando que os empregadores também devem se adequar à LGPD, as multas os acompanham.

As penalidades constantes no artigo 52 da LGPD vão desde advertências até multas simples no importe de 2% sobre faturamento ou diária, publicização da infração, bloqueio, eliminação ou suspensão total ou parcial do funcionamento do banco de dados.

Sem prejuízo das multas, qualquer colaborador que se sentir lesado em relação a eventual tratamento inadequado dos seus dados, poderá ingressar com ação judicial para reparação dos danos que venha a sofrer.

Com isso, tem-se que todo o processo de adequação não é mera boa prática, e sim, necessária para atendimento da legislação e afastamento de multas administrativas e judiciais.

CONSIDERAÇÕES FINAIS

Conforme exposto, a essência da LGPD é garantir os direitos fundamentais da pessoa humana, criando regras e controles para utilização dos dados pessoais e dados pessoais sensíveis com segurança jurídica aos titulares, bem como às figuras envolvidas no tratamento dos dados.

Considerando que a coleta dos dados em uma relação de trabalho é, na prática, diária, a adequação à LGPD deve ser considerada uma prioridade, sob risco da empresa incorrer em irregularidade.

A adequação à LGPD exige esforço e atenção, a fim de promover a mudança cultural. Para tanto, os treinamentos, criação de normativos internos, revisão dos contratos e documentos dos colaboradores, deverão ter uma atenção especial, de modo a atender a LGPD e mitigar riscos no tratamento de dados.

REFERÊNCIAS

BRASIL. Lei n. 13.709, de 14 de agosto de 2018. *Lei geral de proteção de dados*. Brasília. Disponível em: <http://www.planalto.gov.br/ccivil_03/_ato2015-2018/2018/lei/L13709.htm>. Acesso em: 20 ago. 2022, às 10h34.

CHIAVENATO, Idalberto. *Comportamento organizacional:* a dinâmica do sucesso das organizações. 2. ed. Rio de Janeiro: Elsevier, 2010.

PINHEIRO, Iuri; BOMFIM, Vólia. *A lei geral de proteção de dados e seus impactos nas relações de trabalho*. Instituto Trabalho em Debate, 01 out. 2020. Disponível em: <http://trabalhoemdebate.com.br/artigo/detalhe/a-lei-geral-de-protecao-de-dados-e-seus-impactos-nas-relacoes-de-trabalho>. Acesso em: 21 ago. 2022, às 11h08.

Contingenciamento trabalhista: ferramenta em prol da gestão

Danilo Dias Simões(*)
Rafael Ricardo(**)

1. INTRODUÇÃO

No decorrer das últimas décadas, foram realizadas diversas pesquisas buscando verificar como cada empresa se organizava internamente. Resultados indicaram que não existia uma única forma de gestão adequada, mas sim, inúmeras formas de se gerenciar. Foram surgindo novas concepções organizacionais, nas quais a estrutura e funcionamento de uma empresa ficavam dependentes do ambiente que as rodeiam, ou seja, de contingências externas, tais como, gestão do negócio, tecnologia e estrutura.

Com isso surge a Teoria da Contingência, enfatizando que os acontecimentos dentro da empresa são relativos, pois, dependem do modo como as organizações trabalham e também do ambiente externo. Segundo Chiavenato (2007, p. 22), "as empresas bem sucedidas são aquelas que conseguem adaptar-se adequadamente às demandas ambientais." As organizações dependem do ambiente que estão inseridas. Nesse sentido, percebe-se que o ambiente molda as organizações.

Fatores externos causam incertezas e dificultam a tomada de decisões e o gerenciamento pelas organizações, o que faz com que gestores busquem a todo tempo ferramentas alternativas, úteis e tempestivas para melhorar o desempenho organizacional e obter vantagem competitiva.

Uma medida contingencial deve ser usada se efetivamente surgir uma possível situação. Nesse entendimento, contingenciar significa impor limites e regras em relação ao uso do orçamento, verbas ou recursos. Dentre uma das ferramentas mais utilizadas nas empresas para a sinalização dos riscos e redução do passivo está no contingenciamento do passivo trabalhista.

O passivo trabalhista se refere à mensuração do valor correto (ou tentativa) de cada processo ajuizado contra a empresa. Assim, o seu contingenciamento vem ganhando força e importância dentro das empresas em virtude da transparência que os critérios adotados para se apurar os riscos e valores envolvidos nas ações judiciais, emprestam credibilidade aos números e, consequentemente, passam segurança e sustentação às decisões internas

---

(*) Cargo: Gerente Jurídico — Danilo Dias Simões — Advogado. Pós-Graduado em Processo Civil com ênfase em Arbitragem e Master of Business Administration (MBA) em Gestão Empresarial ambos pela Fundação Getúlio Vargas (FGV). Bacharel em Direito pela Universidade Paulista (UNIP). Certificado Black Belt na metodologia six sigma pela SETA Desenvolvimento Gerencial liderando projetos jurídicos de melhoria contínua com entregas em mais R$ 150 MM.

(**) Cargo: Coordenador jurídico do núcleo de Auditoria, Compliance e Provisionamento de processos trabalhistas — Rafael Ricardo — Advogado. Coordenador Jurídico do Núcleo de Auditoria, Compliance e Provisionamento de Processos Trabalhistas do escritório Rocha, Calderon e Advogados Associados. Pós-Graduado em Auditoria pela Fundação Escola de Comércio Alvares Penteado (FECAP). Especialista em Compliance. Bacharel em Direito pela Universidade Braz Cubas (UBC). É autor de artigos científicos relacionados a Contingenciamento do Passivo e Gerenciamento de Carteiras Trabalhistas, com foco em melhoria de processos e fluxos na operação para mitigar riscos e reduzir custos a gestão.

de diversas áreas da empresa, que não somente mais ao departamento jurídico trabalhista, mas também departamentos financeiros e até mesmo departamentos de projetos que analisam em forma de indicadores.

Diante disso, surge este breve artigo buscar resposta à seguinte questão: De que forma o contingenciamento do passivo trabalhista pode se tornar uma ferramenta de gestão empresarial?

A questão central é demonstrar a importância do contingenciamento do passivo trabalhista como ferramenta de gestão empresarial. O contingenciamento do passivo trabalhista torna possível, com razoável segurança, a determinação em valores dos riscos que a empresa está exposta. Ou seja, essa informação pode ser obtida dentro da própria contabilidade da empresa, determinando assim, apurar qual a exposição e riscos totais da empresa perante a visão financeira e contábil, dando subsídios importantes para a gestão e o aperfeiçoamento dos controles internos.

Para alcançar o objetivo proposto, o trabalho primeiramente apresenta uma reflexão sobre a importância da integração entre direito e matemática, a qual permite, cada vez mais, enxergar um mundo do direito com novas soluções para os problemas tanto do setor judiciário quanto das grandes corporações.

2. REFERENCIAL TEÓRICO

2.1. Teoria da contingência

Contingência significa algo incerto ou eventual, que pode vir a ocorrer ou não, dependendo das circunstâncias. Quando ocorre, passa a influenciar diretamente no comportamento da organização.

A teoria da contingência vai muito além da abordagem problemática do ambiente, pois, existe uma relação funcional entre as condições oferecidas pelo ambiente e a tecnologia utilizada. Em seu estudo, as condições do ambiente é que influenciam nas transformações ocorridas no interior das organizações. Deste modo, o próprio ambiente explica os fenômenos ocorridos na organização.

Na Teoria da Contingência, uma característica importante é a utilização de diversos modelos e alternativas para a eficácia e eficiência de uma organização. Entende-se que os problemas organizacionais devem ser estudados de diversas formas, com mais de uma perspectiva, vez que, a aplicação de um único modelo não é o método mais eficaz para oferecer um alto nível organizacional, bem como, dificulta o alcance dos objetivos variados de uma organização dentro de um ambiente também variado. Toda a variação ocorrida no ambiente exige uma variação na estrutura da organização.

Cadez e Guilding (2008, p. 837) comentam que "[...] a proposição central da Teoria da Contingência afirma que o desempenho organizacional depende do ajuste entre o contexto organizacional e estrutura".

De acordo com Morgan (1996, p. 48), as organizações podem ser consideradas como "[...] organismos 'abertos' ao meio ambiente e devem atingir uma relação apropriada com esse ambiente, caso queiram sobreviver".

Assim, verifica-se a integração do ambiente com a estrutura da organização e a necessidade dessa relação para o bom funcionamento da empresa.

2.1.1. A origem da teoria da contingência

A teoria da contingência surgiu após diversas pesquisas realizadas a partir do ano de 1960, buscando verificar quais os modelos de estruturas organizacionais eram mais eficazes ao serem aplicados em determinados tipos de empresas.

Para tanto, as pesquisas foram realizadas de forma individualizada, para entender se as organizações que possuíam estrutura eficaz utilizavam-se das teorias clássicas, que objetivam a divisão do trabalho e o investimento na especialização operária, voltando-se para a estrutura do empreendimento. Essas pesquisas procuravam compreender como ocorria o funcionamento das organizações em diferentes condições trazidas pelo ambiente de cada uma delas, fatores externos que podem influenciar no ambiente interno da empresa. O ambiente, em termos administrativos, é tudo aquilo que envolve externamente uma organização.

Foi realizada uma pesquisa por Burns e Stalker (1966), em vinte indústrias inglesas verificando a relação entre as práticas administrativas e o ambiente externo dessas indústrias, as quais foram divididas em organizações "mecanísticas" e "orgânicas", de acordo com as características de cada uma.

Para as organizações mecanísticas foram destacadas as características de uma estrutura burocrática baseada em minuciosa divisão de trabalhos, cargos ocupados por especialistas com atribuições específicas, decisões centralizadas na cúpula da organização, em um único comando, sistema controlador *rígido,* obediência entre superior e subordinado e ênfase nos princípios universais da Teoria Clássica.

Para as organizações orgânicas foram destacadas as características de uma estrutura organizacional flexível e com pouca divisão de trabalho, cargos redefinidos por outras pessoas que atuam na tarefa, decisões descentralizadas, tomadas por níveis inferiores, tarefas executadas por meio do conhecimento que as pessoas têm da empresa como um todo, hierarquia flexível, interação lateral sobre a vertical, confiabilidade nas comunicações informais e ênfase nos princípios da teoria das relações humanas.

O resultado obtido com a divisão das organizações foi que a forma mecanística de organização seria mais apropriada para condições ambientais estáveis, enquanto que a forma orgânica seria apropriada para condições ambientais de mudança e inovação. A conclusão da pesquisa foi que o ambiente é quem determina a estrutura e a forma de funcionamento de uma organização.

Outra pesquisa foi realizada pelos professores Paul Lawrence e Jay Lorsch (1967), da *Harvard Business School*, sobre o confronto entre organização e o ambiente, o que acabou por se tornar um marco para a Teoria da Contingência. A pesquisa estudou dez empresas em três diferentes meios industriais, plásticos, alimentos empacotados e recipientes. Os estudos acabaram por concluir que os problemas organizacionais básicos são a diferenciação e a integração. A diferenciação parte da relação que se os ambientes específicos forem diferentes quanto às demandas que fazem, será necessária uma diferencia*ção na estrutura e na abordagem* empregada pelas organizações. Já na integração, acontece o oposto do conceito anterior. Representa o processo gerado por pressões que vem do ambiente global da organização, com o objetivo de alcançar um sistema de coordenação que assegure a integração, o relacionamento administrativo direto entre unidades (subsistemas), a hierarquia administrativa e as relações especiais entre indivíduos.

Chandler (1999), por sua vez, fez uma investigação histórica sobre as mudanças nas estruturas de grandes organizações e suas estratégias de negócios nas empresas *Du Pont, General Motors, Sears* e *Standard Oil.* Estudou a comparação entre essas organizações, no sentido de obter a demonstração de como a sua estrutura foi sendo continuamente adaptada e ajustada à sua estratégia. A forma organizacional é o método que a organização utiliza para integrar seus recursos, enquanto que a estratégia é o plano global de reserva de recursos para atender às demandas do ambiente.

Para Chandler (1999), a estrutura organizacional das grandes empresas americanas foi sendo gradativamente determinada pela sua estratégia mercadológica.

Com esse estudo, constatou-se que, referidas empresas passaram por um processo histórico composto de quatro fases distintas: acumular recursos, racionalizar do uso desses recursos, continuar crescendo e ao mesmo tempo, racionalizar os recursos em expansão. A alteração do ambiente é um fator principal da alteração da estrutura, vez que, diferentes ambientes levam as empresas a adotarem novas estratégias, que por sua vez, exigem novas estruturas organizacionais.

Todas essas pesquisas apontam a interferência do ambiente na estrutura de uma organização, bem como, demonstram quão importante é a análise deste ambiente para a adoção de estratégias pela organização.

Para análise do ambiente podem ser utilizados dois segmentos, classificados como ambiente geral e ambiente de tarefa.

O Ambiente Geral é considerado o macroambiente, o ambiente comum para todas as organizações e tudo o que ocorre no ambiente geral tem interferência direta ou indireta na organização. Para Tavares (2007, p. 126) "o macroambiente é constituído por variáveis ou forças incontroláveis que 'condicionam' as ameaças e as oportunidades da organização". O ambiente geral é genérico e comum para as organizações, no entanto, cada organização possui o seu ambiente particular e próprio: o denominado ambiente de tarefa.

Já, por sua vez, o ambiente tarefa persegue o ambiente geral, e é o local onde cada organização extrai as suas entradas e acaba por depositar suas saídas, ele é mais próximo e imediato de cada organização. Segundo Silva (2005, p. 56), "O ambiente de tarefas é aquele mais imediato, no qual uma organização específica deve operar". *É considerado o ambiente de operação de cada organização, pois, é constituído* de Fornecedores, Clientes ou Usuários, Concorrentes e Entidades Reguladoras. Esses elementos ambientais podem ser outra organização, grupo, indivíduo, governo ou países.

A escolha do ambiente tarefa é feita quando da escolha pela organização dos produtos ou serviços que pretende colocar no mercado. O poder da organização sobre o ambiente tarefa ocorre quando as decisões da organização interferem nas decisões dos fornecedores de entrada ou de seus consumidores de saída. Pode ocorrer a dependência da organização em relação ao ambiente tarefa quando ocorrer decisões que sofram a influência dos fornecedores de entrada ou consumidores de saída. O ideal para a organização é buscar o aumento do poder e a redução de dependência ao ambiente tarefa, para assim, estabelecer o domínio. Para tanto, mais uma vez identifica-se a importância da implantação de uma estratégia organizacional.

2.2. Passivos contingentes

Para entender o contingenciamento de um passivo, é preciso compreender primeiramente o conceito de passivo, que resumidamente consiste em um conjunto de obrigações ou deveres da empresa com terceiros em virtude de um evento passado ou presente.

Hendriksen e Van Breda (1999, p. 287) definem o passivo como, "[...] obrigações ou compromissos de uma empresa no sentido de entregar dinheiro, bens ou serviços a uma pessoa, empresa ou organização externa em alguma data futura".

Na constituição de um passivo, todas as obrigações conhecidas e mensuráveis que possam vir a gerar saída de caixa, devem ser identificadas e apuradas pela empresa, de modo que possam ser contingenciadas e provisionadas.

As contingências, geralmente, são consideradas por um conjunto de circunstâncias que envolvem incerteza quanto ao ganho ou perda para a companhia. Através da contingência surge a possibilidade de demonstrar à empresa uma situação de risco já existente, o qual envolve um grau de incerteza quanto à efetividade de sua ocorrência.

Segundo o entendimento de Hendriksen (1999, p. 288), uma contingência é definida como, "[...] uma condição ou situação existente, um conjunto de circunstâncias envolvendo incerteza quando a ganhos ou perdas possíveis (...) A resolução da incerteza poderá confirmar a existência de um passivo".

A apuração correta de um passivo contingencial é tema sempre presente em todas as empresas, embora um procedimento muito atual e demonstra a importância do procedimento de *due diligence*, o qual tem por objetivo a identificação, avaliação e reconhecimento dos riscos legais e comerciais de determinada empresa.

Depois de realizadas as negociações pelas empresas, geralmente, ocorriam condenações muito maiores do que inicialmente se esperava ou estava apurado e apresentado aos interessados. A demonstração do passivo contingente de uma empresa oferece a transparência necessária para que se averiguar se o cenário atual da empresa encontra-se favorável, ou se, eventualmente, o passivo trabalhista, tributário, cível e ambiental vem superando seu faturamento.

As normas e procedimentos contábeis, como o pronunciamento técnico CPC 25, possibilitaram a aplicação de critérios de reconhecimento e bases de mensuração, apropriados às provisões e aos passivos e ativos contingentes.

De acordo com o CPC 25, provisão é um passivo de prazo ou valor incerto. Para Iudícibus, Martins e Gelbke (1995, p. 420) provisão pode ser definida como uma redução de ativo ou acréscimo de exigibilidades que reduzem o Patrimônio Líquido, e cujos valores não são ainda definidos, e, à medida que essas perdas de ativos ou obrigações se tornarem definidas, devem deixar de ser consideradas provisões.

O Passivo é uma obrigação atual da empresa, a qual deriva de eventos já ocorridos, cuja liquidação resulta em saída de recursos da entidade gerando benefícios econômicos. O Passivo Contingente é uma obrigação de eventos passados e cuja existência é confirmada pela ocorrência ou não de um ou mais eventos futuros incertos os quais ultrapassam o controle da empresa. É reconhecido quando resultar em provável saída de recursos.

A importância do tema atinge os advogados, empresas de auditoria, administração, a diretoria e o setor financeiro das empresas. O assunto está diretamente relacionado ao interesse de variáveis setores.

Diversas empresas sofreram com os procedimentos falimentares, devido a apurações equivocadas, o que impossibilitou o provisionamento do passivo de forma correta e, por consequência, de contabilizá-lo. Deixou-se de identificar quanto a empresa deveria arcar com as ações judiciais, bem como, a adoção de medidas para diminuir o ingresso de outras demandas.

O passivo contingencial é definido por um montante, o qual deverá ser pago por uma empresa, em razão de uma condenação judicial, proveniente de ações judiciais, sejam elas trabalhistas, tributárias, cíveis e até mesmo ambientais.

Visando as ações judiciais trabalhistas que serão destacadas no decorrer do artigo, o provisionamento ocorre devido ao ingresso geralmente de um ex-funcionário requerendo diferenças de seu contrato de trabalho, como por exemplo, hora extra, adicional noturno, adicional de insalubridade, equiparação salarial, entre outros. A possibilidade de perda em cada verba poderá ser analisada e provisionada, seguindo critério de cada empresa, a cada decisão, até que se obtenha um resultado favorável à empresa ou o desembolso para liquidação da condenação imposta judicialmente.

Através do procedimento pode-se identificar, avaliar e mitigar os riscos legais da empresa. Warde (2009, p. 53) afirma que:

> O procedimento de *due diligence* envolve basicamente a coleta de informações necessárias para apurar a atual situação do negocio a ser adquirido, a existência de passivos e contingências e a avaliação do impacto de tais apurações no valor da operação. Dentre os principais objetivos da *due diligence* estão: (a) identificação das principais características da empresa; (b) identificação de possíveis obstáculos para realização do negócios e quantificação das contingências existentes; (c) avaliação de riscos; (d) auxilio na definição do preço do negocio; e (e) auxilio na negociação das clausulas contratuais.

Conclui-se, portanto, que o passivo contingente deve mensurar todas as possibilidades e riscos de um evento futuro e incerto. Importante observar todos os desdobramentos que possam vir a ocorrer, no mercado como um todo, como as tendências econômicas e crises. As ações judiciais em trâmite e as ações ainda não ingressadas devem fazer parte deste rol, para que ocorra o correto provisionamento pela empresa.

2.3. Contingenciamento do passivo trabalhista

Uma das exigências dos tempos modernos nos meios empresariais é a antecipação dos fatos e atitudes que possam vir a comprometer o bom desempenho de uma atividade precípua, nas mais diversas áreas, administrativa, jurídica e contábil. Busca-se pela previsão de fatores favoráveis ou desfavoráveis que possam vir a ocorrer em um futuro incerto.

A antecipação dos acontecimentos no planejamento financeiro se tornou uma necessidade em razão do amadurecimento do mercado, o que motivou a regulamentação da matéria pelo Conselho Federal de Contabilidade (CFC), o qual vem trabalhando para a ampliação de adoção de normas espelhadas aos padrões exigidos internacionalmente.

No intuito de atender a essa exigência, um novo método vem sendo observado pelas empresas para sua programação contábil, com o objetivo de planejar riscos futuros, através da constituição de reservas financeiras para compor eventuais perdas vindouras em demandas judiciais. Esse método é o "contingenciamento de processos". O Direito, compreendido como um sistema de normas reguladoras de relações interpessoais tem um importante compromisso na viabilização desse trabalho, abrangendo e conciliando ciências distintas como a contábil e a econômica.

Pode-se encontrar diversas definições para o procedimento de contingenciar, certo que, todas essas definições se voltam para o mesmo entendimento, como o destacado abaixo, por Zavanella (2013, p. 1), "Contingenciar, nada mais é do que planejar, preparar para algo de forma mais ou menos conservadora, de acordo com as políticas internas e a própria filosofia ou comportamento da empresa frente o mercado e seus pares".

> O Contingenciamento dos Passivos Trabalhistas ganha cada vez mais força, importância e peso dentro das grandes corporações, devido à transparência que os critérios empregados para se auferir os riscos ou valores envolvidos, emprestam credibilidade aos números e com isto dão segurança a outras áreas da companhia que não só mais o próprio Departamento Jurídico Trabalhista. (ZAVANELLA, 2013)

Esse trabalho, tão rotineiro às ciências econômicas, vem sendo adaptado às relações jurídicas e servindo de suporte às empresas privadas, em decorrência da viabilidade em auferir valores às demandas, além de possibilitar uma previsão de custos futuros, oferece a consequente possibilidade para que a empresa possa preparar-se para o abastecimento de recursos, estratégias e soluções.

De acordo com o entendimento de Requião (2003, p. 248) para a companhia existe a possibilidade de julgar a ocorrência de uma perda em exercício futuro, e desta forma estimar o seu valor. Nesses casos, deve ser constituída uma reserva que venha a compensar a diminuição de lucro, chamada reserva para contingência.

Na rotina jurídica trabalhista, o contingenciamento de processos permite claramente demonstrar em números toda a linguagem complexa do Direito, ou seja, possibilita quantificar um processo e consequentemente a visualização de seu risco para a empresa. Além de toda a possibilidade de provisionamento dos gastos e cálculo de riscos, que permite ao gestor uma visão antecipada de desembolsos evitando ser surpreendido, o contingenciamento tem importante papel no fechamento de balanço de uma empresa, momento em que os números são entregues aos setores de auditoria.

A partir dessa classificação e da demonstração desses números à companhia, os administradores, junto à auditoria, irão definir o que constará no balanço e o que deverá ser provisionado. É nesta etapa que faz o levantamento do passivo contingente trabalhista e do risco apurado por processo judicial, para que sejam demonstrados os reais números da companhia, inclusive os números envolvendo eventuais gastos com condenações trabalhistas e depósitos judiciais. O levantamento do passivo trabalhista é realizado através de elaboração de planilha de cálculos específica, contendo o valor unitário das ações em trâmite propostas contra a empresa e a apresentação de risco.

A cada fase do processo, necessária se faz nova análise dos acontecimentos, vez que toda decisão ou fato novo pode vir a interferir tanto no risco já apurado, como nos valores calculados anteriormente. Portanto, trata-se de um trabalho contínuo, onde o cálculo poderá ser readequado de acordo com a nova situação processual apresentada.

Para o trabalho de condução das demandas, bem como, a administração do passivo, entra em cena a assessoria jurídica, que deve representar a inteligência nas relações trabalhistas. A assessoria jurídica, através da análise processual e contábil da carteira, utilizando-se do trabalho de contingenciamento de processos, proporcionará à empresa a avaliação das probabilidades de êxito em uma disputa judicial, a provisão, a reserva de valores equivalentes a essa perda e os resultados os quais possam impactar diretamente na administração contábil. Para tanto, referidos profissionais devem estar preparados, pois, trata-se de um trabalho que concilia a *expertise* processual ao domínio contábil e gerencial.

É preciso compreender que no atual contexto econômico e empresarial, as ações trabalhistas vão muito além de trâmites judiciais, ultrapassam o conceito limitado à elaborações de peças e defesas de teses. Necessário se faz o conhecimento administrativo da carteira, o que possibilita uma visão abrangente do passivo trabalhista.

Importantíssimo para a empresa que o advogado seja, não somente um cumpridor de prazos, e sim, um sinalizador de riscos, que compreenda o desenvolvimento da dinâmica judicial, empresarial e contábil, possibilitando orientar a companhia em situações de risco e benefício, equilibradamente. Ainda que possuidor da mais especializada técnica, é imprescindível o conhecimento de processo a processo e o gerenciamento de sua carteira em uma visão macro.

A assessoria jurídica é a parte responsável pela tradução dos números da empresa em gráficos e estratégias, oportunidade em que se apresentam dados referentes à carteira processual, um mapeamento processual e gerencial, contendo a quantidade total de processos, processos por comarcas judiciais, fases processuais, procedências e improcedências, e, principalmente, a incidência de valores, pedido a pedido, obtidos através do contingenciamento.

O advogado deverá estar atento tanto na questão técnica jurídica como também no olhar executivo a carteira, alimentando todos os departamentos da empresa com indicadores de resultados e performance.

Visando facilitar e regular a análise do risco e perda, utilizam-se as adequações das normas nacionais às normas contábeis internacionais como a Lei *Sarbanes-Oxley* (Lei SOX), na qual se pode encontrar elementos que oferecem precisão e segurança para a correta demonstração dos valores contingenciados, oferecendo ainda, de forma objetiva, bases aplicáveis a provisões, bem como, a definição de conceitos frequentemente utilizados no contingenciamento de demandas judiciais.

A apuração de um risco é de extrema importância para a empresa, para tanto, termos contábeis são utilizados na classificação do grau de risco em uma ação. São os chamados prognósticos.

Os prognósticos apresentam o grau de risco para cada ação em sua totalidade, e, em especial, nas ações trabalhistas, onde o risco de cada verba apontada pelo reclamante pode ser classificado pedido a pedido, de acordo com a análise processual técnica realizada.

Em linhas gerais e de acordo com o CPC 25, o risco é apresentado como "possível", "provável" e "remoto", e, para que ocorra esta classificação, é de extrema importância que o levantamento de situações que interfiram diretamente na confiabilidade do cálculo sejam levadas em consideração, como o valor em si e a classificação adequada do grau de risco.

Os prognósticos orientam quanto à possibilidade de perda, representando a atual situação do risco. No risco "possível" a chance de eventos futuros ocorrerem é menor que provável e maior que remota. No risco "provável" a chance de eventos futuros ocorrerem é maior do que a de não ocorrerem, portanto, constatam-se fatores desfavoráveis que possam gerar risco à empresa, como uma decisão. Já no risco "remoto" tem-se que a chance de eventos futuros ocorrerem é mínima, podendo o mesmo nem ocorrer.

Em demandas judiciais, a estimativa do risco deve ser acompanhada necessariamente de um parecer técnico, um advogado qualificado, o qual deverá adotar critérios concomitantes para a análise, como, por exemplo, o conjunto probatório e sua suficiência para amparar o pedido, precedentes judiciais que auxiliem em sua análise e apontamento, confronto de decisões favoráveis e desfavoráveis, bem como, argumentos que suportem os julgados. Ocorre, então, o exercício de um juízo de valor, pautado na medida da experiência obtida do profissional e com a utilização da maior quantidade de critérios objetivos possíveis. A subjetividade na análise é algo inafastável, vez que, dependem de acontecimentos futuros e incertos, bem como, os valores envolvidos podem ser considerados inquantificáveis.

Nos Processos judiciais, a provisão apenas poderá ser objeto de desembolso após a ocorrência do evento, momento em que o valor provisionado deixará de ser contingenciado, ou seja, o valor reservado pela empresa será transformado em perda, constituída na liquidação da obrigação quando da realização do desembolso. Neste momento que ocorre a adequação dos critérios contábeis à realidade jurídica, alteração que irá representar a atual situação processual, de acordo com as decisões que foram proferidas durante o processo, onde, ao final, restará liquidada a obrigação determinada por decisão judicial.

Deste modo, quando da prolação de uma decisão judicial, a qual tenha impacto direto no valor contingenciado e provisionado pela empresa, poderá ser realizada a readequação dos valores, baseado na nova decisão, bem como a readequação do provisionamento, de forma a demonstrar a nova situação trazida pela decisão. O procedimento poderá ser realizado a cada decisão modificativa, alterando-se o risco progressivamente até a sua efetiva perda.

2.4. O gerenciamento do passivo trabalhista por meio do contingenciamento de processos

Nos últimos anos o tema está ganhando espaço nas pequenas e grandes empresas, devido ao aumento significativo do número de novas reclamações trabalhistas.

A preocupação das empresas está tanto na reserva do passivo quanto no gerenciamento das ações, uma vez que, uma grande fatia do patrimônio está sendo direcionado ao pagamento de reclamações trabalhistas. O contingenciamento de processos possibilita a demonstração das principais causas que motivam o ingresso de ações, quando da apuração das verbas de um processo e a consequente readequação desses cálculos, identificando nas decisões, quais os pedidos que resultam em condenações. A necessidade de identificar o ponto de deficiência que deságua em novas ações é de extrema importância para pôr fim ao crescimento do passivo trabalhista.

As empresas cada vez mais vêm investindo em profissionais e ferramentas tecnológicas com intuito de serem o mais assertivas possíveis nos valores e na identificação das similaridades dos casos para atuação nas chamadas causas raízes. O estudo aprofundado dos pontos acima só é possível com base de dados confiáveis e com time com expertise multidisciplinares, cuja atuação deva ser na esfera jurídica, contábil e com visão de projeto (uso de metodologias sigmas).

3. METODOLOGIA

Este artigo objetiva-se aprofundar o conhecimento acerca da importância para as empresas da aplicação do contingenciamento em ações trabalhistas, visando o controle da empresa perante seu passivo contingente. Portanto, a presente pesquisa possui uma abordagem qualitativa, uma vez que, realizada com o escopo de maior conhecimento sobre o assunto.

A pesquisa qualitativa é utilizada quando se possui pouca informação, em situações em que se deseja conhecer um processo, determinado aspecto psicológico complexo, ou um problema complexo, sem muitos dados de partida. Alguns problemas de pesquisa requerem uma abordagem mais flexível, e nestas circunstâncias a aplicação de técnicas qualitativas é recomendada (SAMPSON, 1991, p. 30).

As pesquisas exploratórias, segundo Gil (1999, p. 43), "visam proporcionar uma visão geral de um determinado fato, do tipo aproximativo". O conteúdo da pesquisa possui esse caráter exploratório, pois, viabiliza a exploração, aprofundamento e familiarização com o assunto, ainda pouco conhecido. Para tanto, a proposta foi de uma pesquisa documental, onde o modelo de contingenciamento proposto foi demonstrado por meio de um *case* de uma empresa do seguimento bancário nacional com um grande número de agências, funcionários e um alto número de reclamações trabalhistas, sendo obtidas informações e documentações de seu gerenciamento contábil e processual, bem como, do passivo contingente, o que possibilitou a discussão e análise de seu conteúdo e ao final, a demonstração de resultados após a implantação do método proposto no presente trabalho.

4. DISCUSSÃO DOS RESULTADOS

Figura 1: FLUXOGRAMA DEMONSTRATIVO DO MÉTODO

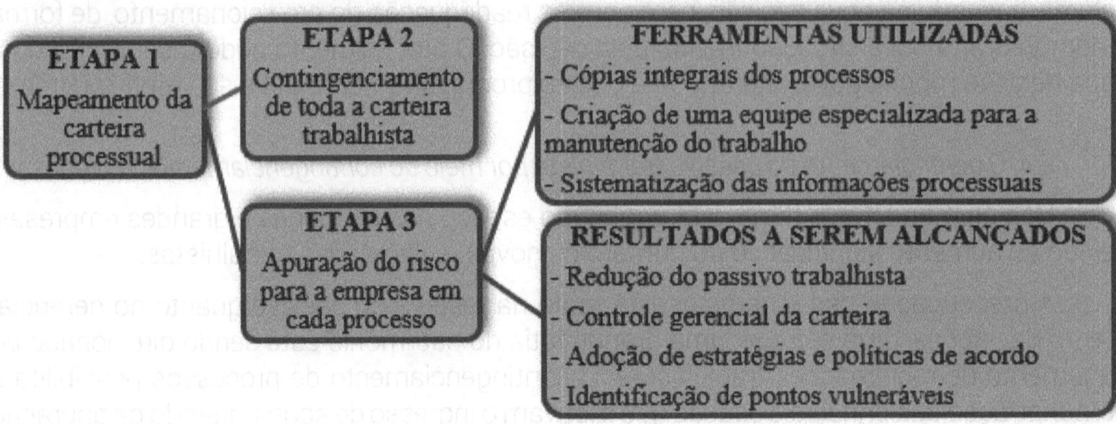

Fonte: do autor.

Com a aplicação dos métodos apresentados, torna-se possível a constatação dos pontos problemáticos e possibilitam sua solução. O procedimento de gerenciamento através do contingenciamento processual trabalhista é apresentado como ferramenta para diversas situações existente na empresa, onde os resultados obtidos ultrapassam o conhecimento do passivo contingente trabalhista e oferece a possibilidade de adoção de critérios e políticas para a efetiva diminuição desse valor.

4.1. Case: implantação de um trabalho de contingenciamento em uma carteira processual trabalhista

Possibilitando a visualização dos resultados de uma implantação de contingenciamento de processos, foi demonstrada a situação modelo da Empresa "X", atuante no seguimento bancário de grande destaque nacional, com um alto número de agências e grande número de funcionários, a qual constatou o aumento significativo de reclamações trabalhistas e consequentemente o crescimento do desembolso para pagamento dessas ações.

Os objetivos da empresa visavam o controle, quantificação e provisionamento dos processos trabalhistas que, ante a ausência de provisão, geravam o desembolso inesperado. A obtenção de informações acerca da carteira processual, adoção de estratégias e políticas de acordo para diminuição do passivo contingente também estavam entre os interesses da empresa, resultados os quais seriam obtidos através da contratação de uma consultoria especializada. Observou-se a dificuldade da empresa em identificar os motivos que ocasionaram novas ações trabalhistas, as localidades em que as ações surgiam em maiores números, bem como, a forma de contabilizar o passivo trabalhista, a qual foi considerada deficiente.

Para atender aos objetivos da empresa, um mapeamento processual foi realizado a partir da análise preliminar dos processos, onde foi criada uma base processual dividida por Regiões, Estados, Comarcas, varas do trabalho e fases processuais. Cópias integrais foram extraídas de todos os processos da carteira para realização do cálculo pelo contador, possibilitando a quantificação do processo e a apuração do risco na atual fase processual. Um sistema de informações foi implantado para armazenamento dos dados do mapeamento. Uma equipe de gerenciamento, contingenciamento e auditoria foi criada, trabalhando paralelamente com o núcleo jurídico da empresa, a qual realizou as atividades de acompanhamento processual, abastecimento sistêmico, realização e atualização de contingências, mantendo as informações confiáveis e detectando eventuais riscos. Os valores provenientes dos cálculos de contingenciamento foram lançados verba a verba no sistema, que os mantém atualizados e corrigidos monetariamente, de acordo com os índices da Justiça do trabalho. O contingenciamento permitiu a apuração de risco em cada processo no geral, ou, de forma individualizada, apontando o prognóstico de risco verba a verba. As cópias processuais também foram inseridas na pasta virtual do sistema, mantendo um arquivo do processo para realização de eventuais readequações de cálculos de contingência. A cada publicação de decisão modificativa, o cálculo de contingenciamento foi readequado, juntamente com o risco apresentado pela nova situação, de forma que a qualquer momento pode-se obter os valores do passivo trabalhista, com a simples extração de um relatório sistêmico.

Com a implantação do trabalho de contingenciamento, os resultados obtidos pela empresa foram: uma base processual trabalhista atualizada com controle via sistema de informações. Quantificação de cada ação, com seu correspondente risco para a empresa. Conhecimento real do passivo contingente trabalhista, o qual reduziu em 30% do que estava sendo contabilizado pela empresa, proporcionando economia e segurança na provisão de valores, de acordo com o CPC 25. Identificação de verbas reincidentes em diversos tipos de filtros, possibilitando a diminuição das reclamações trabalhistas. Criação de políticas de acordos, o que proporcionou a baixa contábil do passivo, seguindo as exigências de auditoria interna e externa da Lei *Sarbones Oxley*. Identificação de depósitos judiciais e recursais que estavam fora do controle da empresa e seu posterior levantamento em favor da empresa. Encerramento no sistema de processos já arquivados judicialmente, porém, ativos na base da empresa, possibilitando a redução de custos e honorários advocatícios. Desta forma, as perspectivas da empresa foram atingidas ante a implantação do trabalho de contingenciamento trabalhista como ferramenta no auxílio da gestão empresarial.

5. CONCLUSÃO

O presente artigo destina-se a demonstrar a importância do trabalho de contingenciamento de processos como ferramenta de gerenciamento de uma carteira processual, possibilitando a apuração do passivo contingencial trabalhista, bem como, a importância de cada núcleo dentro de uma empresa para a apuração do passivo contingencial, permitindo a estimativa do real valor da empresa.

O modelo proposto apresenta as etapas de um trabalho de contingenciamento como ferramenta em prol da gestão, onde cada uma das etapas possibilita, ao final, a apuração e quantificação do passivo trabalhista da empresa. Traz como resultados o conhecimento da carteira processual pela empresa, possibilitando a adoção de estratégias e métodos para a redução desse passivo.

Este modelo foi aplicado em uma empresa do seguimento bancário, uma vez que constatada a dificuldade da empresa em identificar os motivos que ocasionaram novas ações trabalhistas, as localidades em que as ações surgiam em maiores números, bem como, a forma de contabilizar o passivo trabalhista, e, após a aplicação do modelo, os problemas foram resolvidos, o método foi mantido efetivamente e a empresa reduziu em 30% seu passivo.

Pode-se perceber que o modelo proposto trouxe à empresa resultados satisfatórios, pois, foi possível atingir os objetivos visados pela empresa quando da contratação de uma consultoria especializada.

Com o estudo, pode-se concluir que o contingenciamento de processos é uma inovadora ferramenta no auxílio da gestão de uma carteira processual trabalhista, oferecendo segurança e a possibilidade de planejamento empresarial, atentando-se aos critérios subjetivos e eventos incertos de uma ação judicial.

Por fim, destaca-se que o contingenciamento de processos e a apuração de um passivo contingente são matérias bastante complexas e necessitam tanto desenvolvimento como estudo aprofundado e constante. Para que o estudo do tema possa ser aprofundado em pesquisas futuras, recomenda-se a utilização de experiências práticas como modelo, o estudo das situações ocorridas em empresas que utilizam o sistema de contingenciamento do passivo trabalhista, bem como, qual a forma de aplicação e desenvolvimento de técnicas contábeis dentro do ambiente dessas empresas.

REFERÊNCIAS

BURNS, T.; STALKER, G.M. *The management of innovations*, Tavistock, Londres. 1966.

CADEZ, S.; GUILDING, C. *An exploratory investigation of an integrated contingency model of strategic management accounting. Accounting, Organizations and Society, London*, UK, v. 33, p. 836-863, 2008.

CHANDLER JR, Alfred D. *Scale and scope*: the dynamics of industrial capitalism. Cambridge, Mass: The Belknap Press of Harvard University Press, 1999.

CPC. *CPC 25* — Provisões, Passivos Contingentes e Ativos Contingentes. Disponível em: <http://www.cpc.org.br/CPC/Documentos-Emitidos/Pronunciamentos/Pronunciamento?Id=56>. Acesso em: 18 out. 2014.

__________. *Introdução à Teoria Geral da Administração* 7. ed. Rio de Janeiro: Editora Elsevier, 2004.

GIL, Antônio Carlos. *Métodos e técnicas de pesquisa social*. São Paulo: Atlas, 1999.

GODOY, Arilda S. Introdução à pesquisa qualitativa e suas possibilidades. *Revista de Administração de Empresas*, v. 35, n. 2, Mar/Abr, 1995.

HENDRIKSEN, Eldon S., VAN BREDA, Michael F. *Teoria da Contabilidade*; tradução Antonio Zoratto Sanvivente. São Paulo: Atlas, 1999.

IUDÍCIBUS, Sérgio de, MARTINS, Eliseu, GELBCKE, Ernesto Rubens. *Manual de*

Contabilidade das sociedades por ações. 4. ed. São Paulo: Atlas, 1995.

LAWRENCE, P., and LORSCH, J., "*Differentiation and Integration in Complex Organizations*" Administrative Science Quarterly 12, (1967), 1-30.

MORGAN, G. *Imagens da organização*. São Paulo: Atlas, 1996.

REQUIÃO, Rubens. *Curso de direito comercial*, vol. 2, atualizada por Rubens Edmundo Requião, São Paulo: Saraiva, 2003, 25. ed., 2ª Tiragem. p. 248.

SAMPSOM, Peter. *Qualitative research and motivation research*. In: *Consumer Market Research Handbook*. 3rd Edition, Amsterdam: ESOMAR, 1991.

__________. *Teorias da Administração*. São Paulo: Pioneira Thompson Learning, 2005.

TAVARES, Mauro Calixta. *Gestão Estratégica*, 2. ed. São Paulo: Atlas, 2007.

ZAVANELLA, Fabiano. *Contingenciamento de Passivo Trabalhista*. Portal Jurídico Investidura, Florianópolis/SC, 08 maio 2013. Disponível em: www.investidura.com.br/biblioteca-juridica/artigos/direito-trabalho/285521. Acesso em: 19 out. 2014.

WARDE JR., Walfrido Jorge (Coordenador) – *Fusão, cisão, incorporação e temas correlatos*. Capítulo Fusões, Incorporações e Aquisições – aspectos societários, contratuais e regulatórios, WALD, Arnold, MORAES, Luiza Rangel, WAISBERG, Ivo, Quarter Latin, 2009.

O Direito do trabalho e a gestão empresarial em Portugal

Duarte Abrunhosa e Sousa(*)

1. O PROCESSO DE CODIFICAÇÃO DA LEGISLAÇÃO LABORAL PORTUGUESA

Até o ano de 2003, o Direito do Trabalho português manteve alguma estabilidade permitindo a conciliação de diplomas legais de diferentes períodos históricos e políticos(1). Neste contexto, em 2002 Jorge Leite e Jorge Coutinho de Almeida comentavam na nota introdutória à compilação de Legislação Laboral que os textos legais publicados eram de épocas distintas reconhecendo ainda que muitos eram anteriores a 25 de abril de 1974(2). Assim, o Direito do Trabalho português era regulado por 38 diplomas de carácter geral relacionados com a relação individual do trabalho e 10 quanto às relações coletivas de trabalho. Estavam, portanto, em vigor, leis publicadas em datas tão díspares como 1969(3) e 2001(4). Ou seja, 31 anos de diferença com diversos enquadramentos políticos e constitucionais.

Esta estabilidade garantiu aos empregadores e trabalhadores alguma previsibilidade quanto ao seu enquadramento jurídico. Desta forma, também para alcançar este fim, o legislador português entendeu compilar a maioria da legislação laboral no Código do Trabalho em 2003. Este processo de codificação não foi isento de alterações quanto ao conteúdo normativo, mas teve como princípio estrutural assegurar a unificação de grande parte da legislação que rege o Direito do Trabalho num único diploma legal(5). Este esforço não se concretizou apenas naquele momento, uma vez que em 2004 foi publicada a Regulamentação do Código do Trabalho que veio regulamentar alguns aspetos específicos da legislação

---

(*) Advogado. Doutor em Direito pela Universidade de Santiago de Compostela. Investigador do Centro de Investigação Jurídico-Económica da Faculdade de Direito da Universidade do Porto. Docente Convidado. Membro do Comité Executivo da Rede CIELO Laboral.

(1) Sem prescindir, naturalmente, das respetivas atualizações legislativas.

(2) LEITE, Jorge, COUTINHO DE ALMEIDA, Jorge, *Legislação do Trabalho*. 17. ed. Coimbra: Coimbra Editora, 2002, p. V.

(3) Cfr. o importante regime jurídico do contrato individual de trabalho — Decreto-Lei n. 49.408, de 24 de novembro (disponível em: <https://dre.pt/>).

(4) A título de exemplo, cfr. a Lei relativa aos privilégios creditórios — Lei n. 96/2001, de 20 de agosto (disponível em: <https://dre.pt/>).

(5) De acordo com o preâmbulo do Código do Trabalho de 2003 resultante da Proposta de Lei 29/IX/1 (disponível em: <https://www.parlamento.pt/ActividadeParlamentar/Paginas/DetalheIniciativa.aspx?BID=19303>):

"O Código do Trabalho procede à revisão e à unificação de múltiplas leis que regulam a prestação do trabalho subordinado.

A legislação laboral até agora vigente é constituída por um conjunto de diplomas dispersos e com origens temporalmente diversas, tendo subjacentes conceções políticas e sociais marcadamente diferentes que correspondem a distintos momentos históricos. De facto, mantêm-se em vigor diplomas elaborados sob Constituições e regimes políticos diversos, e sujeitos a várias alterações ao longo dos tempos — v.g., Lei do Contrato de Trabalho (1969), Lei da Duração do Trabalho (1971), Lei Sindical (1975), Lei das Férias, Feriados e Faltas (1976), Lei da Greve (1977), Lei da Suspensão ou Redução da Prestação de Trabalho (1983), Lei dos Salários em Atraso (1986), Lei da Cessação do Contrato de Trabalho e da Celebração e Caducidade do Contrato a Termo (1989), Lei do Despedimento por Inadaptação (1991), Lei dos Acidentes de Trabalho (1997) e Lei do Trabalho a Tempo Parcial (1999). A isto acresce que a regulamentação de vários institutos se encontra dispersa por distintos diplomas — assim, a discriminação em função do sexo (1979 e 1997) e o tempo de trabalho (1971, 1996 e 1998) —, ou em diplomas sucessivamente alterados — por exemplo, a proteção da maternidade e da paternidade (1984, 1995, 1997, 1998, 1999 e 2000)".

laboral em vigor(6). Portanto, o Código do Trabalho não passou a ser fonte exclusiva do regime jurídico-laboral português.

A necessidade de codificação visou criar uma maior harmonia legislativa entre vários diplomas publicados em contextos diversos e evitar "contradições, com as consequentes dificuldades interpretativas e, sobretudo, uma acentuada inadequação do regime jurídico à vida quotidiana dos trabalhadores e dos empregadores"(7). Na verdade, parece resultar claro para o legislador que a codificação garantiu não só adequação das normas à data da sua publicação, como também assegurou que os trabalhadores e empregadores tivessem um acesso mais facilitado aos regimes legais aplicáveis às relações de trabalho. No entanto, como é natural, manteve-se a manutenção de alguma legislação avulsa para temas mais laterais onde se inclui a já mencionada Regulamentação do Código do Trabalho.

Os objetivos desta codificação acabaram, contudo, por ser afetados pelo contexto político e legislativo dos últimos anos que afetaram a atualização do conteúdo jurídico-laboral para todos os intervenientes das relações de trabalho.

2. DESENVOLVIMENTO LEGISLATIVO PÓS-2003

O próprio novo Código do Trabalho de 2003 já se predispunha a promover alterações. Com efeito, no art. 20, da Lei n. 99/2003 constava que o Código deveria ser revisto no prazo de quatro anos a contar da data da sua entrada em vigor. Ou seja, havia uma prometida "estabilidade" de, pelo menos, quatro anos para todos os agentes — trabalhadores, empregadores, juízes, advogados, inspetores do trabalho, sindicatos — se adaptarem ao novo enquadramento legal.

O Código do Trabalho de 2003 teve, contudo, algumas alterações face à sua versão original. Ainda no ano da sua publicação foi publicada uma retificação(8). No entanto, até 2009 foram publicadas quatro alterações, a saber:

(i) Lei n. 9/2006, de 20 de março;

(ii) Lei n. 59/2007, de 4 de setembro;

(iii) Lei n. 12-A/2008, de 27 de fevereiro; e

(iv) Lei n. 59/2008, de 11 de setembro.

Assim, constatamos que o legislador português foi promovendo alterações pontuais ao Código do Trabalho falhando no compromisso de revisão num período de quatro anos. Desta forma, apenas em 2009 teve lugar a reforma do primeiro Código do Trabalho através da publicação da Lei n. 7/2009, de 12 de fevereiro(9).

Durante os seis anos em que o Código do Trabalho de 2003 esteve em vigor foram apenas realizadas cinco alterações (isto se incluirmos a retificação publicada no mesmo ano). Por sua vez, o Código do Trabalho de 2009 está neste momento na sua 22ª versão. Ora, em 2022, este diploma tem treze anos de existência e teve vinte e dois modificações,

---

(6) Cfr. Lei n. 45/2004, de 29 de julho.

(7) Cfr. Preâmbulo acima identificado.

(8) Cfr. Retificação n. 15/2003, de 27 de agosto.

(9) Na data da sua publicação havia alguma debater teórico se estaríamos perante um novo código ou um código diferente. Na verdade, parece resultar do próprio regime a existência de um novo código derivado das diversas alterações e da nova alteração sistemática do diploma (incluindo nova numeração de artigos). No momento transitório, os dois diplomas legais eram designados por Código do Trabalho de 2003 e Código do Trabalho de 2009.

facto que dá um ritmo de quase duas alterações anuais. Deste modo, podemos verificar o seguinte ritmo de alterações:

(i) – Lei n. 1/2022, de 3 de janeiro;

(ii) – Lei n. 83/2021, de 6 de dezembro;

(iii) – Lei n. 18/2021, de 8 de abril;

(iv) – Lei n. 93/2019, de 4 de setembro;

(v) – Lei n. 90/2019, de 4 de setembro

(vi) – Lei n. 14/2018, de 19 de março;

(vii) – Retificação n. 28/2017, de 2 de outubro;

(viii) – Lei n. 73/2017, de 16 de agosto;

(ix) – Lei n. 28/2016, de 23 de agosto;

(x) – Lei n. 8/2016, de 1 de abril;

(xi) – Lei n. 120/2015, de 1 de setembro;

(xii) – Lei n. 28/2015, de 14 de abril;

(xiii) – Lei n. 55/2014, de 25 de agosto;

(xiv) – Lei n. 27/2014, de 8 de maio;

(xv) – Lei n. 69/2013, de 30 de agosto;

(xvi) – Lei n. 47/2012, de 29 de agosto;

(xvii) – Retificação n. 38/2012, de 23 de julho;

(xviii) – Lei n. 23/2012, de 25 de junho;

(xix) – Lei n. 53/2011, de 14 de outubro;

(xx) – Lei n. 105/2009, de 14 de setembro;

(xxi) – Rect. n. 21/2009, de 18 de março.

Este ritmo alucinante de alterações legislativas é motivado por diversos fatores. Desde logo, pelo erro inicial de despenalização de contraordenações laborais em matérias de segurança e saúde no trabalho cuja primeira tentativa de solução foi tentar publicar uma retificação claramente desconforme a Constituição. Com efeito, o legislador tentou tratar a sua omissão inicial como se tratasse de um mero lapso, falhando na tentativa de aplicação de efeitos retroativos. Em virtude das obrigações no âmbito da produção legislativa laboral, foi publicada a Lei n. 105/2009 de 14 de setembro que não só regulamentou o Código do Trabalho, como também promoveu a sua alteração necessária para corrigir este lapso.

Por outro lado, com a crise mundial ocorrida a partir de 2009, Portugal foi intervencionado pelo Fundo Monetário Internacional (FMI). No decurso desta intervenção, foi necessário realizar algumas alterações legislativas por solicitação da Troika. Parte das alterações ao Código do Trabalho entre 2011 e 2014 foram motivadas por esta intervenção, pelo que justificam o crescimento do ritmo de produção legislativa em matérias laborais. A partir dessa data, as constantes modificações ao regime previsto no Código do Trabalho passaram a ter apenas duas motivações: (i) estratégia política; e (ii) adaptação da legislação a Diretivas resultantes dos órgãos da União Europeia. Se quanto à motivação identificada em (ii) resulta de uma obrigação de cumprimento de compromissos numa escala internacional; quando falamos daquela que resulta em (i) será mais difícil o seu enquadramento. Com efeito, a legislação laboral transformou-se como uma ferramenta de interesse político e ideológico que fez com que fossem impostas cada vez mais alterações estratégicas.

Na presente data[10], constatamos que vai ser publicada uma nova alteração com base na Agenda para o Trabalho Digno. Esta alteração será a segunda a ser publicada em 2022 e promove algumas alterações estruturais e profundas ao regime atualmente em vigor. No fundo, será a 23ª alteração ao Código do Trabalho de 2009 e revela a tendência mais recente para as duas alterações anuais[11].

3. O PROBLEMA DO AUMENTO DAS ALTERAÇÕES LEGISLATIVAS

Aqui chegados, sabemos que a produção laboral legislativa em Portugal tem tido um elevado crescimento por diversos motivos. Esta fator faz com que o Direito do Trabalho se torne menos estável e previsível quanto ao enquadramento legal imposto no âmbito das relações de trabalho.

Os agentes que têm de interpretar o conteúdo dos diplomas legais com esta natureza acabam por ter de gerir estes desafios. Por um lado, as constantes alterações dificultam a sua aplicação não só para os empregadores, mas também para os trabalhadores. Relativamente aos empregadores, temos de ter em conta que os problemas são diferentes para as empresas de grande dimensão ou para as pequenas e médias empresas. Quanto às empresas de grande dimensão, os custos de atualização dos seus procedimentos e adaptação de sistemas a novas regras podem ter custos elevados. Por outro lado, quando estamos perante empresas de menor dimensão, como é o caso da maioria das empresas portuguesas[12], constatamos que não há processos para rápida atualização na maioria dos casos, enquanto noutros existe também um custo elevado nas empresas onde estão externalizados parte dos serviços relacionados com procedimentos de recursos humanos[13].

Da parte dos trabalhadores, as alterações legislativas também não promovem grandes benefícios globais. Desde logo porque apesar dos trabalhadores terem mais fácil acesso a informação através dos meios digitais, torna-se mais difícil para uma pessoa não técnica do Direito perceber que conteúdo legislativo está efetivamente em vigor. Pese embora as alterações legislativas possam ser mais favoráveis para os trabalhadores, as mudanças constantes não beneficiam os trabalhadores em geral. Diferente seria se as alterações fossem compiladas de forma mais espaçadas — mais modificações condensadas em menos diplomas legais.

Para os agentes especialistas os problemas são semelhantes. Desde logo, a aquisição de Códigos do Trabalho em papel para consulta quase que acaba por deixar de se justificar face à sua rápida desatualização, pelo que as ferramentas mais importantes começam a ser o acesso digital ao diploma. Só assim há garantias se uma determinada regra está a ser analisada na sua versão atual. Por outro lado, existem naturais custos de atualização em matéria de legislação laboral, facto que onera advogados, juízes, inspetores e procuradores do Ministério Público, assim como os contabilistas que asseguram o processamento salarial.

---

(10) O presente artigo foi escrito em agosto de 2022.

(11) Tal como ocorreu recentemente em 2019 e 2021, 2022 também deverá ter duas alterações ao Código do Trabalho publicadas.

(12) No ano de 2020, as pequenas e médias empresas representavam 99,9% do tecido empresarial Português (cfr. dados disponibilizados pelo Prodata — <https://www.pordata.pt/Portugal/Pequenas+e+m%C3%A9dias+empresas+em+percentagem+do+total+de+empresas+total+e+por+dimens%C3%A3o-2859>).

(13) Por exemplo, processamento salarial, segurança e saúde no trabalho, consultoria jurídica, recrutamento, entre outras atividades que são muitas vezes externalizadas por parte de empresa de pequena dimensão.

Outro problema acessório para os especialistas consiste na redução da eficácia interpretativa dos diplomas. Na realidade, em Portugal a jurisprudência é apenas uma referência (importante) para a interpretação de uma norma, mas não vincula para os demais processos judiciais. Com as constantes alterações, torna-se difícil manter de forma estável algumas decisões judiciais. Isto acontece por dois motivos distintos: (i) algumas normas têm uma vigência de curta duração pelo que reduzem o impacto dos acórdãos e (ii) as decisões judiciais perdem a sua importância interpretativa de forma mais célere. Por outro lado, derivado dos custos patrimoniais e não patrimoniais de atualização, torna-se mais difícil para os intérpretes especialistas alcançar o sentido das normas em apreciação. Ora, se este fator é muito relevante para os especialistas, certamente será mais impactante quando estamos a falar dos intérpretes comuns.

Por fim, parece ser evidente que a estabilidade legislativa com normas gerais e abstratas de qualidade é a melhor solução para o mercado de trabalho. A constante atualização revela a falência do processo legislativo anterior que falha no acompanhamento da evolução da sociedade.

4. A AUSÊNCIA DE ESTABILIDADE DO DIREITO DO TRABALHO E O SEU IMPACTO NA GESTÃO EMPRESARIAL EM PORTUGAL

O tecido empresarial português tem sentido cada vez mais o peso das modificações legislativas ocorridas no país. Estas alterações têm ocorrido em todas as áreas do Direito, mas o Direito do Trabalho tem assumido algum protagonismo nesta dinâmica de constantes transformações. Era comum entender-se que o Direito Fiscal era uma área de difícil gestão derivado das suas modificações anuais(14). Atualmente, o Direito do Trabalho padece de uma natureza semelhante, tal como já abordamos. Isto faz com que as empresas careçam cada vez mais de apoio especializado na área laboral. Este apoio deixou de ser reativo, ou seja, muito associado a contencioso laboral, para se suportar igualmente em consultoria de apoio à adaptação a novas alterações legislativas.

Nas empresas de maior dimensão este problema acaba por ter um enquadramento mais oneroso em termos absolutos(15). Vejamos os seguintes exemplos concretos:

(i) Alterações ao nível de regras salariais têm sempre um custo direito, mas também indireto com o ajuste das plataformas informáticas que asseguram a pagamento das retribuições aos trabalhadores;

(ii) Modificação de regras quanto à modalidade contratual podem impactar na gestão de recrutamento das empresas, sendo que, neste caso, as mais visíveis na legislação portuguesa estão relacionadas com a contratação a termo e duração de períodos experimentais;

(iii) A gestão de tempos de trabalho geralmente é garantida por ferramentas informáticas, pelo que qualquer alteração às suas regras pode implicar o desenvolvimento destas plataformas;

(iv) Impactos na criação de novas obrigações procedimentos, tais como comunicações a organismos do Estado;

(14) Em particular por dependerem parcialmente do Orçamento de Estado.

(15) E não em termos proporcionais face às pequenas e médias empresas.

(v) A modificação de regras de segurança e saúde no trabalho pode ter um custo associado às alterações do local de trabalho ou condições de trabalho determinadas;

(vi) Necessidade de implementar formação adequada em toda a estrutura da empresa com responsabilidades de foro laboral;

(vii) Consultoria para a definição estratégica para a adaptação das novas regras.

Todos estes exemplos demonstram cenários que podem parecer adequados quando em contextos individuais e esporádicos, mas podem assumir alguma gravidade se começam a ser constantes ao longo dos anos. Se no âmbito do combate à pandemia derivada da COVID-19 era aceitável o excesso de produção legislativa laboral, o mesmo já não se poderá dizer em tempos de alguma normalidade na sociedade.

Com isto não pretendemos defender que a legislação laboral deva ser estática, mas que as alterações não devem ser reativas e constantes. Deverá haver uma aposta no sentido de se assegurar estabilidade legislativa através de normas gerais e abstratas que podem ser eficazes para os mais diversos cenários. O excesso da produção legislativa prejudica todos os agentes que lidam diretamente com o Direito do Trabalho. Por conseguinte, prejudica igualmente as empresas porque torna o seu enquadramento imprevisível.

5. O DIREITO DO TRABALHO COMO ELEMENTO DE GESTÃO EMPRESARIAL

Tradicionalmente, o Direito do Trabalho assumia-se na gestão de empresas como um ramo de impacto inferior, uma vez que apenas se limitava a assegurar as relações individuais e coletivas com os trabalhadores. Deste modo, os departamentos legais eram muito mais virados para áreas tradicionalmente mais corporativas como o Direito Comercial, Direito Civil ou Direito de Registos e Notariado, por exemplo(16).

Atualmente, nasceu uma grande preocupação com áreas do Direito novas(17), sendo que o Direito do Trabalho assumiu um destaque cada vez maior face ao papel que assume nas organizações empresariais independentemente da dimensão do número de trabalhadores e da natureza dos postos de trabalho.

Ora, em Portugal existe atualmente escassez de capital humano. Daí que seja importante para as empresas assegurar que conseguem manter os seus melhores trabalhadores, assim como atrair talento para regenerar as suas equipas de trabalho. Se nas empresas com capital humano mais especializado o apoio laboral está mais focado na retenção de talento através de políticas salariais atrativas e de condições de trabalho ajustadas aos novos tempos(18), nas empresas de capital humano mais intensivo o foco poderá estar na gestão de conflitos coletivos de trabalho. Ou seja, independentemente da tipologia de trabalhadores, o trabalho a ser desenvolvido nas áreas laborais é fundamental para a gestão corporativa. Por outras palavras, as empresas precisam de pessoas para desenvolver o seu objeto social mesmo que o seu capital humano não seja intensivo. A gestão dessa harmonia é fundamental

(16) Sem prescindir outras áreas como o Direito Fiscal e Administrativas, consoante a área das empresas.

(17) O Direito aplicado à proteção de dados após a publicação do Regulamento Geral de Proteção de Dados criou novos posicionamentos profissionais em contexto corporativo, alguns deles de conteúdo legalmente obrigatório. Por outro lado, o Direito da Concorrência, face ao valor das sanções aplicáveis, assumiu um papel crítico nas empresas, daí que algumas possuem nos seus quadros especialistas nestas matérias.

(18) Como por exemplo com a aplicação de regimes de teletrabalho ou modelos híbridos ajustados às novas tendências empresariais.

para a obtenção dos objetivos corporativos. Nesse aspeto, o enquadramento legal é muito importante para conduzir o sucesso desta estratégia, daí que qualquer alteração legislativa condiciona esta componente.

Para além disso, também parece ser crítico ter em conta que qualquer empresa que promove a aquisição[19] de qualquer outra não abdica de uma devida e competente auditoria de foro laboral. Isto porque existe a consciência que problemas neste contexto podem afetar de forma severa os fins pretendidos com a aquisição. Nenhuma empresa pretenderá investir sem saber esta conjuntura da empresa a ser adquirida, nomeadamente quanto a nível salarial e de *compliance* laboral global. Imagine-se, por exemplo, uma empresa adquirir outra com uma massa salarial de X e depois vir a saber que estava pendente um pré-conflito com os trabalhadores cuja conclusão poderia resultar de um acréscimo em 20% nos custos globais com o trabalho. Portanto, o conhecimento do contexto laboral pode ter um impacto elevado na tomada de uma decisão quanto à aquisição de uma empresa[20]. Não é, por esta via, uma mera questão acessória. Objetivamente, estes aspetos laborais podem efetivamente afetar o processo decisório corporativo.

Por outro lado, em determinados setores, a área laboral é de extrema relevância por efeitos reputacionais. Desde logo, quando as empresas têm uma maior representatividade sindical a gestão das relações com o sindicato passa a ser uma especialidade que é importante manter de forma controlada. Pode não ser necessariamente uma competência jurídica, mas está relacionada com o cruzamento da gestão de recursos humanos e cumprimento da legislação laboral. Depois existem empresas que tendo a sua atividade relacionada com outro tipo de setores acabam por ter problemas jurídicos face ao seu contexto específico. Um exemplo paradigmático deste impacto encontramos na estratégia laboral da UBER que determinou um modelo de negócio através do qual o capital humano a que recorre para a prestação dos seus serviços não está vinculado através de contrato de trabalho[21]. As questões laborais promoveram negativos efeitos reputacionais àquela empresa de uma forma global, pese embora tal não tenha acontecido em Portugal[22].

Acresce ainda que muitas empresas assumem compromissos no sentido de garantir que, na sua cadeia de abastecimento ou nas suas relações comerciais, apenas celebram contratos com empresas que respeitam, de uma forma global, com as regras laborais[23]. Estes compromissos visam assegurar a sustentabilidade laboral de uma cadeia de abastecimento, evitando que empresas aproveitem do recurso sistemática das regras laborais. Estas medidas podem ter, desta vez, efeito reputacionais positivos e permitem assegurar um contributo para um mercado de trabalho mais justo.

---

(19) Usámos a expressão "aquisição" com o propósito de recorrer a um conceito lato que visa englobar operações como trespasse, fusão, aquisição de participações sociais, entre outras que visem assegurar a transmissão da titularidade de uma empresa.

(20) No caso C-343/13, no TJUE foi precisamente discutida a compatibilidade da pretensão sancionatória da Inspeção do Trabalho portuguesa (ACT — Autoridade para as Condições de Trabalho) apenas notificação após a transmissão de um estabelecimento comercial para outra empresa numa fusão por incorporação (disponível em: <https://curia.europa.eu/juris/liste.jsf?num=C-343/13&language=PT>). No desenvolvimento da discussão, foi necessário perceber se o facto de a notificação ainda não ter sido realizada colocava o valor da coima a pagar como um ativo da sociedade que se extinguiu.

(21) Este não foi o único problema da UBER na Europa, uma vez que antes das discussões judiciais laborais, teve de enfrentar processos relacionados com a regulamentação da atividade: no fundo, se eram aplicáveis as regras de transportes.

(22) Cfr. Regime jurídico da atividade de transporte individual e remunerado de passageiros em veículos descaracterizados a partir de plataforma eletrónica — Lei n. 45/2018, de 10 de agosto.

(23) Em alguns contextos apenas é exigido compromisso com regras mais elementares como garantia de recusa de trabalho de menores, escravatura e respeito pelos direitos de personalidade dos trabalhadores.

Por fim, a gestão de pessoas é essencial para o sucesso de qualquer organização empresarial, independentemente do seu sector. Nesta medida, as áreas de recursos humanos são vitais para alcançar estes objetivos. O Direito do Trabalho é, naturalmente, a base para a liderança e gestão de Recursos Humanos de forma eficaz e *compliance*. O gestor de recursos humanos dentro de uma organização empresarial tem de conhecer os seus limites de atuação. É neste âmbito que o conhecimento e domínio do enquadramento jurídico-laboral, permite à gestão tomar decisões conscientes que tenham impactos nos trabalhadores, ainda que visam potencializar resultados na empresa. O desconhecimento deste enquadramento legal pode ter custos que não compatíveis com a persecução dos objetivos empresariais. Portanto, uma boa gestão de pessoas implica a sua compatibilidade com as regras laborais. Daí que o Direito do Trabalho, nestes contextos, funciona mais como uma medida preventiva do que reativa. Este é, deste modo, o papel central que o Direito laboral deve ter no seio das organizações empresariais: ferramenta de apoio à gestão.

6. CONCLUSÃO

O Direito do Trabalho em Portugal tem assumido um protagonismo cada vez maior na gestão das empresas. Este protagonismo resulta, desde logo, da constante necessidade de ajuste às galopantes alterações legislativas dos últimos anos. Este fator é uma variável cada vez mais imprevisível na gestão e que promove cada vez mais cuidado com o cumprimento deste conteúdo normativo. Adicionalmente, as diversas alterações reforçam o cuidado, uma vez que os interpretes especialistas têm dificuldade em assegurar uma estabilidade eficaz do sentido das normas.

Por outro lado, a gestão empresarial passa também pelo acompanhamento dos efeitos reputacionais positivos ou negativos relacionais com temas laborais. Daí a importância do acompanhamento à luz do Direito do Trabalho consoante a tipologia de capital humano ao serviço das empresas.

Por fim, a boa gestão de pessoas tem sido assumida como um elemento essencial para o sucesso empresarial. Nesta medida, o Direito do Trabalho assume uma posição essencialmente preventiva e não reativa. Por este motivo, é uma verdadeira ferramenta de apoio à gestão global das empresas.

CIPA e a sua necessidade de redimensionamento no teletrabalho

Eduardo Gasparoto(*)

INTRODUÇÃO

A preocupação com o bem-estar no trabalho iniciou-se por meio da Revolução Industrial na Europa, sobretudo na Inglaterra, e, após a criação da Organização Internacional do Trabalho, intensificou-se ao redor do mundo, incluindo o Brasil.

Com isso surgiram as medidas protetivas de saúde e segurança do trabalhador que incentivaram às empresas buscarem as melhores práticas de melhoria no ambiente laboral, além da modernização dos equipamentos para redução de acidentes.

No Brasil, com o passar dos anos, os normativos introduzidos em nosso sistema jurídico tornaram-se confusos, prejudicando a competitividade da indústria nacional e a consequente geração de empregos.

Dessa forma, em 2017, momento em que o país enfrentava a maior crise de emprego de sua história (DESEMPREGO..., 2018), realizou-se a reforma trabalhista, introduzindo novos regimes de trabalho e práticas que incentivaram a formalização do contrato de trabalho e priorizaram as negociações sindicais.

Recentemente, em continuidade a esse processo de evolução legislativa, efetuou-se a consolidação e ajuste das normas regulatórias (NRs) para as questões não passíveis de negociação privada, que ficou conhecida como Marco Regulatório Infralegal Trabalhista.

Entretanto, em meio a essas mudanças, enfrentamos uma grande pandemia que intensificou a adoção do teletrabalho nas empresas, gerando entre nós, acadêmicos e profissionais do direito, o seguinte questionamento: no que tange à prevenção da saúde e segurança do trabalho, as mudanças legais foram adequadas para a definição da quantidade de membros da CIPA das organizações, ao não contemplar a situação fática de que muitos dos empregados de uma empresa deixaram de frequentar o ambiente de trabalho, por estarem em regime remoto? Quais seriam as medidas necessárias para tornar mais justa essa relação?

Neste artigo buscaremos analisar a problemática, relatando inicialmente o contexto histórico de surgimento da CIPA tanto no cenário nacional quanto internacional para abordarmos os atuais normativos que disciplinam a Comissão Interna de Prevenção de Acidentes e, posteriormente, trataremos do teletrabalho em si. Em seguida, proporemos as medidas para um possível redimensionamento da CIPA, analisando a legislação vigente e apresentaremos, ao final, a conclusão do tema.

(*) Mestre em Direito dos Negócios — FGV/SP; Especialista em Direito Contratual — PUC/SP; Especialista em Direito Empresarial — Mackenzie/SP; Executivo de Instituição Financeira; Professor universitário da Escola Paulista de Direito (EPD); Membro do Grupo Coordenador do Comitê de Assuntos Jurídicos da FEBRABAN e da Comissão de Estratégia Jurídica do IPOJUR. Foi Diretor e Presidente da Comissão Jurídica da Associação Nacional das Empresas Financeiras das Montadoras — ANEF (2013 a 2017) e Conselheiro Suplente junto à Primeira Câmara da Primeira Seção do CARF (2010 a 2015). Atuou como presidente da Comissão Jurídica da ACREFI (2007 a 2014) e foi membro do Conselho de Administração do World Trade Center de São Paulo (2000 a 2002). É autor do livro *"Gerenciamento Jurídico Proativo: transformando o modelo de gestão das empresas"*, publicado pela Editora Dialética.

1. HISTÓRIA DA SEGURANÇA DO TRABALHO

Internacionalmente, a preocupação de regulamentar a segurança do trabalho teve a sua origem e crescimento diretamente atrelados à Revolução Industrial na Inglaterra, mais precisamente no ano de 1802, em resposta aos pedidos de ação corretiva de filantropos e empregadores mais esclarecidos.

Nessa época, o Sir Robert Peel, dono de uma usina e um dos fabricantes têxteis mais ricos de Lancashire, apresentou e conseguiu a aprovação da Lei de Saúde e Moral dos Aprendizes, então aplicável somente à indústria têxtil que, dentre as suas disposições, exigia ambientes de trabalhos limpos e saudáveis, com limitação de jornada de trabalho em doze horas e a introdução da responsabilidade da empresa em ensinar os empregados a ler, escrever, calcular e fornecer educação religiosa.

Com o avançar do tempo as exigências foram aumentando e se expandindo a todo segmento empresarial, em decorrência da chegada das máquinas, do aumento do número de acidentes e da pressão da sociedade por melhores condições de trabalho e, a partir da metade do século XIX, houve a constituição, na Inglaterra, de um grupo que pudesse apresentar sugestão para prevenção e correção de possíveis riscos e acidentes.

A experiência foi seguida por outros países da Europa, com destaque à Alemanha e à Suíça que, em 1864 e 1877, respectivamente, instituíram leis responsabilizando os empregadores por lesões corporais dos seus empregados no trabalho.

No século XX, a prevenção de acidentes também foi preocupação da Organização Internacional do Trabalho — OIT que aprovou, dois anos após a sua constituição, em 1921, uma instrução visando criar-se comitês de segurança para indústrias que tivessem em seus quadros funcionais pelo menos 25 trabalhadores.

No Brasil, o marco legal para os acidentes e doenças do trabalho apresentou-se com a promulgação do Decreto n. 3.724, de 1919, que responsabilizava os empregadores pelas lesões corporais dos trabalhadores sofridas em ambiente de trabalho, que, posteriormente, foi alterada pelos Decretos ns. 13.493, de 1919, e 24.637, de 1934. Em 1943, com o Decreto-lei n. 5.452, restou aprovada a Consolidação das Leis do Trabalho — CLT, cujo capítulo V referia-se à Segurança e Medicina do Trabalho.

As iniciativas no segmento empresarial ocorreram paralelamente ao meio legislativo com a fundação da Associação Brasileira para Prevenção de Acidentes (ABPA), em 1941, objetivando adotar medidas para prevenção de acidentes além de outras experiências implementadas por empresas estrangeiras de geração e distribuição de energia, como a Light and Power Co., nos Estados de São Paulo e do Rio de Janeiro.

Assim, em linha com as regulamentações internacionais e iniciativas empresariais, em 10 de novembro de 1944, a Comissão Interna de Prevenção de Acidentes — CIPA teve a sua origem legal no artigo 82 do Decreto-lei n. 7.036, de seguinte texto:

> *"Os empregadores, cujo número de empregados seja superior a 100, deverão providenciar a organização, em seus estabelecimentos, de comissões internas, com representantes dos empregados, para o fim de estimular o interêsse pelas questões de prevenção de acidentes, apresentar sugestões quanto à orientação e fiscalização das medidas de proteção ao trabalho, realizar palestras instrutivas, propor a instituição de concursos e prêmios e tomar outras providências, tendentes a educar o empregado na prática de prevenir acidentes".*

A legislação sobre a CIPA sofreu diversas reformulações envolvendo objetivos e organização dessas comissões e, em 1977, foi publicada a Lei n. 6.514, alterando o artigo 200 da CLT, a fim de delegar a competência normativa ao Ministério do Trabalho para que regulamentasse e complementasse as normas de segurança e medicina do trabalho.

Em 1978, o Ministério do Trabalho por essa delegação publicou a Portaria n. 3.214 aprovando as primeiras 28 (vinte e oito) normas regulamentadoras (NRs). Outras surgiram nos anos seguintes, sendo todas recepcionadas pela Constituição Federal de 1988 que, em seu artigo 7º, XXII, assegurou *"a redução dos riscos inerentes ao trabalho, por meio de normas de saúde, higiene e segurança"*.

Entretanto, a ausência de padronização e harmonização dos textos normativos, além da arbitrariedade na publicação das normas e atuação dos fiscais, provocava insegurança jurídica no segmento empresarial. Um exemplo ocorreu em 2015, com a divulgação da Portaria MTE n. 857, que ao tratar do uso de máquinas e equipamentos, acrescentou 300 novas exigências na NR12 às 40 que estavam em vigor na época, tornando o referido normativo mais rigoroso que a legislação europeia e impossível o seu cumprimento pelos empregadores (RANDIN, 2015).

Assim, em 2019, mediante comissão tripartite e seguindo as orientações da Convenção OIT n. 144, com representantes do governo, empregados e empregadores, iniciou-se a revisão e compilação de todos os normativos, no processo conhecido como Marco Regulatório Infralegal Trabalhista, que introduziu conceitos mais objetivos e de fácil entendimento, até mesmo para tornar as regras mais acessíveis e transparentes para trabalhadores, empregadores, sindicatos e operadores do direito.

O resultado desse estudo, no campo da prevenção de acidente e saúde no ambiente de trabalho, culminou com a edição da Portaria MTP n. 422, de 07 de outubro de 2021, instituindo a NR5 que atualmente define o dimensionamento da CIPA com base nas atividades econômicas e número de empregados das empresas, em sintonia com as regras gerais de aplicação e interpretação normativa instituídas pela Portaria MPT n. 672, de 08 de novembro de 2021.

2. ESTRUTURA, CLASSIFICAÇÃO E REGRAS DE APLICAÇÃO DAS NRS NA SEGURANÇA E SAÚDE DO TRABALHO

Seguindo os preceitos estabelecidos pela Portaria MPT n. 672/2021, as NRs e seus anexos têm a sua classificação definida na portaria de sua publicação e, salvo disposição em sentido contrário, começam a vigorar quarenta e cinco dias corridos após a sua publicação. Alterações meramente formais do texto não reiniciam o prazo previsto.

Relativamente às NRs, sendo hoje 35 em vigor, a classificação divide-se em: (i) *normas gerais* quando regulamentam aspectos decorrentes da relação jurídica prevista em lei sem estarem condicionadas a outros requisitos como atividades, instalações, equipamentos ou setores e atividades econômicas específicas; (ii) *normas especiais:* quando regulamentam a execução do trabalho considerando as atividades, instalações ou equipamentos empregados, sem estarem condicionadas a setores ou atividades econômicas específicas; (iii) *normas setoriais*: quando regulamentam a execução do trabalho em setores ou atividades específicas, aplicando-se, exclusivamente, ao setor ou atividade econômica de que tratam.

No tocante ao anexo das NRs, quando classificados em: (i) *anexo tipo 1:* complementa diretamente a parte geral da norma regulamentadora de segurança e saúde no trabalho, exemplifica ou define seus termos; e (ii) *anexo tipo 2:* dispõe sobre uma situação específica.

Havendo conflito aparente entre os normativos, aplicam-se as seguintes regras: (i) a NR setorial se sobrepõe à especial ou geral; (ii) a NR especial se sobrepõe à geral; (iii) a parte geral de NR se sobrepõe ao anexo tipo 1; (iv) o anexo tipo 2, considerando o seu campo de aplicação se sobrepõe a parte geral de NR.

Especificamente no campo de prevenção de acidente e doenças do trabalho, as regras de maior aplicação são: (i) NR4, que regulamenta o artigo 162 da CLT, dispondo sobre as regras de constituição dos Serviços Especializados em Engenharia de Segurança e em Medicina do Trabalho (SESMT); (ii) NR5, que trata da Comissão Interna de Prevenção e Acidentes (CIPA); e (iii) NR28, que dispõe sobre os procedimentos de fiscalização dos preceitos legais e regulamentares referentes à segurança e saúde do trabalhador e, também, a respeito das penalidades no caso de descumprimento de tais disposições.

Em caso de lacunas de aplicação de NRs, a NR setorial pode ser complementada por NR especial, ou geral, quando aquela não contemple todas as situações sobre determinado tema e a NR especial pode ser complementada por NR geral.

Importante ressaltar que as regras não serão aplicadas quando houver disposição expressa em sentido contrário no campo de aplicação de NR.

3. A COMISSÃO INTERNA DE PREVENÇÃO DE ACIDENTES — CIPA

A CIPA é uma comissão formada com o objetivo de prevenir acidentes e doenças relacionadas ao trabalho para tornar compatível, permanentemente, a atividade laborativa com a preservação da vida e promoção da saúde do trabalhador, sendo regulada pela NR5, classificada como norma geral conforme Portaria MPT n. 672/2021.

Esse normativo possui um texto geral e um anexo que dispõe sobre os requisitos específicos relativos à CIPA e deve ser aplicável a todas as empresas que possuem empregados, assim considerados como a pessoa física que presta serviço de natureza não eventual, sob dependência deste e mediante salário(1).

3.1 Constituição

A sua constituição deve ser por estabelecimento, assim entendido, segundo os conceitos da NR1, estabelecida pela Portaria MPT n. 6.730, de 9 de março de 2020, como *"o local privado ou público, edificado ou não, móvel ou imóvel, próprio ou de terceiros, onde a organização exerce as suas atividades em caráter temporário ou permanente"*.

O dimensionamento segue o caráter paritário, com representantes indicados pelos empregadores e membros eleitos pelos empregados, cujas vagas são ocupadas considerando a ordem decrescente dos votos recebidos, assumindo, em caso de empate, aquele que tiver maior tempo de serviço no estabelecimento.

A exceção do trabalho portuário e do rural, que tem o mandato de 2 (dois) anos, conforme NR29 e NR31, respectivamente, os representantes dos empregados são eleitos para um mandato de 1 (um) ano de CIPA, sendo permitida uma reeleição subsequente. Os membros designados pelo empregador, por outro lado, podem ser reiteradamente indicados para participar da comissão a cada nova gestão.

Os representantes empregados CIPA, quando na condição de membros eleitos, têm garantia de emprego, não podendo ser demitido arbitrariamente ou sem justa causa. O mesmo benefício não atinge aos indicados pelo empregador.

(1) A NR5 utiliza algumas vezes a expressão "trabalhadores" e em outras "empregados". Quando a norma cita "empregados", refere-se àqueles com vínculo de emprego com a empresa determinada, nos termos do artigo 3º da CLT. Quando se refere a trabalhadores, engloba todos os que trabalham no estabelecimento de determinada empresa, ainda que sejam contratados por outras.

A obrigatoriedade de constituição da CIPA depende da quantidade de empregados do estabelecimento e do grau de risco da atividade econômica principal deste.

Dessa forma, para o seu dimensionamento, deve-se consultar inicialmente a modalidade da empresa, visto que aquelas classificadas como Microempreendedor Individual – MEI, estão dispensadas de compor CIPA.

Posteriormente, às empresas não classificadas como MEI, consulta-se a Classificação Nacional de Atividade Econômica do Estabelecimento-CNAE, constante no cartão CNPJ da empresa, como demonstrado na figura a seguir:

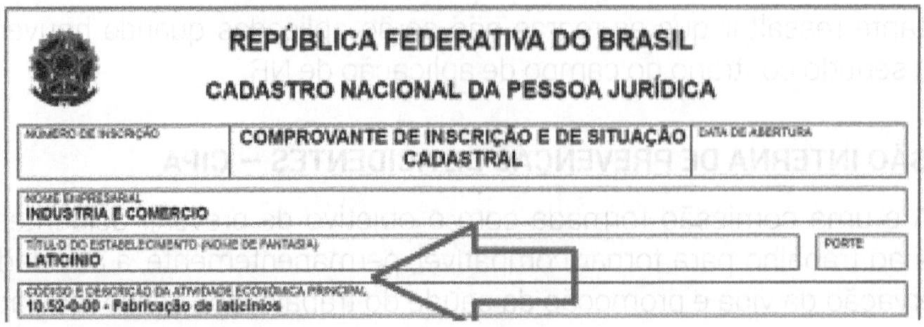

Com o CNAE, consulta-se no Quadro I da NR4 o Grau de Risco (GR) do estabelecimento, onde conforme tabela exemplificada abaixo, na primeira coluna encontra-se o CNAE, na segunda tem a denominação deste código e, por último, na terceira coluna é encontrado o Grau de Risco, que pode variar de 1 a 4.

QUADRO I

(Alterado pela Portaria SIT n. 76, de 21 de novembro de 2008)

Relação da Classificação Nacional de Atividades Econômicas - CNAE (Versão 2.0)*, com correspondente Grau de Risco - GR para fins de dimensionamento do SESMT

Códigos	Denominação	GR
A	AGRICULTURA, PECUÁRIA, PRODUÇÃO FLORESTAL, PESCA E AQÜICULTURA	
01	AGRICULTURA, PECUÁRIA E SERVIÇOS RELACIONADOS	
01.1	Produção de lavouras temporárias	
01.11-3	Cultivo de cereais	3
01.12-1	Cultivo de algodão herbáceo e de outras fibras de lavoura temporária	3
01.13-0	Cultivo de cana-de-açúcar	3
01.14-8	Cultivo de fumo	3
01.15-6	Cultivo de soja	3
01.16-4	Cultivo de oleaginosas de lavoura temporária, exceto soja	3
01.19-9	Cultivo de plantas de lavoura temporária não especificadas anteriormente	3
01.2	Horticultura e floricultura	

Após a apuração do Grau de Risco do estabelecimento e a identificação da quantidade de empregados desse local, faz-se o cruzamento dessas duas informações no Quadro I da NR5 abaixo. A intercessão indicará a quantidade de membros efetivos e suplentes. Quando o quadrado encontrado estiver em branco, não haverá obrigatoriedade de constituir comissão.

Quadro I - Dimensionamento da CIPA															
GRAU DE RISCO	Nº DE INTEGRANTES DA CIPA	0 a 19	20 a 29	30 a 50	51 a 80	81 a 100	101 a 120	121 a 140	141 a 300	301 a 500	501 a 1000	1001 a 2500	2501 a 5000	5001 a 10.000	Acima de 10.000 para cada grupo de 2500 acrescentar
1	Efetivos					1	1	1	1	2	4	5	6	8	1
	Suplentes					1	1	1	1	2	3	4	5	6	1
2	Efetivos				1	1	2	2	3	4	5	6	8	10	1
	Suplentes				1	1	1	1	2	3	4	5	6	8	1
3	Efetivos		1	1	2	2	2	3	4	5	6	8	10	12	2
	Suplentes		1	1	1	1	1	2	2	4	4	6	8	8	2
4	Efetivos		1	2	3	3	4	4	4	5	6	9	11	13	2
	Suplentes		1	1	2	2	2	2	3	4	5	7	8	10	2

Se o estabelecimento for desobrigado a constituir CIPA e não for atendido por SESMT, nos termos da NR4, ainda assim, o empregador deverá nomear um responsável pelas atividades, consoante dispõe o item 5.4.13 da NR5:

> *"5.4.13 Quando o estabelecimento não se enquadrar no Quadro I e não for atendido por SESMT, nos termos da Norma Regulamentadora n. 4 (NR-04), a organização nomeará um representante da organização dentre seus empregados para auxiliar na execução das ações de prevenção em segurança e saúde no trabalho, podendo ser adotados mecanismos de participação dos empregados, por meio de negociação coletiva."*

O texto normativo é claro ao estabelecer que o responsável nomeado para a CIPA deve auxiliar nas ações de prevenção em segurança e a saúde do trabalho, sendo necessariamente um empregado com vínculo celetista junto à organização, podendo, ainda, serem adotados mecanismos de participação dos empregados, valendo-se da negociação coletiva.

Em caso de redução de empregados ou mudança do grau de risco da empresa, deve-se aguardar o término do mandato e, nas eleições seguintes, seguir-se o novo critério. Igualmente, a comissão não pode ser desativada pelo mesmo motivo, exceto no caso de encerramento das atividades do estabelecimento.

O novo quadro introduzido por essa regulamentação embora tenha tornado mais prático a definição dos quadros da CIPA que a legislação anterior, deixou de considerar, em especial, o teletrabalho, cuja atividade à distância, ao nosso ver, deveria contemplar um tratamento diferenciado ao sistema presencial.

3.2 Funcionamento

Os cargos da CIPA são presidente, indicado pelo empregador, tendo a incumbência de coordenar as reuniões, encaminhando as respectivas deliberações à organização e ao SESMT e o vice-presidente, na condição de representante dos empregados, que substitui o presidente em afastamentos temporários. Ambos, presidente e vice têm a responsabilidade conjunta de coordenar e supervisionar as atividades da CIPA, zelando para que os objetivos propostos sejam alcançados e divulgar as decisões da comissão a todos os trabalhadores do estabelecimento, em quadro de aviso ou por meio eletrônico. A redação atual da NR5 prevê a figura do secretário, que não é um cargo fixo, e tem a incumbência de redigir as atas das reuniões.

As reuniões da CIPA são realizadas mensalmente e, preferencialmente, de forma presencial, em data e horário acordados pelos membros, sendo possível a realização de sessões extraordinárias quando ocorrer acidente do trabalho grave ou fatal, ou houver solicitação de uma das representações. O membro que faltar mais de quatro reuniões ordinárias, sequenciais ou não, sem justificativa, perde o mandato. A preferência pelo sistema presencial de reuniões, diga-se de passagem, reforça mais uma vez o nosso entendimento da preocupação e consideração da realidade do teletrabalho nesse normativo.

As decisões da CIPA devem ser tomadas preferencialmente por consenso. Caso não haja, a comissão deve regular o procedimento de votação e o pedido de reconsideração.

3.3 Atribuições

De acordo ao item 5.3.1 da NR5, a CIPA tem por atribuição:

"a) acompanhar o processo de identificação de perigos e avaliação de riscos bem como a adoção de medidas de prevenção implementadas pela organização;

b) registrar a percepção dos riscos dos trabalhadores, em conformidade com o subitem 1.5.3.3 da NR-1, por meio do mapa de risco ou outra técnica ou ferramenta apropriada à sua escolha, sem ordem de preferência, com assessoria do Serviço Especializado em Segurança e em Medicina do Trabalho – SESMT, onde houver;

c) verificar os ambientes e as condições de trabalho visando identificar situações que possam trazer riscos para a segurança e saúde dos trabalhadores;

d) elaborar e acompanhar plano de trabalho que possibilite a ação preventiva em segurança e saúde no trabalho;

e) participar no desenvolvimento e implementação de programas relacionados à segurança e saúde no trabalho;

f) acompanhar a análise dos acidentes e doenças relacionadas ao trabalho, nos termos da NR-1 e propor, quando for o caso, medidas para a solução dos problemas identificados;

g) requisitar à organização as informações sobre questões relacionadas à segurança e saúde dos trabalhadores, incluindo as Comunicações de Acidente de Trabalho – CAT emitidas pela organização, resguardados o sigilo médico e as informações pessoais;

h) propor ao SESMT, quando houver, ou à organização, a análise das condições ou situações de trabalho nas quais considere haver risco grave e iminente à segurança e saúde dos trabalhadores e, se for o caso, a interrupção das atividades até a adoção das medidas corretivas e de controle; e

i) promover, anualmente, em conjunto com o SESMT, onde houver, a Semana Interna de Prevenção de Acidentes do Trabalho – SIPAT, conforme programação definida pela CIPA."

Como é possível constatar, as atividades da CIPA e do SESMT estão interligadas, porém com objetivos distintos, enquanto este é um serviço especializado, requerendo, portanto, especialistas qualificados a fim de promover a saúde e proteger a integridade do trabalhador no local de trabalho, aquele tem como escopo a prevenção de acidentes e doenças relacionadas ao trabalho, não requerendo dos seus respectivos membros qualificação ou especialização em Segurança ou Saúde do Trabalho, mas apenas um treinamento para um mínimo de conhecimento sobre este tema, a ser realizado em até 30 (trinta) dias contados a partir da data da posse.

É importante notar que o normativo atual retirou a exigência da realização de campanhas de prevenção contra a AIDS, tanto nas atribuições quanto nos treinamentos, visto ser um tema já bem disseminado na sociedade.

Outro ponto que chama a atenção foi permitir às empresas elaborarem um mapa para percepção de riscos dos trabalhadores, facultando a elas utilizarem a metodologia que melhor lhe convierem.

3.4 Treinamento

O conteúdo programático de treinamento dos membros da CIPA deve contemplar, no mínimo, o quanto elencado no item 5.7.2 da NR5, a saber:

"a) estudo do ambiente, das condições de trabalho, bem como dos riscos originados do processo produtivo;

b) noções sobre acidentes e doenças relacionadas ao trabalho decorrentes das condições de trabalho e da exposição aos riscos existentes no estabelecimento e suas medidas de prevenção;

c) metodologia de investigação e análise de acidentes e doenças relacionadas ao trabalho;

d) princípios gerais de higiene do trabalho e de medidas de prevenção dos riscos;

e) noções sobre as legislações trabalhista e previdenciária relativas à segurança e saúde no trabalho;

f) noções sobre a inclusão de pessoas com deficiência e reabilitados nos processos de trabalho; e

g) organização da CIPA e outros assuntos necessários ao exercício das atribuições da Comissão."

A carga horária de treinamento varia conforme o grau de risco da atividade principal do estabelecimento, podendo ser realizada na modalidade presencial e à distância, como especificado na tabela abaixo.

CARGA HORÁRIA DE TREINAMENTOS DA CIPA			
Grau de Risco	**Carga Total**	**Carga Presencial**	**Carga à Distância**
1	8	*	8
2	12	4	8
3	16	8	8
4	20	8	12

Sobre a carga horária dos treinamentos, o normativo atual traz um avanço ao anterior, variando o tempo despendido em conformidade com o grau de risco da empresa, além de possibilitar a dispensa do membro da CIPA dessa exigência, quando integrante do SESMT, medida essa coerente em nossa opinião, visto já ter esse empregado o conhecimento necessário para a atividade.

Embora o treinamento à distância faça parte da carga horária, a exigência presencial para empresas em grau de risco superior ao nível 2 revela claramente o contrassenso em computar os empregados em teletrabalho para definição da quantidade de membros da CIPA. Mais uma vez, confunde-se o ambiente de trabalho presencial com o remoto, onde as exigências e práticas de prevenção são diferenciados.

4. JUSTIFICATIVAS PARA DIMENSIONAMENTO DA CIPA NO TELETRABALHO

Como é possível constatar, os delineamentos sobre questões de saúde e segurança do trabalho ainda não estão claramente determinados para o teletrabalho, que tem marcado as relações laborais contemporâneas, sendo muito aplicado nesses tempos da *Covid* e, ao que tudo indica, perdurará por muitas gerações.

Essa modalidade, introduzida em nosso ordenamento jurídico pela Lei n. 13.467, de 13 de julho de 2017, foi recentemente alterada pela Lei n. 14.442, de 02 de setembro de 2022 (MP n. 1.108/2022) que, inclusive, deu nova redação ao artigo 75-B da CLT para defini-lo como *"a prestação de serviços fora das dependências do empregador, de maneira preponderante ou não, com a utilização de tecnologias de informação e de comunicação, que, por sua natureza, não se configure como trabalho externo"*.

O conceito de teletrabalho, para fins de legislação, passou, assim, a abranger todas as expressões que designam dinâmicas laborais externas às dependências do empregador não configuradas como trabalho externo por sua natureza, como o trabalho remoto ou à distância, trabalho em casa ou em domicílio e o próprio teletrabalho.

A sua caracterização está condicionada à expressa previsão no contrato de trabalho, podendo ser realizada a alteração tanto do regime de trabalho presencial para o teletrabalho, quanto deste para o presencial, sempre por aditivo contratual, garantido ao empregado, neste último caso, um prazo de transição mínimo de quinze dias (art. 75-C).

As disposições relativas à responsabilidade pela aquisição, manutenção ou fornecimento dos equipamentos tecnológicos e da infraestrutura necessária e adequada à prestação do teletrabalho, bem como ao reembolso de despesas arcadas pelo empregado, devem ser previstas em contrato escrito, não integrando, para todos os fins e efeitos, a remuneração deste (art. 75-D)

Relativamente à prevenção de acidentes e doenças do trabalho, cabe ao empregador instruir os empregados, de maneira expressa e ostensiva, a fim de evitá-las, assinando o empregado um termo de responsabilidade e comprometendo-se a seguir as instruções fornecidas pelo empregador (art. 75-E).

Tendo em vista que a atribuição legal de prevenção de acidentes e doenças das empresas aos empregados em regime de teletrabalho limita-se ao dever de instrução, reforça-se o questionamento sobre a correta dimensão da CIPA para os empregadores que tem em seu quadro profissionais sob este regime.

Os normativos que tratam sobre a CIPA, conforme retratado, preocupam-se com a atividade laboral realizada dentro do estabelecimento da empresa, com treinamento de profissionais instituídos especificamente para esse fim.

Aliás, esse é o sentido dela que, em seu nome, consta a expressão "interna", por justamente preocupar-se em manter o ambiente "interno" de trabalho em condições ideais para o exercício das atividades laborais.

Com a modernização do trabalho e a implementação da sua modalidade à distância, os esforços de uma comissão são menores para esses trabalhadores no que diz respeito ao ambiente laboral, até mesmo porque a função do empregador deixa de contemplar esse dever.

Por esse motivo, não deveriam ser considerados os empregados em regime de teletrabalho para definição do número de membros da CIPA, por outro lado, aos casos em que todos os empregados se encontram em regime de teletrabalho, deveria haver somente a nomeação de um empregado celetista para tratar da prevenção de doenças e acidentes do trabalho, como hoje se faz às organizações desobrigadas à constituição da referida comissão.

Assim, ao nosso ver, o redimensionamento proposto não prejudica o trabalho de prevenção aos acidentes e doença do trabalho, apenas ajusta a atual realidade carente de regulamentação até o presente momento.

5. MEDIDAS NECESSÁRIAS AO REDIMENSIONAMENTO DA CIPA

A ausência ou constituição da CIPA em desconformidade ao previsto na NR5, apurada pelo agente de inspeção do trabalho em seu exercício regular de fiscalização, pode sujeitar a empresa, segundo a NR28, ao pagamento de uma multa calculada de acordo com o número de empregados e o item não cumprido da norma regulamentadora, em montante superior a R$ 6 mil, visto configurar uma infração de índice 4.

Ante a carência de um normativo que contemple a situação do teletrabalho, a empresa que deseje redimensionar a sua CIPA deve buscar cautelarmente um amparo judicial para evitar uma possível sanção da Superintendência Regional do Trabalho junto à Justiça do Trabalho que, desde a Emenda Constitucional n. 45/2004, se tornou o órgão competente não apenas para causas entre empregados e trabalhadores, mas também aos demais litígios das relações de trabalho.

No mérito, deve-se procurar demonstrar as razões históricas envolvendo a constituição da comissão e a sua relação com o ambiente laboral, bem como a evolução dos contratos de trabalho que culminaram com surgimento do teletrabalho, intensificado nos tempos da

Covid, e não contemplado nas normas regulamentadoras que tratam da saúde e segurança dos empregados.

Dessa forma, fazendo jus ao princípio da "primazia da realidade", pressuposto necessário para aplicação deste direito, amparada no artigo 8º da CLT, e que nos dizeres de Américo Plá Rodriguez *"significa que, em caso de discordância entre o que ocorre na prática e o que emerge de documentos ou acordos, deve-se dar prevalência ao primeiro, isto é, ao que sucede no terreno dos fatos" (2015, p.339)*, pode-se requerer junto ao Poder Judiciário, uma tutela que permita a empresa não considerar os empregados em teletrabalho na base de cálculo para apuração dos membros da CIPA, visto ser essa medida a mais adequada para a situação fática relatada.

CONCLUSÃO

A evolução do Direito do Trabalho iniciada no período de Revolução Industrial na Inglaterra permitiu a introdução de normas protetivas à saúde e segurança dos empregados em sua atividade laboral.

No Brasil, referidas normas foram incorporadas ao nosso ordenamento jurídico concomitantemente à criação da OIT para responsabilização das empresas e, posteriormente, para prevenção de acidentes e doenças partindo-se de experiências bem-sucedidas de empresas multinacionais situadas no país.

Com o passar do tempo, a edição de diversos normativos esparsos sobre o tema começou a gerar problemas, fazendo com que a indústria nacional perdesse a competitividade no cenário internacional, pela ausência do correto entendimento da norma.

Por essa razão, introduziu-se recentemente o Marco Regulatório Infralegal Trabalhista que modernizou e simplificou a aplicação das normas regulamentadores, por meio de uma comissão tripartite, com representantes do governo, empregadores e empregados, seguindo as diretrizes da OIT.

No entanto, a medida deixou de contemplar adequadamente o regime de teletrabalho, que foi instituído na Reforma Trabalhista de 2017 e generalizado no período de pandemia da *Covid*.

Essa situação gerou um problema relacionado à constituição da CIPA, onde as premissas fáticas de ambiente de risco e número de empregados no estabelecimento de trabalho, que são os pilares para definir o número dos seus membros integrantes, não estão em sintonia com a norma regulamentadora vigente.

Prova disso são os novos conceitos trazidos pela Lei n. 14.442, de 02 de setembro de 2022 (MP n. 1.108/2022), sobretudo no que diz respeito às medidas de prevenção e acidente do trabalho, que deixaram claro serem menores as necessidades de supervisão e controle aos trabalhadores em teletrabalho com relação aos empregados que trabalham em regime presencial.

Neste ponto, até mesmo para manter a competitividade das empresas em território nacional, gerando consequentemente mais empregos uma nova revisão das regulamentações normativas sobre prevenção de saúde e acidente do trabalho se faz necessária.

Enquanto isso não ocorre, a hipótese de imediato vislumbrada pela lacuna legislativa é a busca do redimensionamento da CIPA por medida judicial, fazendo jus ao princípio da primazia da realidade sobre a forma, calcada no artigo 8º da CLT.

Por essa medida, deve-se buscar desconsiderar os empregados em teletrabalho no contingente numérico do estabelecimento, ajustando o número de integrantes da comissão ao atual e menor quadro de trabalhadores em regime presencial.

No entanto, o ideal é que novas discussões sejam iniciadas junto ao Ministério do Trabalho e Previdência para o ajuste de normas, contemplando essa nova realidade.

Para isso, é importante a produção de artigos e trabalhos acadêmicos sobre o tema, a fim de trazer subsídios necessários para uma mudança normativa, visando a manutenção da competitividade da indústria nacional, sem ferir o direito do trabalhador.

REFERÊNCIAS

BRITANNICA, Escola. A origem da CIPA no Brasil e no mundo. *Enciclopédia Britânica do Brasil Publicações Ltda.*

CAMISASSA, Maria Queiroga. *Segurança e saúde no trabalho:* NRS 1 a 37 comentadas e descomplicadas, 8. ed., rev. atual. e ampl. Rio de Janeiro: Método, 2022.

CEZARIO, Priscila Freire da Silva. Redução de Riscos Inerentes ao Teletrabalho por meio da limitação da duração do trabalho. *Revista TST*, São Paulo, vol. 86, n. 1, jan/mar 2020.

DESEMPREGO médio em 2017 é o maior da história, diz IBGE. *Revista Veja*, São Paulo, 31 de jan. de 2018. Disponível em: <https://veja.abril.com.br/economia/desemprego-medio-em-2017-e-o-maior-da-historia-diz-ibge/>. Acesso em: 21 ago. 2022.

PEREIRA, Álaba Cristina; BENEDETTI, Andréa Regina de Morais; DIAS, Maria Sara de Lima. *A fluidez do teletrabalho e os riscos à saúde do trabalhador:* um estudo de caso. Anais do 5º Congresso Internacional de Direito e Contemporaneidade: mídias e direito da sociedade em rede (2019). Disponível em: <https://www.ufsm.br/app/uploads/sites/563/2019/09/12.1.pdf>. Acesso em: 22 ago. 2022

PLÁ RODRIGUES, Américo. *Princípios de direito do trabalho.* São Paulo: LTr, 2015.

RANDIN, Dâmi Cristina. *Fabricante sugere normativa europeia para resolver a NR 12.* FIESC, Joinvile, 22 set. 2015. Disponível em: <https://fiesc.com.br/pt-br/imprensa/fabricante-sugere-normativa-europeia-para-resolver-nr-12>. Acesso em: 21 ago. 2022.

Desafios da gestão frente o Direito 4.0

Fabiano Zavanella (*)
Débora Cunha Romanov (**)

INTRODUÇÃO

Ao longo do século XX, as diferentes fases da Revolução Industrial ajudaram a moldar o conceito atual de trabalho, influenciando, dentre outros aspectos, a administração dos processos internos das organizações e o modo como lidam com os profissionais que as compõem. Época de grandes mudanças e transformações, marcada pela burocracia e pela atividade fabril, que afetaram diretamente a implementação da gestão propriamente dita, tema objeto desta análise.

Para fins didáticos, a literatura separa o fenômeno da Revolução Industrial em diferentes fases, de acordo com as principais características que podem ser observadas em cada período e que serão apresentadas a seguir apenas para contextualização do momento atualmente vivido pelas organizações.

Assim, durante a denominada Primeira Revolução Industrial, que teria ocorrido entre 1760 e 1840, foi observado o primeiro modelo de produção em grande escala, no qual a produção agrícola e artesanal foi substituída pela atividade industrial. De um modo geral, pode-se afirmar que a principal particularidade dessa época foi a substituição do trabalho artesanal pelo assalariado, com o uso de máquinas. Na mesma linha, entre 1850 e 1945, observou-se a Segunda Revolução Industrial, com o desenvolvimento das indústrias química, elétrica, de petróleo e aço, além do progresso dos meios de transporte e comunicação. E a Terceira Revolução Industrial, entre 1950 e 2010, que pode ser definida como marcada pela substituição gradual da mecânica analógica pela digital, pelo uso de microcomputadores e criação da internet, com a crescente digitalização de arquivos e a invenção da robótica(1).

A partir de então, iniciou-se a Quarta Revolução Industrial, Revolução Industrial 4.0, ou Indústria 4.0, entendida como a "indústria inteligente" ou *cyber* indústria do futuro(2), tendo

---

(*) Mestre em Direito do Trabalho pela Pontifícia Universidade Católica de São Paulo (PUC/SP). Doutorando em Direito pela Faculdade de Direito da Universidade de São Paulo (USP/SP). Diretor Acadêmico no Instituto Brasileiro de Estudos e Pesquisas em Ciências Políticas e Jurídicas (IPOJUR). Pesquisador do GETRAB-USP; Membro do Comitê Executivo da rede CIELO Laboral; Diretor da SOBRATT. Autor de "Flexibilização do Direito do Trabalho — Negociado e Legislado", Editora LZN, "Dos Créditos Trabalhistas na Nova Lei de Falências", Editora LZN e "Dos Direitos Fundamentais na Dispensa Coletiva", Editora LTr; Organizador da obra: A Evolução do Teletrabalho pela editora Lacier. Sócio do escritório Rocha, Calderon e Adv Associados.

(**) Mestranda em Administração de Empresas pela Universidade Presbiteriana Mackenzie, na linha de pesquisa Gestão Humana e Social das Organizações. Especialista em Direito Internacional pela Pontifícia Universidade Católica de São Paulo (PUC/SP) e em Direito Administrativo pela Pontifícia Universidade Católica de Minas Gerais (PUC/Minas). Bacharel em Direito pela Universidade Presbiteriana Mackenzie. Cursando graduação em Contabilidade na Fundação Instituto de Pesquisas Contábeis, Atuariais e Financeiras — FIPECAFI. Certificação Profissional em *Compliance* Anticorrupção CPC-A pela LEC — *Legal, Ethics & Compliance.*

(1) CONSELHO FEDERAL DE ADMINISTRAÇÃO. *Conheça as quatro Revoluções Industriais que moldaram a trajetória do mundo.* Disponível em: <https://cfa.org.br/as-outras-revolucoes-industriais/>. Acesso em: 15 ago. 2022.

(2) DÍAZ, Viviana L. *Teletrabajo y Neurotecnologia*: una guia imprescindible para gestionar el Trabajo 4.0. Ciudad Autonoma de Buenos Aires: Granica, 2018.

como consequências diretas a modernização das relações laborais, a redução do custo da mão de obra e a implementação de um modelo empresarial intrinsecamente ligado às tecnologias atualmente disponíveis, com o intuito de criar conhecimento e produtividade. O mundo vive hoje uma sociedade pós-industrial, conhecida como "sociedade de informação", na qual a informação e os dados tornaram-se recurso estratégico para as organizações, com grande valor agregado.

Harari[3] ressalta que as novas condições e os problemas criados pela Revolução Industrial (em especial, as Primeira, Segunda e Terceira Revoluções Industriais) nunca haviam sido enfrentados antes pela humanidade. Portanto, nenhum modelo social, econômico ou político existente era capaz de lidar com o que estava sendo criado e observado pelo mercado. Consequentemente, no século XXI, na visão do autor, os novos desafios que serão colocados para a humanidade terão relação com a tecnologia da informação e a biotecnologia, e serão muito maiores do que os apresentados por motores a vapor, as ferrovias e a eletricidade.

Oliveira Neto[4] reforça esse entendimento, ao indicar que a Quarta Revolução Industrial tem grande potencial — maior do que as anteriores — para mudar o destino da humanidade, das coisas em si, das relações e da própria vida, iniciando-se pela redução de postos de trabalho, em especial no que diz respeito ao trabalhador que realiza atividades que exigem pouca qualificação técnica. Para Chiavenato[5], a tecnologia acabou introduzindo diferentes e novos processos e ferramentas que causaram, e causarão, "profundos impactos sobre as organizações, como automação, robotização, sensores, algoritmos, big data, análises preditivas, inteligência artificial, realidade virtual, impressão em três dimensões".

Em seu sentido mais amplo, é possível afirmar que a inovação tecnológica impactou diretamente o mercado de trabalho e o sistema de produção das empresas, modificando completamente a estrutura social e comercial até então conhecidas e que foram objeto de estudos e análises por diversas escolas de administração, como a Clássica e Científica, com Taylor, Ford, a Burocrática, entre outras. Consequentemente, no mundo atual, a tecnologia torna-se cada vez mais um item imprescindível para qualquer empresa, tanto para a produção de bens quanto para a prestação de serviços.

O Direito 4.0, por sua vez, pode ser interpretado como um reflexo das consequências da Quarta Revolução Industrial abordadas acima e do mundo como é conhecido hoje, especificamente para a área do Direito. Engloba também as consequências do uso constante da tecnologia na própria profissão, a forma como o profissional do Direito deve lidar com o surgimento de novos negócios e as novas áreas que surgem como resultado direto da tecnologia e da inovação e qual seria o seu papel nesse necessário.

Ainda, de um lado, observa-se como o Direito, as leis e os profissionais da área jurídica têm se adaptado e se relacionado com todas as mudanças e inovações recentes oriundas do uso cada vez maior da tecnologia, em um ritmo cada vez mais acelerado. De outro lado, avalia-se em que medida as questões legais e alterações na legislação (nacional e internacional) podem iniciar, motivar, influenciar e/ou determinar os contornos de um processo de mudança em empresas, independentemente de seu porte, como é o caso, por exemplo, da promulgação e entrada em vigor da Lei Geral de Proteção de Dados ("LGPD"), que será tratado nesse estudo.

(3) HARARI, Yuval Noah. *21 lições para o século 21*. São Paulo: Companhia das Letras, 2018.

(4) OLIVEIRA NETO, Célio Pereira. *Trabalho em ambiente virtual*: causas, efeitos e conformação. São Paulo: LTr, 2018.

(5) CHIAVENATO, Idalberto. *Introdução à teoria geral da administração*: uma visão abrangente da moderna administração das organizações. 10 ed. rev. e atual. São Paulo: Atlas, 2020.

O objetivo do presente estudo é, portanto, apresentar uma visão panorâmica dos principais desafios para a gestão no denominado Direito 4.0, conforme será detalhado a seguir.

DIREITO 4.0 E A GESTÃO

Dentre os desafios apresentados pelo mundo tecnológico, o profissional desse "novo" Direito precisa lidar com a constante digitalização e os novos procedimentos associados, com a crescente descentralização de processos e tarefas que a tecnologia proporciona, além da gestão de times e relacionamento com clientes a distância. E, como se não bastassem todas as novidades, tudo isso em um ambiente altamente disruptivo, com novas ideias associadas a amplos processos de aprendizado e uma verdadeira quebra do pensamento tradicional até então em vigor[(6)].

Também nesse cenário, novos modelos de negócio surgem para os quais, muitas vezes, ainda não há previsão legal específica, exigindo do profissional do Direito uma constante atualização e flexibilidade para a compreensão dos novos problemas enfrentados e atendimento das demandas. Gerir o novo ambiente de trabalho, como departamentos, equipes e indivíduos, novos processos, solicitações e projetos inovadores decorrentes da inovação, em um ritmo cada vez mais acelerado, torna-se um verdadeiro desafio.

Diante das inovações tecnológicas do mundo atual, Davis[(7)] nos apresenta alguns questionamentos relevantes a respeito de quem fornecerá soluções para os problemas dos clientes nessa situação, qual será o papel especificamente dos advogados na apresentação dessas soluções e como as respostas a essas questões afetarão a estrutura, a composição e a economia dos escritórios de advocacia nos próximos anos.

Tornam-se, assim, ainda mais relevantes os desafios que o gestor passará a enfrentar em tal contexto. Para os fins desta análise, será utilizada a definição de gestor, conforme proposta por Drucker[(8)]:

> Nas organizações modernas, qualquer trabalhador com conhecimentos é um gestor se, em virtude da sua posição ou deste conhecimento, for responsável por uma contribuição que afeta materialmente a performance da organização em obter resultados. [...] Tal indivíduo deve tomar decisões; não pode apenas obedecer a ordens. Tem de assumir responsabilidade pela sua contribuição; e, supõe-se, em virtude de seus conhecimentos, que ele está bem mais aparelhado para tomar a decisão certa do que qualquer outro.

Desafios para a gestão

A Quarta Revolução Industrial, assim como as revoluções anteriores, representou necessariamente alterações nas características das organizações como conhecidas até então. Para fins desse estudo, é possível considerar o conjunto dessas mudanças ocorridas especificamente no âmbito da organização como parte de um processo mais profundo, denominado "mudança organizacional". Amplamente discutida por diversos estudiosos e em diversas áreas da ciência, representa também comportamentos, valores, estratégias e

(6) MALDONADO, Viviane Nóbrega; FEIGELSON, Bruno (Coord.). *Advocacia 4.0*. São Paulo, Revista dos Tribunais, 2019.

(7) DAVIS, Anthony E. *The Future of Law Firms (and Lawyers) in the Age of Artificial Intelligence*. Revista Direito GV. São Paulo, v. 16, n. 1, 2020.

(8) DRUCKER, Peter Ferdinand. *O gestor eficaz*. Rio de Janeiro: LTC, 2017.

técnicas voltadas para a mudança planejada no contexto organizacional, com o objetivo, em regra, de melhoria no desempenho da organização e do próprio indivíduo(9).

A mudança organizacional é um tema complexo e, em geral, representa um futuro ainda desconhecido pela organização que pretende mudar. Com múltiplas camadas e desdobramentos, envolve diferentes receptores em uma determinada entidade, é influenciada diretamente pelo que ocorre no cenário externo no qual uma determinada empresa atua e desenvolve seus negócios, e pode ser realizada, de forma contínua ou episódica(10), dependendo das características de cada organização e dos objetivos da mudança pretendida.

A partir dessa apreensão inicial do posicionamento das organizações em um universo mais amplo, compreende-se que as entidades são parte de algo maior e que não poderão, por isso, ser protegidas do que acontece ao seu redor, tanto em um ambiente externo mais próximo quanto no mais remoto, sendo inerente a situação de mudança constante durante a vida organizacional.

Consequentemente, a mudança organizacional pode ser interpretada e compreendida de diversas maneiras e estudada sob diferentes enfoques(11), inclusive sob a perspectiva do Direito 4.0., levando-se em conta, ainda, que os diversos níveis organizacionais poderão ser afetados de modos distintos pela mudança em si. Poderá ser também avaliada como a diferença, ao longo do tempo, que ocorre em uma determinada organização, em dimensões selecionadas para avaliação, em uma visão mais mecanicista da mudança; ou como a própria sequência dos eventos que levaram à mudança organizacional inicialmente como desenhada, em uma linha mais ligada à teoria do processo da mudança organizacional(12).

Em geral, quanto mais uma mudança consegue ser antecipada por uma organização, maiores seriam as chances dos indivíduos e grupos que a compõem de se prepararem para lidar com seus efeitos e resultados. Isso se deve, em grande parte, em virtude do equilíbrio dinâmico de duas forças opostas(13) frequentemente observado em processos de mudança, sendo caracterizadas como (i) positivas, quando envolvem as pessoas em si, suas tendências, os recursos ou as informações disponibilizadas; ou (ii) negativas, que são representadas por meio dos obstáculos e, principalmente, pela resistência daqueles que constituem a organização perante a mudança desejada.

Ainda, se, por um lado, a mudança organizacional pode ser iniciada pelo reconhecimento de uma falha interna observada na organização(14), por outro, pode ser motivada por questões decorrentes do universo onde a instituição se localiza e atua, que podem levar à intenção de ingressar em novas áreas de negócios e oportunidades (que muitas vezes impulsionam operações de fusões e aquisições), ou até mesmo decorrer de leis, normas e políticas que regulamentam, direta ou indiretamente, uma determinada atividade empresarial, como destacado anteriormente.

---

(9) WEICK, Karl E.; QUINN, Robert E. *Organizational change and development*. Annu. Rev. Psychol. 1999. v. 50 p. 361-386.

(10) WEICK, Karl E.; QUINN, Robert E. *Organizational change and development*. Annu. Rev. Psychol. 1999. v. 50 p. 361-386.

(11) Woodman, Richard W. The science of organizational change and the art of changing organizations. *The Journal of Applied Behavioral Science*, v. 50, n. 4, p. 463–477, 2014.

(12) VAN DE VEN, Andrew. H.; POOLE, Marshall Scott. Explaining development and change in organizations. *The Academy of Management Review*, v. 20, n. 3, p. 510-540, 1995.

(13) LEWIN, Karl. *Field theory in social science*. New York: Harper & Row, 1951.

(14) WEICK, Karl E.; QUINN, Robert E. *Organizational change and development*. Annu. Rev. Psychol. 1999. v. 50 p. 361-386.

No que diz respeito ao sucesso de uma organização na implementação dessas mudanças, Christensen e Overdorf[15] identificam ao menos três elementos, sendo esses: (i) os recursos; (ii) os processos; e (iii) os valores essenciais para a obtenção de resultados.

Para fins de discussão neste trabalho, tomando como base tais critérios, é possível a identificação de alguns desafios que já se apresentam para a gestão frente ao Direito 4.0, sendo eles:

1. Recursos

1.1 A crescente utilização da Inteligência artificial (IA)

Simplificando a questão, a IA pode ser definida como a programação de computadores e máquinas para que apresentem comportamentos semelhantes ao do ser humano, usando diversos dados de exemplos anteriores para tanto. Tais aplicações já começam a ser verificadas, em tribunais e em outros órgãos do Poder Público, em escritórios e departamentos, inclusive jurídicos, que têm utilizado a IA em busca de aprimoramento de serviços prestados e de celeridade às atividades realizadas.

Para tanto, são desenvolvidos algoritmos para a tomada de decisões, o que permite, em contrapartida, a substituição da mão de obra do ser humano para determinadas tarefas. Alguns exemplos são as planilhas digitais, que tornam mais simples a organização, o armazenamento e a consulta a dados relevantes para processos, decisões e estratégias de defesa ou acusação; e, mais recentemente, soluções de *big data*, que permitem processar esses dados de maneira célere, reduzindo o tempo de análise.

No que diz respeito ao Direito, atualmente os sistemas de IA tendem a funcionar melhor para fins de automatização de atividades nas quais já existem certos padrões e regras, ainda necessitando da mediação e atuação de profissionais (seres humanos) para sua utilização. Outras ações que dependem de alto nível de raciocínio, ou abstração, valoração, persuasão e intuição ainda estão no campo de atuação de pessoas.

Como potenciais benefícios, a IA tem auxiliado na otimização de boa parte dos trabalhos feitos pelos profissionais do Direito, facilitando e reduzindo o tempo de tarefas consideradas repetitivas, permitindo maior dedicação a trabalhos que exijam mais foco e atenção e que, geralmente, proporcionam maior motivação a quem executa.

Ainda não é possível saber em que medida a utilização da IA impactará de modo definitivo a atuação dos profissionais do Direito ou quando (e se) virá a substitui-los. Não há, no momento, qualquer evidência de que a IA teria capacidade de raciocínio, compreensão ou resolução de problemas similares aos dos seres humanos, sendo, ainda, consideradas habilidades essencialmente humanas.

De todo modo, cabe ao gestor atenção às ferramentas atualmente utilizadas para a prática profissional, bem como o acompanhamento de sua evolução com relação aos negócios e ao atendimento de clientes.

1.2 A necessidade de constante atualização dos profissionais quanto a novos assuntos e áreas para estudo

A partir do final século XX, os impactos das atividades humanas no meio ambiente, sobretudo em virtude dos efeitos da Revolução Industrial já mencionada, com a emissão de

(15) CHRISTENSEN, Clayton M.; OVERDORF, Michael. *O desafio da inovação disruptiva*. In: HARVARD BUSINESS REVIEW. Desafios da gestão (10 leituras essenciais – HBR): Uma introdução às mais influentes ideias da Harvard Business Review. Rio de Janeiro: Sextante, 2018.

gases de efeito estufa e a degradação de ambientes e recursos naturais sem precedentes em todo o mundo (com uso de combustíveis fósseis, queimadas, desmatamento, poluição de fontes de água, lixo, entre outros) passam a ser cada vez mais percebidos pela sociedade.

Paralelamente, é também nesse período que movimentos globais em prol da ética e da integridade nos negócios e nas transações começam a ganhar cada vez mais força e contornos legais, inclusive no Brasil, culminando com a promulgação da Lei de Prevenção à Lavagem de Dinheiro (Lei Federal n. 9.613/1998) e a Lei Anticorrupção (Lei Federal n. 12.846/2013).

Diante disso, podem ser destacadas duas grandes áreas de atuação que se consolidaram nos últimos anos e que contam com a atuação de profissionais no contexto do Direito 4.0:

Environmental, Social and Governance ("ESG")

Segundo o Pacto Global, iniciativa voluntária que fornece diretrizes para a promoção do crescimento sustentável e da cidadania, por meio de lideranças corporativas comprometidas e inovadoras, a sigla ESG, em inglês, significa *environmental, social and governance*, e corresponde às práticas ambientais, sociais e de governança de uma organização. Esse termo foi criado em 2004, por meio de uma publicação do Pacto Global em parceria com o Banco Mundial, denominada *Who Cares Wins*. O conceito surgiu de uma provocação do secretário-geral da Organização das Nações Unidas (ONU) à época, Kofi Annan, a 50 (cinquenta) CEOs de grandes instituições financeiras, a respeito de como integrar fatores sociais, ambientais e de governança no mercado de capitais[16].

A sigla ESG também tem sido utilizada para definir investimentos que: (i) priorizam a sustentabilidade, com valores que incluem uma abordagem ambiental, social e de governança; (ii) representam uma forma consciente de investir, que vai além da lucratividade de uma organização; e (iii) utilizam critérios que consideram o comprometimento com o desenvolvimento sustentável[17]. Em outras palavras: de nada adianta obter altos lucros às custas da deterioração dos recursos naturais e/ou da exploração dos trabalhadores e da comunidade no entorno da companhia.

Alguns autores, como Steel[18], entendem que uma recente mudança observada de um capitalismo mais tradicional, ou de "conveniência", voltado para atender apenas aos interesses dos *shareholders* (acionistas) para um capitalismo *elevated*, que busca atender a todos os *stakeholders* (pessoas de interesse — consumidores, empregados, sociedade, fornecedores, clientes), pode também ter influenciado na busca de valores em empresas e produtos (e não apenas de valor econômico). Assim, princípios e valores passam a não ser apenas "vantagens competitivas" de uma determinada empresa e passam a ser algo intrínseco à estrutura do negócio, dos produtos e serviços oferecidos.

Além da preocupação real com o aquecimento global e suas consequências para a vida no planeta nas últimas décadas, a sigla ESG também pode ser relacionada aos recentes movimentos sociais em prol de reais condições de inclusão e igualdade para a população, independentemente de nacionalidade, gênero, idade, raça ou orientação sexual.

---

(16) PACTO GLOBAL. *A iniciativa*. Disponível em: <https://www.pactoglobal.org.br/a-iniciativa>. Acesso em: 10 ago. 2022.

(17) FIA. *Entenda o que é ESG, sua importância, exemplos e como funcionam os investimentos*. Disponível em: <https://fia.com.br/blog/esg/>. Acesso em: 15 ago. 2022.

(18) STEEL, Richard. *Elevated economics: how conscious consumers will fuel the future of business*. Nova York: Fast Company Press, 2020.

Nas últimas décadas, a globalização e o aumento de transações financeiras entre países levaram ao crescimento e à transformação de empresas e negócios, com readequação de sua estrutura de negócios. Com isso, houve também o aumento de divergências e discussões entre interesses de *shareholders* (acionistas), gestores/administradores e a própria empresa. É nesse contexto que está incluída a governança corporativa, que, nos termos propostos pelo Instituto Brasileiro de Governança Corporativa (IBGC), é o sistema pelo qual as empresas e as demais organizações "são dirigidas, monitoradas e incentivadas, envolvendo os relacionamentos entre sócios, conselho de administração, diretoria, órgãos de fiscalização e controle e demais partes interessadas ("*stakeholders*")"(19).

Boas práticas de governança corporativa, conforme ressaltado também pelo IBGC, convertem princípios básicos em recomendações objetivas, alinhando interesses com a finalidade de preservar e otimizar o valor econômico de longo prazo da organização, facilitando seu acesso a recursos e contribuindo para a qualidade da gestão da organização, sua longevidade e o bem comum.

Compliance

Boas práticas de governança são também consideradas no contexto do *compliance*, aqui interpretado como o conjunto de medidas internas que permitirá a prevenção, ou pelo menos, a minimização de riscos relacionados à violação de leis pelas organizações, seus sócios e acionistas, diretores, administradores, empregados e quaisquer outros terceiros que venham a ser relacionar com as organizações. É sabido que existe o dever legal (mais amplo) de "estar em conformidade" com as leis, diretrizes, éticas, regulamentos internos e externos a fim de minimizar riscos, mas o conceito de *compliance* surge com a função de assegurar que as condutas estejam de acordo com regras administrativas e legais, sejam essas regras externas (do país, Estado e cidade onde ela atua) ou internas (da própria empresa).

A implementação das ferramentas e dos mecanismos propostos pelo *compliance* dependerá da capacidade do profissional de realizar uma análise do levantamento histórico, cultura, valores, missão da empresa; implementação de uma auditoria para analisar as práticas, riscos e condutas, e, ao final, desenvolver o programa específico de *compliance* para cada organização.

1.3 A utilização de recursos de tecnologia para desenvolvimento do trabalho

Dentre as principais tecnologias e recursos que têm sido discutidos e associados ao Direito 4.0, destacam-se o *blockchain* e os *smart contracts*, que serão apresentados em linhas gerais a seguir.

Blockchain

Para Sanfins et al.(20), o *blockchain* pode ser denominado como uma tecnologia digital inovadora que "combina 4 (quatro) elementos distintos: a criptografia, o gerenciamento de dados, a rede e mecanismos de incentivo para apoiar a verificação, execução e registro de transações entre as partes".

---

(19) IBGC. *Governança corporativa*. Disponível em: <https://www.ibgc.org.br/conhecimento/governanca-corporativa>. Acesso em: 15 ago. 2022.

(20) SANFINS, Marco Aurélio. *Economia do token*: a revolução dos criptoativos. Niterói, RJ. Amazon: 2021.

O *blockchain*, para os autores, pode ser interpretado como um livro razão, no qual são anotados os registrados realizados, formando os blocos com as informações registradas, em uma rede distribuída, tendo como um dos pilares de segurança a criptografia. Contudo, destaca-se que não se trata de qualquer criptografia, mas, sim, de um tipo especial denominado criptografia assimétrica, ou, como também é conhecida, criptografia de chaves públicas[(21)].

A importância prática de entender o conceito do *blockchain* (e seu funcionamento) não só diz respeito à segurança e à proteção de dados, mas também ao próprio reconhecimento de autoria das manifestações de vontade no ambiente virtual.

Smart contracts

A estrutura *blockchain* possibilitou mudanças sensíveis na maneira como os negócios jurídicos poderão ser criados, como é o caso dos contratos inteligentes, também chamados de *smart contracts*.

Podem ser definidos como contratos com cláusulas programadas previamente, em uma estrutura de *blockchain*, e que, após celebrados, tornam-se independentes de ações humanas para que sejam cumpridos. Logo, em sua proposta inicial, tentam eliminar a preocupação com um fator que, em geral, influencia a celebração de contratos entre partes desconhecidas: a confiança[(22)].

Essas novas tecnologias, entre tantas outras que estão surgindo e ainda serão criadas, poderão trazer alguns pontos de discussão e questionamento, quando aplicadas de acordo com a ordem jurídica conhecida hoje.

2. Processos

2.1 A pandemia, os efeitos no trabalho e o teletrabalho

A pandemia do coronavírus (ou pandemia de covid-19) impactou, desde meados de março de 2020, a sociedade de forma geral. Segundo o Fórum Econômico Mundial[(23)], a discriminação e a desigualdade históricas também foram impactadas por alguns eventos globais recentes e relevantes, dentre os quais se destaca a pandemia, além dos efeitos derivados da transformação digital que vem ocorrendo nos últimos anos, destacados acima no presente estudo.

No que diz respeito à distância já existente entre as realidades dos homens e das mulheres, por exemplo, de acordo com o *Global Gender Gap Report 2021(24)*, formulado com base na metodologia que integra as últimas estatísticas de organizações internacionais e pesquisa com executivos, a pandemia de covid-19 aumentou essas lacunas, apesar do papel decisivo desempenhado pelas mulheres em trabalhos essenciais na linha de frente no cenário pandêmico. Dentre os motivos indicados pelo relatório, encontram-se (i) o fechamento de

(21) USTER, João Lucas Dambrosi. *Contratos inteligentes (smart contracts): possibilidade e desafios no ordenamento jurídico brasileiro.* 2020. 112 f. Orientador: Fabiano Menke. Dissertação (Mestrado em Direito). Programa de Pós-Graduação em Direito, Universidade Federal do Rio Grande do Sul, Porto Alegre, 2020.

(22) USTER, João Lucas Dambrosi. *Contratos inteligentes (smart contracts): possibilidade e desafios no ordenamento jurídico brasileiro.* 2020. 112 f. Orientador: Fabiano Menke. Dissertação (Mestrado em Direito). Programa de Pós-Graduação em Direito, Universidade Federal do Rio Grande do Sul, Porto Alegre, 2020.

(23) World Economic Forum. *Why diversity, equity and inclusion should be at the heart of economic recovery.* Disponível em: https://www.weforum.org/agenda/2022/05/davos-2022-diversity-equity-and-inclusion-450773f495/. Acesso em 12 ago 2022.

(24) World Economic Forum. *Global Gender Gap Report 2021.* Disponível em: <https://www.weforum.org/reports/global-gender-gap-report-2021/>. Acesso em: 13 ago 2022.

locais de trabalho onde as mulheres são mais frequentemente empregadas e a digitalização e automação aceleradas (aumentando a segregação de tarefas entre homens e mulheres); e (ii) a manutenção dos serviços domésticos durante o período.

Ainda, de um modo geral, os resultados de 2021 parecem apontar maiores progressos em questões de educação e saúde do que em aspectos econômicos e políticos entre os gêneros[(25)]. Os efeitos da pandemia de covid-19 combinados com os da digitalização e automação aceleradas, da crescente dupla jornada das mulheres e da dinâmica do mercado de trabalho, parecem dificultar ainda mais as oportunidades das mulheres no futuro da economia, sujeitando-as a menores perspectivas de empregabilidade e queda contínua de renda. Trata-se, portanto, de uma questão importante que deverá ser avaliada pelo gestor no mundo em constante transformação.

Outro aspecto relevante para o campo da gestão refere-se às discussões quanto ao teletrabalho, conforme será abordado a seguir.

Um dos fundamentos para o sucesso do teletrabalho é a confiança que deve ser estabelecida entre os gestores e os teletrabalhadores da organização, uma vez que o trabalho passa a ser desenvolvido com maior autonomia do empregado, que realiza atividades a distância, sem o controle físico e presencial do empregador. Um dos temas instintivamente relacionados ao Direito 4.0, diante das novas exigências da Sociedade 4.0, já relatadas acima. Representa a flexibilidade da organização quanto ao tempo e aos processos de gerenciamento das tarefas diárias, podendo levar a uma otimização da organização da vida profissional e pessoal de cada indivíduo.

Como foi analisado anteriormente neste estudo, durante as primeiras fases da Revolução Industrial, o foco da gerência e da administração era a organização e a otimização das tarefas no chão de fábrica, com o surgimento de teorias com foco exatamente nessas demandas. A esse respeito, Chiavenato[(26)] apresenta as principais características das mudanças observadas durante o último século quanto à organização de tarefas e equipes, iniciando-se com a visão (i) burocrática (que busca o atendimento de exigências da legislação trabalhista, refletindo a existência de estruturas burocráticas) e que evoluiu, ao longo do tempo para (ii) a operacional (com ênfase nos processos de admissão, salários, benefícios e treinamento operacional, buscando eficiência e eficácia); (iii) a descentralizadora (com o envolvimento dos executivos e delegação na participação em processos de recursos humanos); (iv) a tática (executivos como gestores de pessoas); (v) a estratégica (com foco em competências organizacionais e valor agregado, trazendo os executivos como líderes de equipes); e (vi) a negocial (com ênfase no negócio da organização, tomando a gestão de pessoas uma posição estratégica no negócio).

No mundo atual, os indivíduos não são mais os mesmos do início do século XX: fala-se agora em lideranças e não mais da chefia padrão, controladora de prazos e produtividade; buscam-se qualidade de vida e o estabelecimento de uma verdadeira cultura empresarial; da repetição de movimentos em uma linha produção à possibilidade de acesso a milhares de informações e dados pessoais e sensíveis por minuto. E, nesse contexto, modificaram-se também as próprias relações de trabalho.

(25) World Economic Forum. *Global Gender Gap Report 2021*. Disponível em: https://www.weforum.org/reports/global-gender-gap-report-2021/. Acesso em 13 ago 2022.

(26) CHIAVENATO, Idalberto. *Gestão de pessoas*: o novo papel da gestão do talento humano. 5. ed. São Paulo: Atlas, 2021.

2.2 Lei Geral de Proteção de Dados (LGPD)

Além das mudanças e das adaptações inerentes à Indústria 4.0 discutidas neste estudo, destaca-se a LGPD, anteriormente mencionada e considerada como o marco legal para a regulamentação do uso, da proteção e da transferência de dados pessoais no Brasil (Lei n. 13.709, de 2018). Em linhas gerais, seu objetivo é o de garantir "o maior controle dos cidadãos sobre suas informações pessoais, exigindo consentimento explícito para coleta e uso dos dados"[(27)].

Trata-se de outra questão comumente relacionada ao tema do Direito 4.0 e que exigiu (e ainda exige) das organizações e seus gestores a necessidade de se adaptarem e de ajustarem seus procedimentos e processos internos quanto ao tratamento de dados pessoais e de dados pessoais sensíveis de pessoas (inclusive dos próprios colaboradores), buscando atender ao equilíbrio na "manutenção do desenvolvimento econômico e tecnológico de modelos de negócio inovadores, públicos ou privados, com a inviolabilidade de direitos constitucionais dos cidadãos"[(28)].

Outro questionamento pertinente quanto ao tema é refletido nos dizeres de Sarlet[(29)], quanto à realidade dos direitos da personalidade nesta nova era digital: a vulnerabilidade, diante de cada vez mais sofisticados sistemas de informação; e a velocidade com a qual o Direito é capaz de reagir e responder às novas necessidades (basicamente, a essência das discussões no contexto do Direito 4.0). Como contrapartida, o direito ao esquecimento é apresentado como uma espécie de garantia ao indivíduo, um direito fundamental.

Oliveira Neto[(30)], por sua vez, destaca o direito de desconexão, entendido como "o direito ao lazer e descanso, em oposição ao trabalho, de forma livre, privada, sem qualquer interferência".

Na sociedade atual, questões como a proteção e a privacidade dos dados pessoais dos indivíduos tornaram-se pontos centrais de debates recorrentes em diversos meios de comunicação e mídias sociais, refletindo a obrigação por parte das organizações e empregadores e a necessidade de profissionais do Direito de entenderem e compreenderem os limites e as consequências do seu descumprimento, além dos impactos mencionados anteriormente quanto a processos de mudança organizacional das empresas.

3. Valores

3.1 O papel cada vez mais relevante da liderança na definição de valores organizacionais

Os valores mais intrínsecos de uma organização têm relação direta com a liderança[(31)], indicando que aquilo que o líder inicialmente propõe é um valor a ser questionado, debatido, desafiado e testado pelo grupo, antes de ser tornar uma crença e um valor assumido.

Assim, se o líder for capaz de convencer o grupo a agir de acordo com sua crença pessoal (e se esse valor, de fato, funcionar e criar uma percepção de compartilhamento no grupo), tal valor gradualmente se transformará em um valor ou uma crença do grupo como

(27) SENADO FEDERAL. *Lei Geral de Proteção de Dados entra em vigor*. Disponível em: <https://www12.senado.leg.br/noticias/materias/2020/09/18/lei-geral-de-protecao-de-dados-entra-em-vigor>. Acesso em: 6 ago. 2020.

(28) MALDONADO, Viviane Nóbrega; BLUM, Renato Ópice *et al. LGPD*: Lei Geral de Proteção de Dados comentada. 2. ed. rev., atual. e ampl., São Paulo: Revista dos Tribunais, 2019.

(29) SARLET, Ingo Wolfgang. *Proteção da personalidade no ambiente digital*: uma análise à luz do caso do assim chamado Direito ao Esquecimento no Brasil. Joaçaba, v. 19, n. 2, p. 491-530, maio/ago. 2018.

(30) OLIVEIRA NETO, Célio Pereira. *Trabalho em ambiente virtual*: causas, efeitos e conformação. São Paulo: LTr, 2018.

(31) SCHEIN, Edgar H. *Cultura organizacional e liderança*. São Paulo: Atlas, 2021.

um todo, algo compartilhado. Se essa percepção continua e funciona de forma confiável, esse valor poderá se transformar em uma suposição compartilhada (um nível mais profundo).

No nível mais profundo, encontra-se o verdadeiro DNA do grupo: aquilo em que se deve prestar atenção, o que as coisas de fato significam, como devem ser as reações e quais ações devem ser tomadas em diferentes tipos de situação.

Em um mundo que muda constantemente e em grande velocidade, para que haja a adaptação externa constante e a sobrevivência das organizações, destacam-se algumas questões que necessitam ser endereçadas pelo líder: (i) a missão e a estratégia da organização, que envolvem o conceito compartilhado do problema de sobrevivência final do qual deriva a missão essencial da organização; (ii) as metas derivadas dessa missão; (iii) os meios para atingir tais metas; (iv) a mensuração de resultados (o que medir e como medir); e (v) as estratégias terapêuticas e de reparo(32).

No realidade dinâmica da Quarta Revolução Industrial, em que o tempo se torna cada vez mais um recurso escasso e essencial, não poderiam ser deixados de lado os ensinamentos de Drucker(33) a respeito da eficácia da gestão, não apenas de terceiros e de processos, mas com foco na gestão de si mesmo.

Contudo, para além dos resultados e da eficiência que espera, ressalta-se que a forma como a liderança e a gestão se posicionam a respeito de certos temas e abraçam determinados valores — o que se traduz muitas vezes na condução de suas respectivas equipes — poderá ter reflexos em outros fenômenos observados recentemente nas organizações, como será demonstrado a seguir.

3.2. Diversidade, igualdade e inclusão 4.0

O Fórum Econômico Mundial(34) alega que vem trabalhando com as diversas partes interessadas, nos âmbitos público e privado, e com a sociedade civil, em uma tentativa de integrar as questões de diversidade, igualdade e inclusão na nova economia (o que denomina como "Diversidade, Igualdade e Inclusão 4.0"), além de avançar quanto à proposta de paridade de gêneros.

Neste cenário, segundo o Fórum Econômico Mundial(35), o setor privado especificamente revela-se cada vez mais como um agente chave nos avanços das ações de diversidade, igualdade e inclusão. Na denominada Quarta Revolução Industrial, tratada anteriormente nesse estudo, as empresas deveriam cada vez mais endereçar questões de diversidade, igualdade e inclusão, sob pena de sofrer com consequências inesperadas na implementação de novas tecnologias e modalidades de trabalho.

Ainda segundo o Fórum Econômico Mundial(36), haveria três motivos principais para que a denominada Diversidade, Igualdade e Inclusão 4.0 seja algo necessário nas empresas

(32) SCHEIN, Edgar H. *Cultura organizacional e liderança*. São Paulo: Atlas, 2021.

(33) DRUCKER, Peter Ferdinand. *O gestor eficaz*. Rio de Janeiro: LTC, 2017.

(34) World Economic Forum. *Diversity, Equity and Inclusion 4.0: A toolkit for leaders to accelerate social progress in the future of work*. Disponível em: <https://www.weforum.org/reports/diversity-equity-and-inclusion-4-0-a-toolkit--for-leaders-to-accelerate-social-progress-in-the-future-of-work>. Acesso em: 14 ago. 2022.

(35) World Economic Forum. *Why diversity, equity and inclusion should be at the heart of economic recovery*. Disponível em: <https://www.weforum.org/agenda/2022/05/davos-2022-diversity-equity-and-inclusion-450773f495/>. Acesso em: 12 ago. 2022.

(36) World Economic Forum. *Why diversity, equity and inclusion should be at the heart of economic recovery*. Disponível em: <https://www.weforum.org/agenda/2022/05/davos-2022-diversity-equity-and-inclusion-450773f495/>. Acesso em: 12 ago. 2022.

(agora mais do que nunca): (i) trata-se de um imperativo moral (ou seja, é simplesmente a coisa certa a se fazer); (ii) representa também um imperativo legal (com tratados internacionais promovidos pela Organização Internacional do Trabalho, por exemplo, que levam os países signatários a adaptar suas legislações nacionais em prol da inclusão, igualdade e diversidade); e (iii) configura-se um imperativo econômico (em geral, apesar de esforços iniciais para promover a inclusão, igualdade e diversidade, há evidências de que times com mais diversidade performam melhor do que times homogêneos ao longo do tempo).

Dentre as áreas para ação, são sugeridas[37]: (i) a busca por talentos e seleção de candidatos, com o devido cuidado com a redação para descrição das vagas para que não haja preconceito ou discriminação no processo seletivo, busca por candidatos em locais diversos, e identificação de candidatos com base em méritos e qualidades; (ii) a análise organizacional e monitoramento, por meio da criação de métricas específicas para questões de diversidade, igualdade e inclusão na organização, bem como para comportamentos que fomentam a exclusão e segregação, entendimento da experiência do empregado e dos níveis de engajamento; e (iii) a experiência, recompensa e desenvolvimento do empregado, por meio de treinamentos e incentivos para a gestão, para que promovam a diversidade, igualdade e inclusão no ambiente de trabalho, conduzam avaliações objetivas e forneçam suporte de carreira.

Em outras palavras, sugere-se que, por meio de políticas e práticas inclusivas, que também se relacionam com os programas de *compliance* das empresas, os gestores sejam capazes de fazer com que os profissionais que integram seus times sintam-se cada vez mais bem recebidos, valorizados e respeitados, com acesso a diversas oportunidades de crescimento, condições boas de trabalho e salários justos.

Há um senso geral de que o fomento do pertencimento, do empoderamento e do crescimento no ambiente de trabalho pode levar à sensação de que os empregados terão segurança psicológica necessária para desenvolver suas funções e, portanto, dedicarem-se com mais afinco às suas funções — tópico, inclusive, diretamente relacionado a recentes manifestações verificadas no ambiente de trabalho, que serão tratadas a seguir.

3.3. Os movimentos do Great Resignation (Grande Resignação ou Grande Renúncia), do Quiet Quitting (Demissão Silenciosa) e do Job Hopping (Pular de Emprego)

Por qual motivo o gestor, no mundo 4.0, deveria estar atento a essas tendências observadas no mercado de trabalho? Além de impactarem diretamente a gestão de equipes e manutenção de profissionais em uma organização, estudos revelam que ambos os movimentos poderiam ser relacionados com uma insatisfação prolongada e generalizada da força de trabalho[38], ainda que apresentem diferenças entre si, em razão de alguns aspectos.

Apesar de ser inicialmente observado nos Estados Unidos da América e potencializado em virtude da pandemia de covid-19, também no Brasil o fenômeno da Grande Renúncia foi noticiado e explicado por diferentes especialistas[39]. Há informações de que cerca de

(37) World Economic Forum. *Diversity, Equity and Inclusion 4.0: A toolkit for leaders to accelerate social progress in the future of work.* Disponível em: <https://www.weforum.org/reports/diversity-equity-and-inclusion-4-0-a-toolkit-for-leaders-to-accelerate-social-progress-in-the-future-of-work>. Acesso em: 14 ago. 2022.

(38) FORMICA, Sandro; SFODERA, Fabiola. The great resignation and the quiet quitting paradigm shifts: an overview of current situation and future research directions. *Journal of Hospitality Marketing & Management*, v. 31, n. 8, p. 899-907, 2022.

(39) SOARES, Marcelo. *Eu me demito: fenômeno da grande resignação chega ao Brasil.* Revista Você S/A. Disponível em: <https://vocesa.abril.com.br/economia/eu-me-demito-fenomeno-da-grande-resignacao-chega-ao-brasil/>. Acesso em: 11 dez. 2022.

500 mil pessoas teriam se demitido no país, mensalmente, o que representaria quase o dobro registrado nos anos anteriores à pandemia(40).

Para o *Great Resignation* especificamente, são apontados como motivos(41): (i) a falha no reconhecimento do desempenho do profissional e a sensação de se sentir desrespeitado; (ii) uma cultura de trabalho tóxica; e (iii) a realização profissional e significado do trabalho em si.

Por outro lado, a Demissão Silenciosa é mais recente (em comparação à Grande Resignação) e se refere à postura de profissionais que alegam fazer o mínimo necessário em seus respectivos empregos — apenas o que precisam cumprir de acordo com seus contratos de trabalho para que não sejam demitidos(42).

No *Quiet Quitting*, geralmente é relatada pelo profissional uma ausência de(43): (i) sensação de se sentir cuidado no ambiente de trabalho; (ii) oportunidades para crescer e aprender; e (iii) conexão com os propósitos da organização em si.

Recentemente, as notícias também passaram a relatar a ocorrência mais recorrente do *Job Hopping*, ou o ato de "pular de empregos": uma movimentação em que profissionais têm mudado de emprego com maior frequência e de forma voluntária(44). Uma das principais motivações indicadas pelos especialistas também seria o esgotamento das relações tradicionais de emprego, levando o indivíduo a buscar novas maneiras de desenvolver o seu trabalho.

Todas essas nuances que passam a ser cada vez mais comuns no ambiente empresarial permitem também a reflexão para o líder e o gestor quanto à existência de diferentes gerações que ocupam postos de trabalho e formam suas equipes, de acordo com o que será discutido a seguir.

3.4. Gestão de diferentes gerações no ambiente de trabalho

Apesar de a força de trabalho atualmente no Brasil ser predominantemente jovem, a população brasileira está envelhecendo rapidamente, de modo que, até 2040, espera-se que a força de trabalho seja predominantemente composta por pessoas com mais de 45 anos(45).

Nesse cenário, cada vez mais são discutidas questões relacionadas ao etarismo (ou ageísmo) no ambiente de trabalho, à medida em que alguns estereótipos relacionados à idade são criados.

---

(40) CARBINATTO, Bruno. *Um quarto dos que pediram demissão na "Grande Resignação" se arrependeu, diz pesquisa.* Disponível em: <https://vocesa.abril.com.br/carreira/um-quarto-dos-que-pediram-demissao-na-grande-resignacao-se-arrependeu-diz-pesquisa/>. Acesso em 11 dez. 2022.

(41) FORMICA, Sandro; SFODERA, Fabiola. The great resignation and the quiet quitting paradigm shifts: an overview of current situation and future research directions. *Journal of Hospitality Marketing & Management*, v. 31, n. 8, p. 899-907, 2022.

(42) BORGE, Isis. *Quiet quitting: o que realmente está por trás da demissão silenciosa.* Revista VocêRH. Disponível em: <https://vocerh.abril.com.br/coluna/isis-borge/o-que-esta-por-tras-da-demissao-silenciosa/>. Acesso em: 11 dez. 2022.

(43) FORMICA, Sandro; SFODERA, Fabiola. The great resignation and the quiet quitting paradigm shifts: an overview of current situation and future research directions. *Journal of Hospitality Marketing & Management*, v. 31, n. 8, p. 899-907, 2022.

(44) PEREIRA, Vitoria. *Entenda o que é 'job hopping' e por que jovens aderem mais ao movimento.* Disponível em <https://www1.folha.uol.com.br/sobretudo/carreiras/2022/10/entenda-o-que-e-job-hopping-e-por-que-jovens-aderem-mais-ao-movimento.shtml>. Acesso em: 11 dez. 2022.

(45) TONELLI, Maria José; PEREIRA, Jussara; CEPELLOS, Vanessa; LINS, João. Ageing in organizations. *RAUSP Management Journal*, v. 55, n. 2, p. 127-142, 2020.

Quanto às pessoas mais velhas, esses estereótipos poderiam influenciar na percepção de gestores a respeito desses profissionais, que poderiam ser considerados até mesmo como incompetentes, em virtude da diminuição de suas capacidades físicas e mentais[(46)], levando à sua demissão. Trata-se, portanto, de uma construção complexa e geralmente negativa da idade de pessoas mais velhas, que pode ocorrer tanto no nível do indivíduo quanto das organizações e da própria sociedade[(47)].

No que diz respeito às demais gerações, outro grupo que frequentemente é alvo de estereótipos é aquele composto por trabalhadores mais novos (como a Geração Z). Por diversas vezes, acabam sendo vistos, do ponto de vista negativo, como narcisistas, desleais, excessivamente preocupados com feedback; e, do ponto de vista positivo, como energéticos, ambiciosos, experientes em tecnologia[(48)].

Sugere-se, assim, aos gestores que sejam capazes de implementar nas organizações as melhores práticas para reduzir esses estereótipos e a própria discriminação de profissionais em razão de suas idades, dentre as quais se destaca a revisão de processos e procedimentos na área de recursos humanos e o favorecimento do contato intergeracional positivo.

CONCLUSÃO

Diante de todo o exposto, é inegável que a sociedade vem passando por uma série de mudanças profundas e dinâmicas, associadas diretamente ao desenvolvimento e à proliferação de formas tecnológicas em todos os meios de produção e de serviços, buscando melhor e maior competitividade dentro do mercado globalizado atual.

É natural, assim, que o Direito 4.0 passe a enfrentar cada vez mais questões relacionadas à interpretação de dispositivos legais e normas, com o objetivo de interpretá-las e ajustá-las a tais novas realidades. Por outro lado, também devem ser endereçadas questões relacionadas aos indivíduos que desempenham suas funções em uma economia digital que cada vez mais tende a eliminar postos de trabalho e a concentrar a mão de obra em algumas atividades e nichos específicos.

No início do século XX, como reflexos dos primeiros anos da Revolução Industrial, as empresas focavam nos meios de organização e produtividade em massa; a realidade agora é a de uma sociedade da informação, que busca novos horizontes e trabalha com diferentes formas de organização da atividade produtiva, não mais atrelados ao conceito de controle de horas e peças produzidas, mas, sim, dependentes de uma autonomia dos empregados e de uma relação de confiança.

Na prática jurídica, é possível notar que alterações legislativas, principalmente as de grande impacto (como a LGPD acima mencionada), acabam por forçar as organizações, muitas vezes, a repensar e ajustar seus modelos de negócio, suas contratações, a comercialização e divulgação de seus produtos e serviços, o relacionamento com clientes, fornecedores, parceiros e prestadores de serviços, seus fluxos internos e o posicionamento da própria empresa no mercado, ora de forma pontual, ora de forma contínua. De acordo com

(46) HANASHIRO, Darcy Mitiko Mori; PEREIRA, Marie Françoise Marguerite Winandy Martins. O Etarismo no Local de Trabalho: Evidências de Práticas de 'Saneamento' de Trabalhadores mais Velhos. *Revista Gestão Organizacional*, v. 13, n. 2, p. 188-206, 2020.

(47) AYALON, Liat; TESCH-RÖMER, Clemens. *Chapter I. Introduction to the section: ageism—concept and origins. In*: AYALON, Liat; TESCH-RÖMER (EDs.). Contemporary perspectives on ageism. Springer, Cham, 2018, p. 1-10.

(48) TRUXILLO, Donald; FINKELSTEIN, Lisa M.; Pytlovany, Amy C.; JENKINS, Jade S. *Age discrimination at work: A review of the research and recommendations for the future*. The Oxford handbook of workplace discrimination, v. 1, p. 129-142, 2015.

essas considerações, seria possível enxergar a lei como um fator relevante que se encontra na raiz de muitos processos de mudança em uma empresa e uma força que impulsiona seu planejamento inicial e delineamento seus contornos.

No que diz respeito ao trabalho desenvolvido pelos profissionais do Direito e departamentos jurídicos no contexto do Direto 4.0. e quanto ao processo de implementação de mudanças organizacionais, a visão comum que se tem é a de que sua natureza seria mais técnica e, portanto, limitada à análise dos dispositivos legais, apontamentos de riscos e suas consequências.

A provocação que se faz nesse trabalho é a de esses profissionais assumam cada vez mais um papel estratégico, atuando junto, principalmente à alta gestão, para o desenho e definição do processo de mudança; e ao nível tático da organização, como forma de auxiliar nas diversas fases da implementação de novos projetos.

De uma forma geral, ainda é cedo para definir os contornos de todas essas mudanças para a gestão no mundo do Direito 4.0, mas, certamente, serão questões cada vez mais enfrentadas pelos tribunais e profissionais das mais diversas áreas, que buscarão soluções e teorias no Direito.

REFERÊNCIAS BIBLIOGRÁFICAS E ELETRÔNICAS

AYALON, Liat; TESCH-RÖMER, Clemens. *Chapter I. Introduction to the section: ageism—concept and origins. In*: AYALON, Liat; TESCH-RÖMER (EDs.). Contemporary perspectives on ageism. Springer, Cham, 2018. p. 1-10.

BORGE, Isis. *Quiet quitting: o que realmente está por trás da demissão silenciosa.* Revista VocêRH. Disponível em: <https://vocerh.abril.com.br/coluna/isis-borge/o-que-esta-por-tras-da-demissao-silenciosa/>. Acesso em: 11 dez. 2022.

CARBINATTO, Bruno. *Um quarto dos que pediram demissão na "Grande Resignação" se arrependeu, diz pesquisa.* Disponível em: <https://vocesa.abril.com.br/carreira/um-quarto-dos-que-pediram-demissao-na-grande-resignacao-se-arrependeu-diz-pesquisa/>. Acesso em 11 dez. 2022.

CHIAVENATO, Idalberto. *Introdução à teoria geral da administração*: uma visão abrangente da moderna administração das organizações. 10 ed. rev. e atual. São Paulo: Atlas, 2020.

CHIAVENATO, Idalberto. *Gestão de pessoas*: o novo papel da gestão do talento humano. 5. ed. São Paulo: Atlas, 2021.

CHRISTENSEN, Clayton M.; OVERDORF, Michael. *O desafio da inovação disruptiva.* In: HARVARD BUSINESS REVIEW. Desafios da gestão (10 leituras essenciais — HBR): Uma introdução às mais influentes ideias da Harvard Business Review. Rio de Janeiro: Sextante, 2018.

CONSELHO FEDERAL DE ADMINISTRAÇÃO. *Conheça as quatro Revoluções Industriais que moldaram a trajetória do mundo.* Disponível em: <https://cfa.org.br/as-outras-revolucoes-industriais/>. Acesso em: 15 ago. 2022.

DAVIS, Anthony E. *The Future of Law Firms (and Lawyers) in the Age of Artificial Intelligence.* Revista Direito GV. São Paulo, v. 16, n. 1, 2020.

DÍAZ, Viviana L. *Teletrabajo y Neurotecnologia*: una guia imprescindible para gestionar el Trabajo 4.0. Ciudad Autonoma de Buenos Aires: Granica, 2018.

DRUCKER, Peter Ferdinand. *O gestor eficaz.* Rio de Janeiro: LTC, 2017.

FIA. *Entenda o que é ESG, sua importância, exemplos e como funcionam os investimentos*. Disponível em: <https://fia.com.br/blog/esg/>. Acesso em: 15 ago. 2022.

FORMICA, Sandro; SFODERA, Fabiola. The great resignation and the quiet quitting paradigm shifts: an overview of current situation and future research directions. *Journal of Hospitality Marketing & Management*, v. 31, n. 8, p. 899-907, 2022.

HANASHIRO, Darcy Mitiko Mori; PEREIRA, Marie Françoise Marguerite Winandy Martins. O Etarismo no Local de Trabalho: Evidências de Práticas de 'Saneamento' de Trabalhadores mais Velhos. *Revista Gestão Organizacional*, v. 13, n. 2, p. 188-206, 2020.

HARARI, Yuval Noah. *21 lições para o século 21*. São Paulo: Companhia das Letras, 2018.

IBGC. *Governança corporativa*. Disponível em: <https://www.ibgc.org.br/conhecimento/governanca-corporativa>. Acesso em: 15 ago. 2022.

LEWIN, Karl. *Field theory in social science*. New York: Harper & Row, 1951.

MALDONADO, Viviane Nóbrega; BLUM, Renato Ópice *et al*. *LGPD*: Lei Geral de Proteção de Dados comentada. 2. ed. rev., atual. e ampl., São Paulo: Revista dos Tribunais, 2019.

MALDONADO, Viviane Nóbrega; FEIGELSON, Bruno (Coord.). *Advocacia 4.0*. São Paulo: Revista dos Tribunais, 2019.

OLIVEIRA NETO, Célio Pereira. *Trabalho em ambiente virtual*: causas, efeitos e conformação. São Paulo: LTr, 2018.

PACTO GLOBAL. *A iniciativa*. Disponível em: <https://www.pactoglobal.org.br/a-iniciativa>. Acesso em: 10 ago. 2022.

PEREIRA, Vitoria. *Entenda o que é 'job hopping' e por que jovens aderem mais ao movimento*. Disponível em: <https://www1.folha.uol.com.br/sobretudo/carreiras/2022/10/entenda-o-que-e-job-hopping-e-por-que-jovens-aderem-mais-ao-movimento.shtml>. Acesso em 11 dez. 2022.

SANFINS, Marco Aurélio. *Economia do token*: a revolução dos criptoativos. Niterói, RJ: Amazon, 2021.

SARLET, Ingo Wolfgang. *Proteção da personalidade no ambiente digital*: uma análise à luz do caso do assim chamado Direito ao Esquecimento no Brasil. Joaçaba, v. 19, n. 2, p. 491-530, maio/ago. 2018.

SCHEIN, Edgar H. *Cultura organizacional e liderança*. São Paulo: Atlas, 2021.

SENADO FEDERAL. *Lei Geral de Proteção de Dados entra em vigor*. Disponível em: <https://www12.senado.leg.br/noticias/materias/2020/09/18/lei-geral-de-protecao-de-dados-entra-em-vigor>. Acesso em: 6 ago. 2020.

SOARES, Marcelo. *Eu me demito: fenômeno da grande resignação chega ao Brasil*. Revista Você S/A. Disponível em: <https://vocesa.abril.com.br/economia/eu-me-demito-fenomeno-da-grande-resignacao-chega-ao-brasil/>. Acesso em: 11 dez. 2022.

STEEL, Richard. *Elevated economics*: how conscious consumers will fuel the future of business. Nova York: Fast Company Press, 2020.

TONELLI, Maria José; PEREIRA, Jussara; CEPELLOS, Vanessa; LINS, João. Ageing in organizations. *RAUSP Management Journal*, v. 55, n. 2, p. 127-142, 2020.

TRUXILLO, Donald; FINKELSTEIN, Lisa M.; PYTLOVANY, Amy C.; JENKINS, Jade S. *Age discrimination at work: A review of the research and recommendations for the future*. The Oxford handbook of workplace discrimination, v. 1, p. 129-142, 2015.

USTER, João Lucas Dambrosi. *Contratos inteligentes (smart contracts): possibilidade e desafios no ordenamento jurídico brasileiro*. 2020. 112 f. Orientador: Fabiano Menke. Dissertação (Mestrado em Direito). Programa de Pós-Graduação em Direito, Universidade Federal do Rio Grande do Sul, Porto Alegre, 2020.

VAN DE VEN, Andrew. H.; POOLE, Marshall Scott. Explaining development and change in organizations. *The Academy of Management Review*, v. 20, n. 3, p. 510-540, 1995.

WEICK, Karl E.; QUINN, Robert E. *Organizational change and development*. Annu. Rev. Psychol. 1999. v. 50 p. 361-386.

WOODMAN, Richard W. The science of organizational change and the art of changing organizations. *The Journal of Applied Behavioral Science*, v. 50, n. 4, p. 463-477, 2014.

WORLD ECONOMIC FORUM. *Diversity, Equity and Inclusion 4.0: A toolkit for leaders to accelerate social progress in the future of work*. Disponível em: <https://www.weforum.org/reports/diversity-equity-and-inclusion-4-0-a-toolkit-for-leaders-to-accelerate-social-progress-in-the-future-of-work>. Acesso em: 14 ago. 2022.

WORLD ECONOMIC FORUM. *Global Gender Gap Report 2021*. Disponível em: <https://www.weforum.org/reports/global-gender-gap-report-2021/>. Acesso em: 13 ago. 2022.

WORLD ECONOMIC FORUM. *Why diversity, equity and inclusion should be at the heart of economic recovery*. Disponível em: <https://www.weforum.org/agenda/2022/05/davos-2022-diversity-equity-and-inclusion-450773f495/>. Acesso em: 12 ago. 2022.

Acordos coletivos como instrumentos de flexibilização nas relações de trabalho

Francisco de Assis das Neves Mendes(*)

O capítulo "Acordos Coletivos como Instrumento de Flexibilização nas relações de Trabalho", busca apresentar o Acordo Coletivo como instrumento para implementação de estratégias de flexibilização nas relações de trabalho nas organizações empresariais.

> *"É preciso sentir a necessidade da experiência, da observação, ou seja, a necessidade de sair de nós próprios para aceder à escola das coisas, se as queremos conhecer e compreender".*
>
> Émile Durkheim

INTRODUÇÃO

Em um mundo contemporânea do trabalho, pessoas buscam atuar em organizações que ofereçam flexibilização nas relações de trabalho, de forma que possam investir na qualidade de vida, no cuidado diário de sua família e que esteja alinhado com seu propósito de vida.

Segundo Masi (2012), "o futuro pertence a quem souber libertar-se da ideia tradicional do trabalho como obrigação ou dever e for capaz de apostar numa mistura de atividades, onde o trabalho se confundirá com o tempo livre, com o estudo e com o jogo, enfim, com o "ócio criativo"

O século XXI corrobora com um novo pensar disruptivo para grandes mudanças na sociedade e no mundo do trabalho, provocando a necessidade das empresas se adaptarem as novas demandas sociais e tecnológicas, a fim de garantir a sobrevivências dos negócios e

(*) Doutorando em Ciências Empresariais e Sociais na UCES da Argentina, Mestrado em Estratégias Empresariais no ISG de Portugal e Extensão na LAL School na Inglaterra. MBA em Gestão Empresarial na USP São Paulo e MBA em Transformação Digital e Futuro dos Negócios. Administrador com especializações em Gestão de RH pela Universidade Cândido Mendes do Rio de Janeiro, Direito do Trabalho & Previdenciário pela PUC Minas e Relações Sindicais e Trabalhistas pela WCCA Consultoria. Sólida experiência em Gestão de RH, Relações Trabalhistas e Sindicais, Compliance Trabalhista, Gestão de Projetos e Sistemas de Informações com carreira desenvolvida em indústrias multinacionais de grande porte. Também atua como Professor de pós-graduação, Palestrante, Treinador, Pesquisador e Escritor. Foi palestrante no CONARH / IBC 2019 (maior congresso de Gestão de Pessoas da América do Sul) com a palestra "Gestão do RH 4.0" e no Fórum Nacional de Relações Trabalhistas e Sindicais da Corpbusiness com a palestra "Os Impactos da Indústria 4.0 no Mundo do Trabalho". Coautor dos livros "Autoconhecimento e Empoderamento", "Liderando Juntos", "Otimizando Relações", "Passou e Agora?", "Coletânea Literare Books" e Coordenador editorial do livro "Gestão do RH 4.0". Premiação "Melhores Grandes Empresas para se Trabalhar do Brasil" em 2014 pelo Instituto GreatePlacetoWork / Revista época e Prêmio Ser Humano da ABRH Brasil.

ao mesmo tempo atender as necessidades das pessoas de trabalhar em modelos de trabalho que possibilitem uma maior qualidade de vida.

A EVOLUÇÃO DO MUNDO DO TRABALHO

O mundo do trabalho ao longo de sua existência passou por várias transformações, incluindo nessas transformações os regramentos dos direitos e deveres dos trabalhadores, bem como modelos e formas de aplicação da mão de obra nos processos de trabalho nas mais diversas organizações.

Dentre os fenômenos que impactaram fortemente a transformação do mundo do trabalho podemos afirmar que as revoluções industriais foram as grandes impactantes das mudanças na sociedade, negócios e mundo do trabalho. Na Primeira Revolução Industrial com o surgimento da máquina a vapor na Inglaterra, houve um gigantesco movimento de migração de trabalhadores artesãos da zona rural para zona urbana, principalmente para trabalharem nas indústrias têxteis, sendo que essa nova indústria trouxe diversas não conformidade nas relações de trabalho como jornada acima de 12 horas, trabalho em ambientes insalubres, adoecimento no trabalho e muitos acidentes. Já na Segunda Revolução Industrial, surge um novo movimento de transformação da sociedade e do mundo do trabalho que foi o surgimento da energia elétrica e o aço, inovações que fizeram surgir a indústria automobilística e também uma grande expansão dos empregos e trabalho, inicialmente na Inglaterra e depois expandido para Estados Unidos, Europa e Japão, sendo que nesse período surge também o processo de fabricação em série (linhas de produção), provocando um novo desafio no mundo do trabalho, a partir dos processos repetitivos, causando ao longo do tempo adoecimentos no trabalho. E a as revoluções industriais continuaram com a Terceira Revolução Industrial capitaneada pela tecnologia da informação e telecomunicações, exigindo mais mão de obra especializada, gerando demandas de novas formas de trabalho e agora estamos vivendo a Quarta Revolução Industrial, capitaneada pela Inteligência Artificial e Robótica, as quais estão transformando como nunca visto antes o mundo do trabalho em todas as suas ramificações.

NOVOS DESAFIOS DO MUNDO DO TRABALHO

A partir de 1990, foram discutidos nas esferas acadêmicas, negócios e sociedade uma definição de *framework* para identificar este novo mundo, e neste contexto, surgiu no exército americano o mundo VUCA que significa: V= *volatility* (volatilidade); U= *uncertainty* (incertezas); C= *complexity* (complexidade); *ambiguity* (ambiguidade). E mais recentemente, no início de 2018, surge um novo *framework* BANI, criado pelo futurólogo americano Jamais Cascio que significa: B = brittle (frágil); A= *anxiuos* (ansioso); N= *nonlinear* (não-linear); I= *incomprehensible* (incompreensível). De toda forma, o século XXI é considerado o período das grandes mudanças e transformações, impactando na sociedade e no mundo do trabalho gerando novos desafios no mundo do trabalho, que vão desde o encontro de gerações, diversidade e inclusão até a questão da robotização do trabalho.

A pandemia da COVID-19 derrubou vários paradigmas no mundo do trabalho, e um deles foi a resistência por parte das empresas e funcionários em relação ao teletrabalho, fortalecendo o conceito ***Anywhere Office***, ou seja, trabalhar em qualquer lugar. *O* ***Anywhere Office*** se difere do home office por uma premissa simples: o trabalho pode ser feito em qualquer lugar, não apenas em casa, sem nenhuma formalização determinada de local de trabalho. A implementação do teletrabalho em suas diversas formas de aplicação trás diversas oportunidades e desafios para os funcionários e para as empresas, sendo que para o funcionário contribui para melhoria da qualidade de vida e para empresa, redução de custos e aumento de produtividade (na maioria dos casos).

O **processo de Robotização e Inteligência Artificial** deverão cada vez mais absorver atividades previsíveis em todas as esferas, mas que em paralelo deverão surgir novas funções que exigirão uma maior competência e qualificação em tecnologias e cultura analítica de dados, e aí estão, grandes oportunidades de carreiras, mas para isso, precisamos mudar o mapa do emprego e carreira, iniciando pela mudança de *Mindset* Analógico para *Mindset* Digital, o qual exige maior qualificação e competências no uso das tecnologias e inteligência de dados para agregar valor aos negócios das empresas.

O mundo do trabalho atual está vivendo uma situação jamais vista anteriormente em relação a **Encontro de Gerações no Trabalho**. Atualmente temos pessoas das gerações baby boomers, geração X, geração Y ou milenium e Geração Z trabalhando juntas em diversas organizações, e vêm os seguintes questionamentos, estamos vivendo um encontro de gerações no trabalho ou um conflito de gerações? O grande desafio neste momento é como as lideranças e o RH estão se preparando para conduzir esta nova temática.

Outro tema que está sendo debatido no momento é a questão da **Diversidade e Inclusão**, e essa discussão vai além das questões de gênero, sexo, raça, religião, origem social e outros. Um ponto importantíssimo nos movimentos e estratégias de diversidade e inclusão social nas organizações é criar ações de sensibilização iniciando pelo topo da pirâmide, ou seja, as lideranças, pois são elas que deverão ser os agentes disseminadores das melhores práticas nesta temática, sendo que o primeiro passo é liderar pelo exemplo, mostrando na prática que acredita e pratica a diversidade e a inclusão de forma positiva e que está engajado em disseminar isso para toda a organização.

O **Adoecimento no Trabalho** é outro fenômeno que se agravou na última década, muito em função da pressão nas organizações por ganhos de produtividade, atingimentos de metas e outros. O **Adoecimento no Trabalho** é causado principalmente pelo estresse no trabalho que ficou conhecido como síndrome de *Burnout*. A síndrome de *Burnout*, também conhecida como síndrome do esgotamento profissional, é um distúrbio psíquico e emocional causado pela exaustão extrema, esgotamento físico e estresse, obrigatoriamente relacionado ao trabalho.

Todos os novos desafios no mundo do trabalho citados servem de reflexão para entendermos que precisamos de um novo ambiente nas relações de trabalho que possibilitem as empresas e empregados construírem juntos modelos de trabalho que atendam as novas demandas do século XXI, e neste cenário surge a reforma trabalhistas, a qual pode contribuir para uma maior flexibilização nas relações de trabalho, onde o negociado prevaleça sobre o legislado.

A REFORMA TRABALHISTA E O NEGOCIADO *VERSUS* LEGISLADO

No Brasil, o grande divisor de águas em relação ao regramento dos direitos dos trabalhadores ocorreu em 01 de maio de 1943 com a publicação da CLT (Consolidação das Leis trabalhistas) pelo então presidente da república, general Getúlio Vargas.

Ao longo dos anos após publicação da CLT o regramento dos direitos e deveres trabalhistas sofreram modificações e aperfeiçoamentos para se adequar as novas realidades da sociedade, negócios e mundo do trabalho, sendo que mais recentemente o grande destaque de modernização da legislação trabalhista foi a reforma trabalhista de novembro de 2017 por meio da Lei n. 13.467, que tem como principal atributo à flexibilização das relações de trabalho através do contexto do negociado sobre o legislado.

Segundo o professor Paulo Sérgio João, "a insegurança jurídica de normas de convenções coletivas ou acordos coletivos de trabalho sempre foi considerada elemento da dificuldade para os avanços nas negociações coletivas, as quais, na sua maioria, limitavam-se à repetição de direitos já assegurados por lei, com pouca margem de criatividade ou adaptação, quer por iniciativa de sindicato profissional, quer por sugestão patronal".

Para Martins, "no exame da convenção coletiva ou acordo coletivo de trabalho, a Justiça do Trabalho analisará exclusivamente a conformidade dos elementos essenciais do negócio jurídico, respeitado o disposto no art. 104 do Código Civil, e balizará sua atuação pelo princípio da intervenção mínima na autonomia da vontade coletiva".

Com a prevalência do negociado sobre o legislado a partir da publicação da Lei n. 13.467 em novembro de 2017, a utilização da convenção coletiva e do acordo coletivo trouxe mais segurança jurídica e maior possibilidade de flexibilização nas relações de trabalho, principalmente com a inclusão do artigo 611-A, a qual descrevemos em parte abaixo:

> **Art. 611-A**. *A convenção coletiva e o acordo coletivo de trabalho, observados os incisos III e VI do* caput *do art. 8º da Constituição, têm prevalência sobre a lei quando, entre outros, dispuserem sobre: (Redação dada pela Medida Provisória n. 808, de 2017).*
>
> *I — pacto quanto à jornada de trabalho, observados os limites constitucionais*
>
> *II — banco de horas anual;*
>
> *V — plano de cargos, salários e funções compatíveis com a condição pessoal do empregado, bem como identificação dos cargos que se enquadram como funções de confiança;*
>
> *VI — regulamento empresarial;*
>
> *VII — representante dos trabalhadores no local de trabalho*
>
> *VIII — teletrabalho, regime de sobreaviso, e trabalho intermitente;*
>
> *IX — remuneração por produtividade, incluídas as gorjetas percebidas pelo empregado, e remuneração por desempenho individual;*
>
> *X — modalidade de registro de jornada de trabalho;*
>
> *XI — troca do dia de feriado;*
>
> *XIV — prêmios de incentivo em bens ou serviços, eventualmente concedidos em programas de incentivo;*
>
> *XV — participação nos lucros ou resultados da empresa.*

Além do artigo 611-A que define as temáticas que podem ser negociadas para flexibilização do trabalho, o artigo 611-B destaca os temas em que não pode haver negociação. Vale ressaltar que quase na sua totalidade a aplicação das temáticas incluídas no artigo 611-A devem ser objeto de negociação coletiva através dos instrumentos de acordo coletivo ou convenção coletiva para poderem ter validade jurídica.

INSTRUMENTOS DE NEGOCIAÇÕES COLETIVAS

As mudanças que vem ocorrendo na sociedade e no mundo do trabalho requer um mundo do trabalho mais flexível, e para que possamos tornar isso realidade pode-se recorrer aos instrumentos da Convenção Coletiva e o Acordo Coletivo, os quais possibilitam trazer ganhos para empresa e empregado através da livre negociação com sindicatos representantes das categorias de trabalho.

Importante salientar que todos os processos negociais via convenção coletiva ou acordo coletivo devem respeitar o artigo 9º da CLT, o qual afirma que "serão nulos de pleno direito os atos praticados com o objetivo de desvirtuar, impedir ou fraudar a aplicação dos preceitos contidos na presente Consolidação". Ainda neste contexto, Homero Batista, afirma que "o tema das nulidades trabalhistas encontra referência no art. 9º da CLT, um dispositivo bastante citado em julgados e teses acadêmicas. Suas premissas se assentam no princípio da primazia da realidade, expressão utilizada por diversos autores para realçar que, para os fins trabalhistas".

Vale ressaltar que tanto a Convenção Coletiva como o Acordo Coletivo só terão validade depois de submetido a assembleia. De acordo com o artigo 612 da CLT, "os sindicatos só poderão celebrar Convenções ou Acordos Coletivos de Trabalho, por deliberação de Assembleia Geral especialmente convocada para esse fim, consoante o disposto nos respectivos Estatutos".

Para reforçar o entendimento acerca dos conceitos e preceitos legais sobre Convenção Coletiva e Acordo Coletivo, aprofundaremos a temática a seguir.

CONVENÇÃO COLETIVA

A Convenção Coletiva é um instrumento legal previsto no Direito Coletivo de Trabalho e serve para formalizar a livre negociação entre sindicato das empresas e sindicato dos trabalhadores, sendo o objeto formal das cláusulas negociais no período da Data Base de acordo com a categoria de trabalho.

Segundo o artigo 611 da CLT, "Convenção Coletiva de Trabalho é o acordo de caráter normativo, pelo qual dois ou mais sindicatos representativos de categorias econômicas e profissionais estipulam condições de trabalho aplicáveis, no âmbito das respectivas representações, às relações individuais de trabalho"

O processo de negociação coletiva baseado no instrumento da Convenção Coletiva é iniciado com o envio das pautas pelo sindicato das empresas e sindicato dos trabalhadores, na qual consta as reivindicações de melhoria ou ajustes de cláusulas da CCT, objetivando melhorias ou ganhos para as partes envolvidas.

Após o envio das pautas, os sindicatos discutem com seus associados a estratégia de negociação das pautas e via de regra definem um comitê de negociação para participar da mesa de negociação com representantes das empresas e trabalhadores.

No final das negociações, os itens aprovados na mesa de negociação são submetidos via assembleia separadamente com membros do sindicato das empresas e sindicato dos trabalhadores, a fim de votarem se estão de acordo, caso positivo é elaborado a minuta da Convenção Coletiva e depois de assinada deverá ser registrada no Ministério do Trabalho e Emprego.

ACORDO COLETIVO

O Acordo Coletivo de trabalho é hoje o instrumento mais poderoso para implementar estratégias negociais para flexibilização nas relações de trabalho, pois, a partir da Reforma Trabalhista (Lei n. 13.467/2017) possui prevalência sobre a Convenção Coletiva e a própria CLT.

Segundo art. 611 CLT § 1º sobre acordo coletivo, "é facultado aos sindicatos representativos de categorias profissionais celebrar Acordos Coletivos com uma ou mais empresas da correspondente categoria econômica, que estipulem condições de trabalho, aplicáveis no âmbito da empresa ou das empresas acordantes às respectivas relações de trabalho".

O processo de negociação de acordos coletivos envolve a participação de representante do sindicato dos empregados e representante da empresa, sendo que para validação do acordo coletivo é necessário a submissão das condições do acordo coletivo para aprovação em assembleia com empregados, a qual deve ser conduzida pelo representante do sindicato dos empregados e acompanhados pelos representantes da empresa, reforçando que a decisão da assembleia é soberana e deve ser acatada.

Em caso de uma determinada proposta da empresa ser reprovada na assembleia com empregados, deve-se retornar a discussão com representantes da empresa e sindicato dos empregados para formular uma nova proposta e submeter novamente para aprovação ou não de assembleia com empregados, ou, porventura, a empresa pode desistir da proposta.

Com o advento da Lei n. 13.467 de novembro de 2017, os acordos coletivos ganharam muita força, pois, a partir desta, os acordos coletivos têm prevalência sobre a convenção coletiva e a CLT, desde que, não haja prejuízo ao empregado e não seja usado de má-fé pelos sindicatos de empregados e empresas para retirar benefícios dos empregados.

Respeitando os princípios e fundamentos da lei trabalhista, o instrumento do acordo coletivo é um dos mecanismos contemporâneos para que seja aplicado nas melhorias de condições de trabalho e ao mesmo tempo proporcionar uma relação ganha-ganha entre empregados e empresas, possibilitando aos empregados uma maior qualidade de vida e ao mesmo tempo garantindo a produtividade e resultados empresariais.

Vantagens dos acordos coletivos

Dentre os instrumentos formais existentes no Direito Coletivo do Trabalho, o Acordo Coletivo é o instrumento que de longe demonstra mais vantagens no processo de livre negociação entre Sindicato dos trabalhadores e Empresas, pois, permite as partes envolvidas em processos de negociação coletiva eliminem possíveis conflitos nas relações de trabalho sem envolvimento do Sindicato patronal, negociando diretamente as demandas surgidas na empresa com representantes do Sindicato dos trabalhadores, trazendo vantagens diversas, conforme abaixo:

1. Prevalência sobre Convenção Coletiva e CLT

Com o advento da Reforma Trabalhista por meio da Lei n. 13.467 de novembro de 2017, os Acordos Coletivos firmados entre empresas e sindicato dos trabalhadores tem prevalência sobre a Convenção Coletiva e CLT fortalecendo a concepção de negociações que tenham consonância com a realidade de determinada empresa e suas relações de trabalho específica com as características e necessidades de seus empregados.

2. Mitigação de Conflitos Trabalhistas

O mundo do trabalho envolve uma forte relação entre gestores, empregados e representantes do sindicato da categoria, sendo que nesta jornada muitas discordâncias de aspectos trabalhistas surgem no ambiente de trabalho, e que para evitar que isso se torne um problema trabalhista, pode-se aplicar os acordos coletivos através de livre negociação entre empresa e representantes dos sindicatos para regulamentar acordos e mitigar riscos trabalhistas.

3. Flexibilização nas Negociações Coletivas

Na Convenção Coletiva suas cláusulas são frutos de discussão e negociação de diversos representantes das diversas empresas da categoria com sindicato representante dos trabalhadores, tornando alguns regramentos da CCT engessado e não atendendo demandas específicas de determinadas empresas. Neste contexto, os Acordos Coletivos flexibilizam as negociações coletivas, possibilitam que sejam negociados temas existentes na CCT com regramento mais específico ao negócio e as necessidades de determinada empresa e de seus empregados fortalecendo a livre negociação.

4. Segurança Jurídica

O Acordo Coletivo possibilita uma maior segurança jurídica para as empresas, pois permite formalizar legalmente temas que possam estar descoberto pela Legislação Trabalhista, desde que seja firmado em comum acordo entre Sindicato e Empresa, e que haja a confirmação através de assembleia de trabalhadores.

Considerando tudo que foi explanado e as vantagens elencadas, podemos afirmar que os Acordos Coletivos são o principal instrumento para serem utilizados em estratégias de negociação coletiva para implementar a flexibilização nas relações de trabalho, e assim, tornar menos desproporcional as demandas das relações de trabalho atuais e a sociedade e os negócios disruptivos do século XXI.

APLICAÇÃO DE ACORDOS COLETIVOS

Com o advento do negociado sobre o legislado, existem várias possibilidades de gerarmos flexibilização nas relações do trabalho sem perder eficiência e eficácia nos negócios e ao mesmo tempo gerarmos possibilidades de melhoria na qualidade de vida do empregado. Abaixo alguns exemplos de flexibilização:

1. Banco de Horas por 12 meses

A legislação trabalhista vigente permite que as empresas e empregados firmem diversas formas de Banco de Horas, dentre elas, o aditamento do contrato pelo prazo de 06 meses para participação em Banco de Horas. Já na modalidade de acordo coletivo, as empresas podem implementar Banco de Horas com prazo 12 a 24 meses de duração, considerando ciclos semestral ou anual para fechamento com regras claras e igualitárias validadas pelo sindicato da categoria, mitigando riscos trabalhistas para empresa e para o empregado possibilidade de flexibilização em sua jornada de trabalho.

2. Horário Flexível

O horário flexível é umas das grandes demandas das novas gerações, principalmente a geração "Z", a qual procura empresas que tenham como benefícios a jornada flexível para que possam administrar demandas pessoais com jornada de trabalho. A ideia do horário flexível é ter um horário núcleo, no qual você define um range de horário de entrada e um range de horário de saída, sendo que o empregado deverá cumprir integralmente sua jornada diária de forma flexível no mesmo dia.

3. Compensação e Troca de Dias Pontes com Feriados

Um dos pontos importantes trazidos na Lei n. 13.467, mais precisamente no artigo 611-A, foi item XI que possibilita com segurança jurídica a troca de folga em feriados por dias trabalhados, permitindo que as empresas e empregados negociem folga em dias pontes por trabalho em feriados, possibilitando flexibilizar calendários de trabalho de acordo com a região e seus feriados locais, além de possibilitar a customização da utilização dos recursos produtivos, quando ocorrem paradas em dias intermediários na semana.

4. Semana de Quatro Dias

Um dos avanços na Europa em relação a jornada de trabalho é o trabalho em semana de quatro dias, isso já é possível ser aplicado através da utilização do instrumento de acordo coletivo, pois, possibilita os empregados estenderem sua jornada diária em minutagem para folgar um dia da semana, e assim, possibilitar um maior tempo para cuidados pessoais e maior convívio com a família.

De fato a aplicação dos instrumentos de acordos coletivos possibilitam implementar novas formas de contrato de trabalho, jornada de trabalho, gestão de benefício flex, teletrabaho híbrido e muito mais, cabendo a cada organização discutir com seus empregados, relações trabalhistas e sindicatos, inovações nas relações de trabalho que venham agregar maior valor a vida das pessoas sem perder a produtividade e os resultados organizacionais.

CONSIDERAÇÕES FINAIS

Considerando que o século XXI é o século das mudanças, das transformações, do pensar e agir diferente, o tempo de novas possibilidades e novos desafios, e o mundo do trabalho não pode ficar de fora deste novo contexto social, precisando se adequar as demandas das pessoas de ter um ambiente de trabalho mais flexível e com mais qualidade de vida sem perder o binômio produtividade e resultados organizacionais, acreditamos fortemente que o instrumento de negociação coletiva representado pelos **acordos coletivos** são o mecanismo ideal para flexibilização as relações de trabalho e construir um mundo do trabalho mais harmonioso e com mais qualidade de vida.

REFERÊNCIAS

JOÃO, Paulo Sérgio. *A intervenção mínima do judiciário na autonomia da vontade coletiva.* Disponível em: https://www.conjur.com.br/2018-ago-24/reflexoes-trabalhistas-intervencao-minima-judiciario-autonomia-vontade-coletiva.

MARTINEZ, Luciano. *Curso de direito coletivo do trabalho.* São Paulo: Saraiva, 2022.

MARTINS, Sergio Pinto. *Manual de direito do trabalho.* 14. ed. São Paulo: Saraiva Jur, 2021.

MAIS, Domenico Di. *O ócio criativo.* São Paulo: Editora Sextante, 2012.

SENADO FEDERAL. *Consolidação das leis trabalhistas* — CLT. Disponível em: <https://www2.senado.leg.br/bdsf/bitstream/handle/id/535468/clt_e_normas_correlatas_1ed.pdf>.

SILVA, Homero B. Mateus. Direito do trabalho aplicado volume 1: teoria geral de direito do trabalho e do direito sindical. São Paulo: *Revista dos tribunais*, 2021.

A gestão da relação de trabalho e as novas tecnologias: uma análise dos problemas e soluções na Europa

Ligia Ramia Munerati(*)

1. INTRODUÇÃO

Gestão empresarial é um termo de grande dimensão que abrange diversos campos e competências, sejam essas jurídicas, administrativas ou ainda contábeis. Trata-se de *skills* de grande importância para empresas de todas as dimensões e em todos os setores.

As estratégias adotadas em cada setor têm grande impacto na "saúde" complessiva da companhia e combinar cada uma dessas políticas para o bom andamento dos negócios e para o crescimento da empresa é uma qualidade essencial para um bom gestor.

A gestão de recursos humanos é um setor chave na administração de empresas e uma boa administração dos aspectos trabalhistas podem ter um impacto muito positivo nos resultados, através de aumento na produtividade e diminuição de um dos fatores de maior impacto no balanço da empresa: o custo do trabalho.

Outro aspecto fundamental da gestão de recursos humanos é que está condicionada às leis da cultura trabalhista de cada país e que nem todas as soluções aplicadas no exterior podem ser "importadas" para a realidade brasileira, podendo não serem aceitas culturalmente pelos empregados e empregadores.

Nos próximos parágrafos serão ilustradas diversas criticidades que os novos paradigmas introduzidos pelo avanço tecnológico trouxeram para a gestão dos aspectos trabalhistas nas empresas e principalmente nas relações de emprego na Europa e na Itália e que tem sido objeto de análise e reflexão de vários renomados juristas brasileiros sobre a possibilidade da aplicação de alguns dos conceitos italianos na realidade trabalhista brasileira.

Este capítulo não tem o objetivo de exaurir cada um dos temas que serão ilustrados pois se trata de argumentos complexos e de grande profundidade jurídica, o objetivo do presente capítulo é apresentar ao leitor novos paradigmas e novos pontos de reflexão que possam ajudar na busca de soluções inovativas para serem aplicadas na própria realidade empresarial.

Serão tratadas questões relativas à ética da utilização de novas tecnologias na gestão dos empregados, desde a seleção até a monitoração e a distribuição de tarefas. Em particular será discutida a proposta de diretiva publicada recentemente pela Comissão Europeia e que é, atualmente, objeto de grandes discussões.

A lei trabalhista do novo século está passando por uma profunda transformação morfológica sob o impulso de uma complexidade tecnológica, organizacional, relacional e cultural sem precedentes nos locais de trabalho, transformando também as estratégias empresariais para a gestão de um dos aspectos fundamentais de todas as empresas: o trabalho em todas as suas características do contrato em si, e também às formas de sua prestação dentro e fora da empresa.

(*) Advogada no foro de Roma. Doutora pela Universidade de Roma Tor Vergata.

A característica comum da mudança e o fator acelerador da sua complexidade é sem dúvida a quarta revolução industrial caracterizada pelo desenvolvimento digital, que trouxe uma interconexão contínua e global entre: sistemas de produção, imensas quantidades de dados, máquinas e pessoas. Interligadas em processos cada vez mais inteligentes e conexos, transformando assim o trabalho, a lei que o regulamenta, o próprio trabalhador e como não poderia deixar de ser, a empresa.

2. A GESTÃO DA RELAÇÃO DE TRABALHO E O IMPACTO DA TECNOLOGIA

A interferência das novas tecnologias nas relações de trabalho é visível já antes da instauração de qualquer relação entre o trabalhador e a empresa. É cada vez mais difuso o uso de programas informáticos na seleção de currículos. De fato, o recrutamento de pessoal mudou recentemente sua fisionomia devido ao uso de inteligência artificial (IA) e técnicas de análise de dados na seleção do pessoal a ser contratado.

Hoje, a intervenção do recrutador segue muito frequentemente a da máquina: é o algoritmo de recrutamento que faz a primeira triagem dos currículos e admite candidatos para a próxima fase de seleção. Um algoritmo é uma sequência de instruções que diz a um computador o que fazer. O algoritmo mais simples de se pensar é aquele que consegue acionar uma simples mudança; o algoritmo mais incrivelmente avançado é aquele que consegue computar milhões e milhões de dados; aquele com potencial inexplorado é o algoritmo de aprendizado; e aquele a que os estudos sobre novas tecnologias aspiram é o algoritmo "definitivo", ou seja, aquele capaz de deduzir dos dados todo o conhecimento deste mundo, passado, presente e futuro.

Algoritmos estão entre nós e na "infosfera", criando uma realidade "informativa" que se funde e se sobrepõe cada vez mais à realidade material[(1)]. Os algoritmos põem em marcha um processo constante de decodificação da realidade em termos lógico-matemáticos: registram, transmitem, computam, processam, extrapolam, mas também manipulam, dados e informações a um ritmo incessante. Não se trata, como dizem hoje, de um futuro distópico, mas sim de uma realidade que se concretiza quotidianamente nos contextos de produção e de trabalho.

2.1. Seleção algorítmica e ética: o direito antidiscriminatório a prova de IA

Apesar do fato de que a figura humana não foi substituída, começa-se a ver no mundo corporativo uma pequena tendência para delegar alguns processos de tomada de decisão e gestão à IA, que, no curso de sua curta história, trouxeram numerosas vantagens, consistindo sobretudo na rapidez de gestão e organização garantida pelo uso da IA.

A inevitabilidade da utilização e da difusão das ferramentas de IA e de formas automatizadas de realizar processos de RH é indiscutível e tal fato foi incentivado tornando-se cada vez mais necessário pela situação pandêmica que caracterizou os anos 2020 e 2021, todavia, a confiança nos mecanismos tecnológicos dos processos de RH envolvendo trabalhadores certamente também traz riscos, por exemplo, no caso de da IA atuar comportamentos discriminatórios no momento da seleção dos candidatos.

No que se refere ao recrutamento, a automatização das atividades tende a otimizar o tempo, tornar os processos mais eficientes e reduzir a contribuição humana, o que traz

(1) Para uma visão mais detalhada do tema da discriminação algorítmica na jurisprudência italiana v. "Informatizzazione dei processi decisionali e diritto del lavoro: algoritmi, poteri datoriali e responsabilità del prestatore nell'era dell'intelligenza artificiale"; L Zappalà — WP CSDLE "Massimo D'Antona". IT, 2021 — csdle.lex.unict.it

consigo preconceitos e julgamentos subjetivos, nos estágios iniciais da seleção de pessoal. Para serem eficazes, os algoritmos devem ser desenvolvidos corretamente, permitindo uma seleção baseada em parâmetros claros, objetivos e éticos. Caso contrário, seu uso poderia levar ao risco potencial de discriminação de algumas categorias de candidatos. A característica principal do algoritmo da IA é o fato de não ter a capacidade de julgar racionalmente as informações que recebe, mas de interpretar e processar essas informações de maneira puramente estatística. O funcionamento do algoritmo é puramente matemático e baseado no processamento de dados transmitidos por seres humanos e com a finalidade de obter um determinado resultado. Desta forma, o problema fundamental está na ética das informações que instruem o algoritmo e dos valores contidos em tais dados, portanto, em vez de falar sobre a ética da IA, é seguramente mais apropriado falar sobre ética para a IA(2).

Surgem problemas em relação aos chamados enviesamentos dos resultados obtidos pelos algoritmos, estes, todavia, refletem aquelas atitudes discriminatórias inerentes à sociedade, como, por exemplo, o sexismo e o racismo, que, como consequência, passam a influenciar a atividade ordinária dos algoritmos. No caso de os dados transpostos implicarem referências a características físicas ou étnicas do candidato, poderão surgir situações de natureza discriminatória.

Consideremos, alguns casos emblemáticos, como o que se verificou com a Amazon que em 2014 usou um algoritmo de recrutamento baseado na avaliação dos candidatos, pontuando-os em uma escala de 1 a 5. No entanto, houve discriminação contra candidatas, que foram automaticamente descartadas pelo algoritmo. Isso se deveu ao fato de o algoritmo ter tomado como referência os currículos apresentados à Amazon nos últimos dez anos, que eram em sua maioria candidatos do sexo masculino(3).

O risco de discriminação não se limita à questão da seleção de candidatos para uma determinada posição, pois não havendo a IA uma "consciência" e por tratar-se de um sistema informático- matemático que atua por meio da análise de dados sem poder avaliar a "ética" de tais dados ou do resultado da avaliação, a possibilidade que se verifiquem resultados discriminatórios é quase inevitável em todos os âmbitos de aplicação.

Outros riscos éticos também podem ocorrer nas áreas de avaliação e retenção: por exemplo, pode ser um risco basear as diferentes maneiras de avaliar o funcionário sobre os julgamentos expressos pelos colegas, já que o software AI, ao reunir e interpretar tais dados, poderia registrar certos enviesamentos, às vezes baseados em ações de vingança. Nesses casos, a revisão "humana" do relatório final produzido pelo software poderia ser fundamental para realizar uma avaliação mais realista do funcionário e não infringir o direito de ser avaliado apenas pela sua própria competência (conforme previsto pelo artigo 8º do Estatuto. Lav.).

---

(2) Para uma análise mais detalhada sobre o tema v. Chiriatti, Massimo, *"#Humanless: L'algoritmo egoísta"*, Milão: Hoepli, 2019.

(3) A experiência realizada em Amazon foi implementada em 2015 num momento crucial para o gigante do comércio eletrônico: o aprendizado de máquinas estava ganhando terreno e o departamento de recursos humanos da Amazônia se preparava para triplicar seu pessoal. A tarefa da equipe do projeto no centro de engenharia da Amazônia, em Edimburgo, era a de desenvolver uma inteligência artificial capaz de rapidamente analisar os currículos das pessoas que haviam se candidatado a um emprego e identificar os melhores candidatos.
No entanto, ao preparar o programa, os engenheiros ensinaram o AI a se referir aos currículos apresentados à companhia durante um período de dez anos, criando assim o fator discriminatório: a maioria deles, de fato, veio de homens. Assim, o sistema criado pelos especialistas em aprendizagem de máquinas havia ensinado a si mesmo que é melhor contratar candidatos masculinos. Sobre o assunto, entre muitos artigos de imprensa, v. J. DUSTIN, Amazon scraps secret AI recruiting tool that showed bias against women, Reuters, 11 ottobre 2018, che per primo diede la notizia del funzionamento discriminatorio dell'algoritmo impiegato, e, anche, J. LAURET, Amazon's sexist AI recruiting tool: how did it go so wrong?, in becominghuman.ai, 16 agosto 2019.

No direito italiano um caso muito importante foi o da Deliveroo onde foi comprovada a ação discriminatória do algoritmo com relação ao *riders* sindicalizados, o caso em questão dizia respeito ao uso de um "algoritmo de atribuição" que, a partir do histórico das sessões de trabalho marcadas e não canceladas pelo *rider* dentro do prazo contratual, atribuía uma pontuação ao trabalhador, o que então condicionava suas chances de entrar em novas marcações no sistema, levando assim a uma possível redução de suas chances de acesso ao trabalho. A decisão do Tribunal de Bologna de 31 de dezembro de 2020(4) observa a natureza discriminatória da conduta do empregador: por um lado, o sistema adotado deu aplicação a uma disposição aparentemente neutra (o regulamento contratual sobre o cancelamento antecipado das sessões marcadas) capaz de colocar uma certa categoria de trabalhadores (aqueles que participam de iniciativas de abstenção sindical) numa posição de potencial desvantagem; por outro lado, a companhia ré não eximiu-se devidamente do ônus da prova relativa aos fatos que impedem o caso, ou seja, da justificativa do tratamento, por não ter provado a existência de um objetivo legítimo e a adequação e necessidade dos meios empregados para alcançá-lo.

No caso mencionado, as fontes da lei antidiscriminação italiana provam ser adequadas para a determinação da ilegitimidade da conduta do empregador em um contexto organizacional caracterizado pelo uso de algoritmos(5). É importante ressaltar que como no caso de Amazon a discriminação atuada pelo algoritmo deriva da projetação do instrumento informático, que por ser uma combinação de processos e equações matemáticas reflete exatamente o *input* que foi dado pela empresa, sem filtros éticos que são presentes apenas se inseridos no programa. Desta forma, a inteligência artificial reflete a política e a cultura da empresa, sem filtros, devendo ser uma preocupação do empregador monitorar constantemente a atuação do mesmo, devendo intervir na correção de processos que se traduzissem em comportamentos discriminatórios, dando maior clareza aos mecanismos utilizados e permitindo a intervenção de representantes dos trabalhadores na projetação e na correção de eventuais processos que tenham como objetivo a gestão de pessoas.

3. MANAGEMENT DE RECURSOS HUMANOS POR MEIO DE INTELIGÊNCIA ARTIFICIAL E SUPERVISÃO HUMANA

Nos últimos anos, a Inteligência Artificial e a gestão algorítmica têm sido empregadas em grande escala. O exemplo mais gritante é a introdução pela Amazon de dispositivos que, apesar de sua praticidade, onde permitidos pela lei local, são utilizados largamente e monitoram a produtividade dos trabalhadores e até mesmo a duração das pausas no banheiro, resultando em repetidas contestações disciplinares aos empregados. Em muitos casos o controle invasivo da produtividade levou à rescisão algorítmica do contrato. Outro exemplo diz respeito a sociedade Uber, que também é conhecido por "demissão robótica": milhares de motoristas são demitidos porque são acusados de fraude, como por exemplo, de redução de tarifas.

As formas de trabalho em plataformas digitais têm sido o banco de ensaio para o monitoramento tecnológico dos empregados: a pandemia generalizou essas técnicas, que agora representam um importante ponto de inflexão para os direitos trabalhistas.

(4) Para uma leitura mais detalhada do caso em particular com relaçao aos aspctos ligados à conduta antisindacal v. Massimiliano Cuomo, Nota a sentenza. Tribunale di Bologna sez. Lavoro del 30.06.21, in <https://www.lavorodirittieuropa.it/images/cuomo_3.pdf>.

(5) Para aprofundar os elementos relativos ao caso aqui tratado v. Peruzzi, M. (2021). Il diritto antidiscriminatorio al test di intelligenza artificiale. Labour & Law Issues, 7(1), I.48-I.76.

Na administração algorítmica de recursos humano o maior desafio é não permitir que os funcionários sejam reduzidos a dados operacionais, a insumos que podem ser processados exclusivamente pela máquina, em avaliações que são o resultado de um cálculo de dados que não podem ser controlados ou verificados pelo empregado sujeito a tal avaliação, dados estes que podem ser adquiridos através de práticas de gamificação[6] através do qual o empregado é inserido no contexto corporativo da empresa. É exatamente por meio da gamificação, por exemplo, que o empregador, com a ajuda das novas tecnologias digitais, introduz na gestão da relação de trabalho elementos semelhantes ao jogo, tais como regras, sistemas de feedback, pontuações, classificações, recompensas e interfaces de usuário semelhantes aos jogos de vídeo, com o objetivo, por um lado, de tornar o trabalho mais motivador, mais divertido e, portanto, espera-se, mais produtivo, e, por outro, de permitir um acompanhamento constante, pontual e imediato das atividades de seus empregados.

Por trás de programas de gamificação podem esconder não somente formas muito extensas e invasivas de monitoramento de desempenho dos empregados, mas também processamento automatizado de dados, possíveis pesquisas sobre as opiniões dos funcionários, mecanismos para vincular a produtividade monitorada através do jogo ao pagamento de incentivos ou promoções e/ou a demanda, se não a demanda, de desempenho particular esperado sem qualquer forma adicional de remuneração; A gamificação dos processos de avaliação e seleção de pessoal também pode ser o campo de observação para comportamentos negligentes ou mesmo apenas objetivamente improdutivos que abram a porta para processos disciplinares e de rescisão do contrato de trabalho, ou para reorganizações internas destinadas a eliminar ou a marginalizar empregados menos produtivos.

As IAs que administram o trabalho humano têm a capacidade, também graças ao uso de grandes dados, de gerar novas informações pessoais a partir de dados que não são pessoais, devolvendo uma projeção digital do trabalhador em carne e osso, em relação à qual este último pode não ter consciência: quando a IAs é usada, como no caso dos ambientes de trabalho, para traçar o perfil e tomar decisões sobre as pessoas, ela faz uso tanto de dados pessoais quanto de *big data*[7] para gerar novas informações sobre as pessoas sujeitas ao processo decisório.

---

(6) "Gamificação" (derivação de "game" = jogar). É um sistema de avaliação das aptidões de uma pessoa com base nos resultados de jogos realizados fora do contexto de jogo. O pressuposto em que se baseia a gamificação é que o jogo, como momento fundamental da existência de um indivíduo, encoraja o desapego da rotina e da vida cotidiana e facilita comportamentos que normalmente não surgem num contexto social codificado; leva o protagonista do jogo a expressar características naturais, instintivas e normalmente reprimidas. A aplicação do jogo no ambiente de trabalho favorece o surgimento das características pessoais do trabalhador: de fato, ao apresentar um objetivo (competitivo ou cooperativo) que consiste em alcançar um determinado resultado (vencer), ele se dá de acordo com uma série de parâmetros e limites pré-estabelecidos conhecidos pelos jogadores (regras do jogo). Ao aplicar o esquema de jogo (especialmente o competitivo) no contexto da avaliação dos empregados, é possível compreender qual tipo de tarefa será mais adequada ao empregado e se ele ou ela é adequado para um determinado tipo de função. O uso da estratégia de gamificação é de interesse para o recrutamento de especialistas, pois proporciona excelentes ferramentas para a seleção de pessoal e, em particular, ajuda a destacar o melhor trabalhador em termos de capacidade de resolução de problemas, adaptação, aptidões, etc.

(7) O termo Big Data, que geralmente se tornou parte de nosso jargão informático, refere-se literalmente à vasta quantidade de dados e informações que são adquiridos e administrados diariamente por companhias ou organizações. Mais do que a magnitude desses dados, porém, o que chama a atenção é seu uso, ou seja, como eles podem ser analisados a fim de extrapolar informações importantes para todas aquelas companhias que lidam com estatísticas e análises de mercado. Compreende-se, portanto, como é indispensável poder administrar esses dados, ou seja, possuir instrumentos tecnológicos capazes de tornar um fluxo constante de informações algo socialmente útil e utilizável.

Se trata de resultados "construídos" pelos chamados *big data analytics*[8], que podem influenciar a avaliação do desempenho do empregado e a possível imputação de responsabilidades disciplinares ao próprio empregado, ou mesmo apenas na adoção de tratamento pejorativo, discriminatório ou retaliatório em relação a ele, ligado à má imagem que o gerente algorítmico tem feito daquele empregado.

Diante da enorme pervasividade dos poderes do empregador que são exercidos na gestão algorítmica (exacerbada com o utilizo de *big data analytics*), a União Europeia decide intervir normativamente com clara intenção de proteção do trabalhador contra a utilização de tecnologia que pode levar a uma grande ingerência na vida privada do cidadão, buscando a aplicação do princípio da ética e da transparência dos tratamentos automatizados que produzem efeitos jurídicos passíveis de afetar diretamente a pessoa.

Trata-se da introdução de um princípio extremamente importante, não estritamente trabalhista, contido no artigo 22 do Regulamento Geral sobre a Proteção de Dados – GDPR[9], que poderia encontrar espaços relevantes de aplicação na legislação trabalhista da economia digitalizada. O regulamento (que tem o objetivo de proteger a dignidade da pessoa e de seus dados sensíveis sempre que estes estejam envolvidos em processos automatizados de processamento e utilização informática) mesmo não inibindo o uso de sistemas de decisão algorítmica, obriga a parte que processa os dados a prever certos critérios e mecanismos técnicos que garantam a revisão da decisão final do algoritmo por parte de uma pessoa especializada, reequilibrando assim a desproporção do poder contratual em relação aos prestadores de serviços expostos a decisões algorítmicas automatizadas.

Naturalmente, para que o prestador de serviços possa aproveitar utilmente o "direito de pedir intervenção humana" e o direito de "contestar", ele deve estar ciente de como a máquina funciona; para tanto os interessados deverão ser informados pelo controlador dos dados sobre os fins e métodos usados para coletar e analisar os dados, bem como sobre os possíveis usos que a inteligência artificial pode fazer de seus dados pessoais.

4. O MANAGEMENT ALGORÍTMICO: PROPOSTA DE REGULAÇÃO DA COMISSÃO EUROPEIA COM RELAÇÃO AO TRABALHO REALIZADO ATRAVÉS DE PLATAFORMAS DIGITAIS

A Proposta de Diretiva COM (2021) 762, de 9 de dezembro de 2021 da Comissão Europeia tem o objetivo de melhorar as condições de trabalho e aumentar os níveis de proteção

(8) 8 Big data analytics consiste em usar técnicas analíticas avançadas com respeito a conjuntos de dados muito grandes e diversos, inclusive dados estruturados, semiestruturados e não estruturados, de fontes diferentes e de tamanhos diferentes, de terabytes a zettabytes. Usada em modo virtuoso, a Big Data Analytics permite que analistas, pesquisadores e usuários empresariais tomem decisões mais precisas e rápidas usando dados anteriormente inacessíveis ou inutilizáveis. As empresas podem usar técnicas analíticas avançadas, tais como análise de textos, aprendizagem de máquinas, análise preditiva, mineração de dados, estatística e processamento de linguagem natural, para obter novas percepções de fontes de dados anteriormente inexploradas, seja independentemente ou junto com os dados comerciais existentes.

(9) O mencionado artigo 22 do prevê a proibição geral de submeter um indivíduo a processos automatizados de tomada de decisão, incluindo a elaboração de perfis. Entretanto, o artigo 22, parágrafo 1º do GDPR esclarece o escopo de aplicação das regras pertinentes, que se limita a hipóteses em que o processo automatizado de tomada de decisão produz efeitos legais, ou afeta significativamente o indivíduo e a decisão se baseia inteiramente no processamento automatizado de dados. Naturalmente, há exceções à proibição, segundo a qual a pessoa em causa pode estar sujeita a decisões automatizadas, incluindo a definição de perfis, quando o tratamento for necessário para a conclusão ou execução de um contrato entre a pessoa em causa e o responsável pelo tratamento de dados, quando o tratamento for autorizado por uma lei ou regulamento, que também prevê medidas apropriadas para proteger os direitos das pessoas em causa, ou quando houver consentimento explícito para o tratamento. No primeiro e terceiro casos, o responsável pelo tratamento de dados deve implementar medidas apropriadas para proteger os direitos, liberdades e interesses legítimos da pessoa interessada.

daqueles que realizam trabalhos através de plataformas digitais. Para tanto, estrutura sua intervenção reguladora em três núcleos reguladores, que se referem respectivamente: a qualificação legal de tais relações de emprego, introduzindo uma presunção de subordinação (arts. 3-5); a gestão algorítmica do trabalho através de plataformas digitais, promovendo transparência, justiça e responsabilidade (arts. 6-10); e a transparência do trabalho das plataformas em benefício das autoridades nacionais (arts. 11-12). Disposições corretivas e de aplicação (arts. 13 e seguintes) completam o quadro legal.

A proposta de diretiva adota nas disposições do Capítulo III intitulado "Gestão Algorítmica", medidas que visam aumentar a transparência no uso de algoritmos na gestão do trabalho realizado através de plataformas digitais, introduzindo a obrigação de prestar informações sobre os sistemas automatizados utilizados na tomada de decisões e no monitoramento do trabalho (artigo 6º), assegurando a supervisão de um humano sobre as decisões tomadas pela AI, em particular, quando se tratar de casos relativos ao realização das condições de trabalho (artigo 7º) e instituindo o direito do trabalhador de contestar decisões automatizadas (artigo 8º).

Tais direitos foram reconhecidos tanto aos empregados (qualificados desta forma através da presunção de vínculo de emprego introduzida pelo projeto de diretiva[10][11]), quanto aos trabalhadores autônomos. Com efeito, o segundo parágrafo do artigo 1º prevê que a proteção das pessoas físicas em relação ao tratamento de dados pessoais no contexto do processamento algorítmico também se aplicam "a todas as pessoas que realizam trabalhos através de plataformas digitais na União", ou seja, como definido no artigo 2º da Proposta, qualquer pessoa física que realize trabalhos através de plataformas digitais, independentemente da qualificação contratual da relação entre essa pessoa e a plataforma de trabalho digital.

Os Estados membros da União Europeia devem exigir que as plataformas informem os próprios trabalhadores sobre os sistemas automatizados de monitorização utilizados para monitorizar, supervisionar ou avaliar a execução do trabalho pelos trabalhadores das plataformas através de meios eletrônicos e também com relação aos sistemas utilizados nas tomadas de decisões que afetem significativamente as condições de trabalho dos trabalhadores das plataformas, nomeadamente: a atribuição de tarefas, a remuneração, a segurança e saúde no trabalho, o tempo de trabalho, as decisões de promoção e a situação contratual, incluindo a restrição, suspensão ou encerramento dos perfis pessoais. A proposta impõe às plataformas a obrigação de monitorarem e avaliarem periodicamente o impacto das decisões algorítmicas sobre as condições de trabalho, e não apenas no momento de sua introdução, evitando desta forma distorções que possam levar a comportamentos discriminatórios.

Sem prejuízo das disposições da União Europeia em matéria de saúde e segurança no trabalho, as plataformas devem realizar uma avaliação dos riscos específicos que os sistemas automatizados de tomada de decisão e controle que utilizam podem acarretar para a saúde e segurança de seus trabalhadores, com particular referência aos riscos psicossociais e ergonômicos, bem como aqueles relacionados com possíveis acidentes de trabalho. É obrigação das plataformas também avaliar a adequação das garantias que os sistemas automatizados

(10) Com relação a presunção de vínculo de empregatício inserido pela Comissão Europeia é claro o referimento ao direito espanhol, em particular aos julgados (que culminaram na publicação de uma lei a chamada Ley Riders, Real Decreto-ley 9/2021) relativos ao caso dos entregadores a domicílio que trabalhavam mediante plataformas digitais.

(11) Sobre o tema v. o interessante artigo de M. Biagi e W. B. Gould IV "The Rebuttable Presumption of Employment Subordination in the US ABC-Test and in the EU Platform Work Directive Proposal: A Comparative Overview", talian Labour Law e-Journal Issue 1, Vol. 15 (2022), no qual os autores comparam a presunção de vínculo de emprego com os parâmetros determinados pelo case law do Estado da Califórnia.

utilizados oferecem, levando em conta as características específicas do ambiente de trabalho, e introduzir medidas adequadas de prevenção e proteção.

As plataformas são obrigadas a usar sistemas automatizados de tomada de decisão e de monitoramento de tal maneira que não possam pôr em perigo ou prejudicar a saúde física e mental dos trabalhadores, ou colocá-los sob pressão indevida (art. 7º, parágrafo 2º). Com essas disposições, o legislador europeu mostra que está bem ciente da dinâmica de gestão e dos métodos operacionais típicos das plataformas, que não hesitam em desencadear um comportamento competitivo entre os trabalhadores.

A proposta de diretiva defende, portanto, o princípio do monitoramento humano dos sistemas automatizados, dando aos Estados membros a tarefa de exigir que as plataformas digitais providenciem, na medida do que se supõe ser "suficiente", com recursos humanos dedicados, competentes e treinados, dotados dos poderes necessários para exercer essa função de monitoramento. Esses trabalhadores devem dispor de tutelas adequadas contra qualquer comportamento retaliatório a que possam estar expostos por não aceitarem as decisões ou sugestões automatizadas do sistema (Art. 7º, parágrafo 3º).

De acordo com o previsto na proposta de diretiva a intervenção humana é necessária não apenas no que diz respeito ao monitoramento dos sistemas automatizados, mas também na revisão de decisões tomadas com relação às condições de trabalho. Os Estados-Membros devem, de fato, garantir aos trabalhadores das plataformas o direito a uma explicação com relação às decisões automatizadas que os afetam, assegurando que as plataformas designem uma pessoa de contato competente, treinada e habilitada "para informar e esclarecer os fatos, circunstâncias e razões de tal decisão". Em particular, para decisões que sejam mais prejudiciais aos trabalhadores, tais como aquelas relativas à qualificação da relação de emprego, ao não pagamento pelo trabalho realizado ou ainda a suspensão ou desativação da conta, as razões devem ser dadas por escrito (art. 8º, parágrafo 1º).

Caso os trabalhadores não estiverem satisfeitos com a explicação dada pelo responsável da plataforma ou sentirem que as decisões automatizadas tomadas os prejudicaram, eles têm o direito de solicitar uma revisão. A plataforma deve fornecer uma resposta fundamentada e oportuna a esse pedido, o mais tardar uma semana após seu recebimento[(12)]. Se for estabelecido que os direitos do empregado foram violados como resultado da decisão automatizada, a plataforma deverá retificar essa decisão ou, se não houver tal possibilidade, oferecer a remuneração apropriada. Como se trata de mecanismos de intervenção *ex post*, o risco de que a eliminação dos efeitos que já ocorreram e a restauração do *status quo ante* seja impraticável é alto, com a consequência de que o sistema de proteção compensatória pode ser o sistema predominantemente aplicado. Em todo caso, os procedimentos de demissão previstos pela lei nacional (Art. 8º, parágrafos 2º-4º) permanecem inalterados.

O projeto de diretiva também prevê o envolvimento dos representantes dos trabalhadores (artigo 9º), aos quais são concedidos direitos específicos de informação e consulta, bem como a possibilidade dada aos trabalhadores de recorrerem à assistência de pessoal especializado, caso o considerem útil.

Com relação à ação sindical e a negociação coletiva pouco foi feito, pois a proposta apenas exige que os Estados membros assegurem que as plataformas digitais informem e consultem os representantes dos empregados sobre decisões que envolvam a introdução

(12) Como determinado no artigo 8º, parágrafo 2º da proposta, "No que diz respeito às plataformas de trabalho digitais que sejam micro, pequenas ou médias empresas, os Estados-Membros podem prever que o prazo de resposta referido no primeiro parágrafo seja de duas semanas".

ou adoção de mudanças substanciais no uso de sistemas automatizados de monitoramento e tomada de decisões, não existindo o dever de negociar alterações ou novos mecanismos, desta forma uma vez informados e ouvidos os pareceres dos representantes a empresa, poderá implementar a mudança mesmo quanto os representantes dos trabalhadores forem contrários a esta.

A fim de examinar os assuntos sujeitos a informação e consulta e de formular um parecer, os representantes dos trabalhadores da plataforma ou os trabalhadores interessados, na ausência dos primeiros, quando o considerarem necessário, poderão ser assistidos por um especialista de sua escolha. E caso a plataforma tenha mais de 500 trabalhadores em um Estado membro deverá suportar os custos relativos a tal atividade de suporte, desde que sejam proporcionais.

A fraqueza do papel reconhecido ao sujeito coletivo é certamente um dos aspectos críticos da Proposta de Diretiva, que corre o risco de minar o princípio da abordagem centrada no ser humano, se considerarmos que contrariar a opacidade dos sistemas de gestão algorítmica significa basicamente intervir para impor limites aos poderes do empregador com o objetivo principal de proteger a dignidade do trabalhador.

5. CONCLUSÃO

O relatório "Algorithmic management and collective bargaining", publicado pelo Instituto Sindical Europeu (ETUI), destaca os riscos associados à implementação da Inteligência Artificial (IA) e da gestão algorítmica, desde os processos automatizados de contratação e demissão até o monitoramento constante da vida privada.

A vigilância no local de trabalho e o controle da produção não é uma novidade, mecanismos que os possibilitam existem desde a Revolução Industrial, é a chamada "gestão científica" do trabalho: a grande novidade e ou a "revolução" o que o relatório da ETUI aponta é a capacidade da tecnologia contemporânea de controlar e subordinar os empregados aos objetivos da empresa, uma capacidade que com ferramentas como a *big data analytics*, excede qualquer supervisão humana implementada no passado.

A evolução tecnológica traz novos desafios para as empresas em todos os seus âmbitos e, naturalmente, tem um forte impacto na vida dos trabalhadores e na gestão das relações de emprego. Com a introdução da gestão algorítmica e a análise massiva de dados possibilitada pela *big data analytics* novos paradigmas surgem e é necessário avaliar eticamente e legalmente a legitimidade da utilização de tais informações que estão absolutamente fora do controle do empregado.

A transformação do trabalho, com a mudança radical para o trabalho remoto durante a pandemia da Covid-19, acelerou o processo de implementação de inteligência artificial e das ferramentas baseadas em algoritmos destinados a administrar e avaliar o desempenho dos funcionários que trabalham a partir de casa. As medidas necessárias para proteger os trabalhadores das ameaças que tais instrumentos podem representar para a privacidade e a saúde mental estão começando a existir, mas estão avançando muito lentamente.

Questões como discriminação mediante atuação da AI ou ainda a distribuição de tarefas ou a avaliação de desempenho feita exclusivamente através de processos informáticos, são algumas das novas problemáticas que o gestor de recursos humanos do século XXI deve enfrentar.

Nessa era de mudanças, a proposta de Diretiva relativa ao melhoramento das condições de trabalho nas plataformas digitais e a proposta de Regulamento de Inteligência Artificial da EU não asseguram aos trabalhadores que seus direitos sejam protegidos das práticas de vigilância, deixando ainda ampla discricionariedade na implementação das proteções para o empregador, que pode fazê-las valer como ele julgar conveniente.

A falta de legislação adequada abre caminho para a industrialização do trabalho, com empregados tratados mais como meras engrenagens em uma máquina do que como membros de uma equipe. A obsessão da era digital em quantificar todos os aspectos da vida é vista como uma abordagem racional em direção ao aumento da produção e do lucro, mas a precisão e o monitoramento algorítmico não possuem *skills* subjetivas e não podem avaliar o valor de determinadas qualidades inestimáveis, intrinsecamente humanas (como a empatia por exemplo) que, portanto, correm o risco serem consideradas supérfluas.

O tema "management algorítmico" gera ainda insegurança aos trabalhadores e esta é reforçada pela falta de transparência que caracteriza a implementação da gestão algorítmica, não obstante a maioria dos empregados usarem um ou mais dispositivos fornecidos pelo empregador, mas pouco mais da metade está ciente de que estão sendo constantemente monitorados.

A transparência dos processos informáticos envolvidos na gestão dos aspectos trabalhistas e a necessidade de um contínuo controle humano das decisões tomadas pela Inteligência Artificial e da aplicação dos parâmetros estabelecidos pela empresa serão essenciais por e devem ser realizados por pessoas que tenham competências específicas para tanto, assim como uma limitação dos dados que podem ser objeto de análise na relação de emprego.

Nos casos julgados pela justiça do trabalho italiana, em particular, no caso analisado no parágrafo 3º acima, vimos como a lei antidiscriminação pode ser aplicada salvaguardando os direitos dos trabalhadores que eram penalizados pelo algoritmo na distribuí as tarefas, não sendo necessária a produção de uma legislação sancionatória específica.

Com a proposta de Diretiva relativa ao melhoramento das condições de trabalho nas plataformas a União Europeia está respondendo aos desafios do mundo do trabalho com uma proposta de normativa onde que é tratada especificamente a questão do trabalho em plataformas digitais com a intenção de regulamentar o status de tais dos trabalhadores, questão altamente controversa no território europeu (e não só) considerando que até dezembro de 2021 houve mais de 100 decisões do Tribunal da União Europeia e 15 decisões administrativas exatamente sobre a questão da natureza subordinada ou autônoma da relação.

O objetivo que a União Europeia junto aos Estados membros está procurando alcançar é garantir maior segurança jurídica na utilização de novas tecnologias, para que as empresas que as utilizam possam mover-se dentro dos limites da legalidade, reduzindo ao mesmo tempo os custos do litígio, em síntese o objetivo é apoiar o crescimento sustentável das empresas da *gig economy* e assegurar maior transparência no uso dos mecanismos algorítmicos que regulam o trabalho.

A maior criticidade encontrada no atual momento, para a qual será necessário a intervenção do legislador nacional e europeu, vista a grande resistência das empresas (não apenas na Europa, mas principalmente nos países de *common law* onde o índice de sindicalização é baixo) será com certeza a negociação das empresas com o sindicato de questões como a definição dos parâmetros, a determinação dos limites das informações que podem ser legitimamente utilizadas, o modo de "coleta" de tais informações e das fórmulas que serão inseridas na Inteligência Artificial para a gestão e as decisões que esta poderá tomar com relação à gestão dos empregados, inserindo desta forma um novo capítulo de caráter informático nos contratos coletivos.

REFERÊNCIAS

BALLESTRERO M. V., *Ancora sui rider*. La cecità discriminatoria della piattaforma, in Labor, 2021, 1, 104 ss.

BRAVO F., *Trasparenza del codice sorgente e decisioni automatizzate, in Diritto dell'informazione e dell'informatica,* 2020, 4, 693 ss.

CARUSO B. – Zappalà L. , *Un diritto del lavoro "tridimensionale"*: valori e tecniche di fronte ai mutamenti dei luoghi di lavoro, WP CSDLE, It. n. 439/2021

COMANDÈ G., Intelligenza artificiale e responsabilità tra liability e accountability. Il carattere trasformativo dell'IA e il problema della responsabilità, in *Analisi giuridica dell'economia*, 2019, 172 ss.

FAIOLI M., Discriminazioni digitali e tutela giudiziaria su iniziativa delle organizzazioni sindacali, in *DRI*, 2021, 204 ss.

FALLETTI E., *Decisioni automatizzate e diritto alla spiegazione*: alcune riflessioni comparatistiche, in Diritto dell'informazione e dell'informatica, 2020, 2, 169 ss.

GAUDIO G., *Algorithmic management, poteri datoriali e oneri della prova*: alla ricerca della verità materiale che si cela dietro l'algoritmo, in LLI, 2020, 2, 21 ss.

GOTTARDI D., Giustizia retributiva e trasparenza, in *Studi in Memoria di Massimo Roccella*, ESI, 2021, in corso di pubblicazione.

MAIO V., Il diritto del lavoro e le nuove sfide della rivoluzione robotica, in *ADL*, 2018, 6, 1414 ss.

Massimiliano Cuomo, Nota a sentenza. *Tribunale di Bologna sez.* Lavoro del 30.06.21 Adams--PRASSL J., *What if Your Boss was an Algorithm?*, in CLL&PJ, 2019, 41, 1, 123 ss.

MONACO M. P., *Controlli a distanza sui lavoratori*: evoluzione, riforme e privacy, in Labor, 2021, 2, 155 ss.

PACELLA G., *La nozione euro-unitaria di lavoratore dipendente alla prova della gig-economy:* si pronuncia la Corte di giustizia europea, in LLI, 1, R.17.

PERULLI A., *La discriminazione algoritmica*: brevi note introduttive a margine dell'Ordinanza del Tribunale di Bologna, in LDE, 2021, n. 1

RUFFOLO U., Intelligenza artificiale, machine learning e responsabilità da algoritmo, in *GI*, 2019, 7, 1657 ss.

SALENTO A., *Digitalizzazione delle imprese e trasformazione delle competenze.* Quadro analitico e riscontri empirici, in Labor, 2019, 2, 131 ss.

SANGUINETTI G., Machine Learning: accuratezza, interpretabilità e incertezza, in Ithaca: Viaggio nella Scienza, 2020, 16, 71 ss.

SARTORI A., *Il controllo tecnologico sui lavoratori,* Giappichelli, 2020 SCHILDT H., *The Data Imperative*, OUP, 2020

SITZIA A. – Crafa S., *Impronte digitali, algoritmo e trattamento di dati personali*: questioni di "law and technology", in LG, 2019, 3, 245 ss.

TULLINI P., *La salvaguardia dei diritti fondamentali della persona che lavora nella gig-economy, in costituzionalismo*. it, 2020, 1, 39 ss.;

Reforma Sindical, um grande desafio

Luciana Nunes Freire(*)

Há um anseio na sociedade brasileira: o Brasil precisa de avanços econômicos, tecnológicos e sociais, principalmente após a pandemia do Coronavírus que assolou o País e o mundo. Para que haja mais empregos, mais progresso, mais riqueza e melhor distribuição de renda, há reformas estruturais que devem estar na pauta prioritária do Brasil.

A ineficiência do Estado, inclusive com relação aos procedimentos administrativos, reconhecidamente burocráticos, e o tamanho da máquina pública, tem demandado a realização urgente de uma Reforma Administrativa.

A excessiva carga tributária, que tira a competitividade dos produtos brasileiros, que sufoca o comércio, o setor de prestação de serviços e de transformação, também requer atenção dos parlamentares brasileiros para uma Reforma Tributária que com simplificação e redução de impostos possa alavancar o desenvolvimento econômico brasileiro.

Também merece destaque uma Reforma Política que organize melhor o caótico sistema de representação brasileiro, o que poderia reduzir as instabilidades políticas e resultar numa elevação da qualidade do processo legislativo, criando um ambiente propício para o avanço das outras reformas.

Superando esse cenário legislativo de reformas necessárias e fundamentais para viabilizar o crescimento do País, vejo que a Reforma Sindical voltará a ser pauta, pois as relações trabalhistas e sindicais ainda buscam definições sobre representações, legitimidade e a necessidade de aperfeiçoamento do sistema sindical brasileiro, iniciado com a modernização trabalhista de 2017.

Primeiramente vale lembrar que em nosso arcabouço jurídico, o atual sistema sindical brasileiro é formado por Sindicatos, Federações, Confederações e Centrais Sindicais.

Foi na década de 1940 que o Governo Vargas editou o Decreto-Lei n. 5.452, de 10 de maio de 1943, que consolidou as leis do trabalho e instituiu o sistema sindical confederativo. Na Constituição Federal de 1988, o sistema sindical foi reafirmado neste modelo e mais recentemente, em 2008, com a Lei n. 11.648, foram reconhecidas as Centrais Sindicais, que passaram a compor o sistema sindical como representação geral dos trabalhadores.

É no artigo 8º da Constituição Federal de 1988 que o sistema sindical brasileiro está consagrado:

> *"Art. 8º É livre a associação profissional ou sindical, observado o seguinte:*
>
> *I — a lei não poderá exigir autorização do Estado para a fundação de sindicato, ressalvado o registro no órgão competente, vedadas ao Poder Público a interferência e a intervenção na organização sindical;*

(*) Diretora Executiva Jurídica da Federação das Indústrias do Estado de São Paulo — FIESP, formada pela Universidade Mackenzie, atua há mais de 20 anos na área corporativa. Especialista em Direito da Economia e da Empresa pela Fundação Getúlio Vargas, com MBA em Direito Empresarial, também pela FGV/SP. É Mestre em Direito do Trabalho e Relações Internacionais do Trabalho, pela UNTREF, de Buenos Aires (Argentina). Foi 4 anos Presidente da Comissão de Apoio a Departamentos Jurídicos da OAB/SP. É membro do IASP — Instituto dos Advogados de São Paulo e membro da Academia Paulista de Direito do Trabalho. Representa a bancada patronal em diversas Comissões Tripartites Paritárias do Ministério do Trabalho e Emprego. Foi eleita pela Revista Análise 2019 como uma dos 10 executivos jurídicos mais admirados do Brasil.

II — é vedada a criação de mais de uma organização sindical, em qualquer grau, representativa de categoria profissional ou econômica, na mesma base territorial, que será definida pelos trabalhadores ou empregadores interessados, não podendo ser inferior à área de um Município;

III — ao sindicato cabe a defesa dos direitos e interesses coletivos ou individuais da categoria, inclusive em questões judiciais ou administrativas;

IV — a assembleia geral fixará a contribuição que, em se tratando de categoria profissional, será descontada em folha, para custeio do sistema confederativo da representação sindical respectiva, independentemente da contribuição prevista em lei;

V — ninguém será obrigado a filiar-se ou a manter-se filiado a sindicato;

VI — é obrigatória a participação dos sindicatos nas negociações coletivas de trabalho;

VII — o aposentado filiado tem direito a votar e ser votado nas organizações sindicais;

VIII — é vedada a dispensa do empregado sindicalizado a partir do registro da candidatura a cargo de direção ou representação sindical e, se eleito, ainda que suplente, até um ano após o final do mandato, salvo se cometer falta grave nos termos da lei."

Na mesma esteira, a CLT estabelece no artigo 511:

"É lícita a associação para fins de estudo, defesa e coordenação dos seus interesses econômicos ou profissionais de todos os que, como empregadores, empregados, agentes ou trabalhadores autônomos ou profissionais liberais exerçam, respectivamente, a mesma atividade ou profissão ou atividades ou profissões similares ou conexas".

Na prática, entre as principais funções dos sindicatos estão a celebração de acordos ou convenções coletivas, orientação prestada aos associados sobre questões trabalhistas, a intervenção e impetração de ações judiciais, e a colaboração na discussão e na elaboração de novas legislações trabalhistas.

As Federações, por sua vez, são entidades sindicais de grau superior, ou seja, são associações de sindicatos, de modo que cada Federação é composta por um grupo mínimo de cinco sindicatos "*que representem a maioria absoluta de um grupo de atividades ou profissões idênticas, similares ou conexas*[(1)]".

Por fim, as Confederações são associações de Federações, ou seja, cada Confederação é composta pela reunião de, no mínimo, três federações. Assim como as Federações, as Confederações também são entidades sindicais de grau superior. O artigo 535 da CLT dá nome às confederações, de acordo com a sua formação:

"Art. 535 (...)

§ 1º As confederações formadas por federações de Sindicatos de empregadores denominar-se-ão: Confederação Nacional da Indústria, Confederação Nacional do Comércio, Confederação Nacional de Transportes Marítimos, Fluviais e Aéreos, Confederação Nacional de Transportes Terrestres, Confederação Nacional de Comunicações e Publicidade, Confederação Nacional das Empresas de Crédito e Confederação Nacional de Educação e Cultura.

§ 2º As confederações formadas por federações de Sindicatos de empregados terão a denominação de: Confederação Nacional dos Trabalhadores na Indústria, Confederação Nacional dos Trabalhadores no Comércio, Confederação Nacional dos Trabalhadores em Transportes Marítimos, Fluviais e Aéreos, Confederação Nacional dos Trabalhadores em Transportes Terrestres, Confederação Nacional dos Trabalhadores em Comunicações e Publicidade, Confederação Nacional dos Trabalhadores nas Empresas de Crédito e Confederação Nacional dos Trabalhadores em Estabelecimentos de Educação e Cultura.

§ 3º Denominar-se-á Confederação Nacional das Profissões Liberais a reunião das respectivas federações."

---

(1) BRASIL. *Decreto-Lei n. 5.452, de 1º de maio de 1943.* Aprova a Consolidação das Leis do Trabalho. *Disponível em:* <http://www.planalto.gov.br/ccivil_03/decreto-lei/Del5452compilado.htm>. Acesso em 25 ago. 2022.

Já as Centrais Sindicais, conforme definição do professor Amauri Mascaro Nascimento[2], podemos definir como:

> *"São organizações* intercategoriais, *numa linha horizontal, abrangentes de diversas categorias. Delas são aderentes não os trabalhadores diretamente, mas as entidades de primeiro grau que os representam ou as de segundo grau que integram os sindicatos. Portanto, representam sindicatos, federações e confederações de mais de uma categoria. Atuam numa base territorial ampla, quase sempre em todo o país."*

Constata-se, portanto, que o sistema sindical está totalmente ligado ao mundo do trabalho. Nas palavras do professor José Pastore, a organização sindical e a legislação trabalhista, juntamente com a Justiça do Trabalho, tem uma íntima interface, são instituições básicas do campo do trabalho e *"através dela se garantem direitos, efetuam-se negociações e dirimem-se os conflitos"*[3].

A importância dos sindicatos, federações e confederações ficou mais evidente com a Reforma Trabalhista de 2017 que, ao mesmo tempo que trouxe uma semente para discussão da Reforma Sindical com o fim da contribuição sindical compulsória, também trouxe um incentivo ao diálogo social e às negociações coletivas, inclusive prevendo no artigo 611-A uma lista exemplificativa dos temas que podem ser objeto de negociação, sem deixar de prever aqueles direitos garantidos na Constituição Federal, que não podem ser negociados, expressamente mencionados no artigo 611-B da CLT.

Embora um dos pilares da modernização trabalhista advinda com a Lei n. 13.467 de 2017 seja a prevalência do negociado sobre o legislado, privilegiando a autonomia da vontade coletiva, a representação coletiva no Brasil ainda merece ser discutida em uma reforma sindical que esbarra nos interesses divergentes entre os protagonistas das relações do trabalho, trabalhadores e empregadores com suas respectivas representações de classe.

O jurista Almir Pazzianotto Pinto observou que *"é provável que o Brasil seja um dos únicos países do mundo que ingressou no século XXI sem resolver, de modo racional e satisfatório, a velha questão sindical"*[4]. Ele acrescenta ainda:

> *"Essa ausência de solução, da qual resulta uma estrutura sindical arcaica, autoritária, de escassa liderança e, em muitos casos, corrupta, causa graves dificuldades a milhões de assalariados, que se ressentem da ausência de entidades aptas a bem representá-los em negociações, transações, arbitragens, demandas, que constantemente surgem de disputas, individuais ou coletivas, entre patrões e empregados."*

Há muitos anos, as tentativas de reforma sindical são infrutíferas. Em 1993, no "Fórum Nacional sobre Contrato Coletivo e Relações do Trabalho no Brasil", ficou clara a fragilidade do sistema sindical, mas sem consenso sobre a solução da questão. Já em 2003, quando o governo Lula instalou o "Fórum Nacional do Trabalho" com representações laborais, dos empregadores e do Estado, muito foi discutido, realizadas centenas de reuniões que resultaram em um projeto de reforma sindical que infelizmente não avançou da forma esperada.

---

(2) NASCIMENTO, Amauri Mascaro. *Compêndio de Direito Sindical*. 7. ed. São Paulo: LTr, 2012. p. 227.

(3) PASTORE, José. *A modernização das instituições do trabalho:* encargos sociais, reformas trabalhista e sindical. São Paulo: LTr, 2005. p.131.

(4) PINTO, Almir Pazzianotto. *100 anos de sindicalismo*. São Paulo: Lex Editora, 2007. p. 9.

Somente em 2017, com a Lei n. 13.467 é que se evoluiu para uma mudança concreta que abalou o sistema sindical: o fim da contribuição sindical obrigatória, que passou a ser paga, recolhida e aplicada apenas nos casos em que os trabalhadores autorizem prévia e expressamente, de forma individual.

Esse dispositivo (artigo 579 da CLT), muito criticado nas discussões entre acadêmicos, juristas, professores, sindicalistas, foi levado, inclusive, à análise do Supremo Tribunal Federal, que reconheceu como constitucional o artigo da lei que estabeleceu o fim da contribuição sindical obrigatória, que passou a ser facultativa. Com isso, o financiamento do sistema sindical, tanto patronal quanto laboral, foi impactado. As entidades sindicais tiveram que repensar seus modelos, se reinventar e buscar outras fontes de custeio.

Esperava-se que o número de entidades sindicais diminuísse, mas isso ainda não ocorreu. Os dados oficiais revelam a existência em torno de 17 mil entidades sindicais no Brasil, sendo aproximadamente 12 mil entidades de trabalhadores e 5 mil entidades sindicais de empregadores. As entidades têm sobrevivido com contribuições assistenciais, taxas negociais, serviços prestados e até locações de espaço, no entanto, o tipo de atividades permitidas aos sindicatos deve ser reavaliado em uma reforma sindical.

Enquanto a contribuição sindical era obrigatória, os sindicatos tinham uma fonte de receita garantida, com o fim da obrigatoriedade da contribuição sindical, a situação financeira se agravou.

Não se pode negar que é preciso aperfeiçoar o sistema sindical e buscar novas formas de custeio e condições patrimoniais que viabilizem suas atividades em defesa das classes de trabalhadores e produtivas.

Na realidade, há no Brasil ainda sindicatos que não representam a categoria de fato, sobreviviam da contribuição sindical e eram conhecidos como "sindicatos de carimbo" ou "sindicatos de gaveta".

Esse modelo de entidade ineficiente comprometeu a imagem dos demais sindicatos, que passaram a receber muitas críticas por parte de toda a sociedade brasileira, levando ao entendimento de que entidades sindicais são desnecessárias.

José Pastore resumiu a situação sindical no Brasil:

> *"De fato, o país acumulou uma série de insatisfações a respeito da estrutura e funcionamento dos sindicatos. As principais queixas referem-se ao monopólio sindical que é imposto pela Constituição Federal (um só sindicato por categoria e base territorial), à compulsoriedade da contribuição sindical (um dia de salário por ano dos empregados e um percentual progressivo do capital social dos empregadores) e à falta de representatividade e legitimidade de inúmeros sindicatos que são criados com vistas, exclusivamente, ao recebimento da contribuição sindical ("sindicatos de gaveta")"*[5].

Há muito tempo, Mascaro Nascimento constatou que *"o movimento sindical perdeu muito o seu poder de negociar, e o seu número de filiados diminuiu, apesar das ações que desenvolve no sentido da sua afirmação e da defesa dos interesses dos trabalhadores, alterando-se a*

(5) PASTORE, José. *A modernização das instituições do trabalho:* encargos sociais, reformas trabalhista e sindical. São Paulo: LTr, 2005. p.131.

fisionomia das pautas de reivindicações periódicas, antes centrada em melhores salários, agora na manutenção de empregos, retreinamento e vantagens sociais muito mais que econômicas"(6).

Mas a relevância das negociações coletivas é reconhecida em todo o mundo. Nesse contexto destacamos o estudo a seguir:

> *"A Organização Internacional do Trabalho (OIT) tem duas convenções (as de números 98 e 154) que destacam a necessidade de que os países fomentem e valorizem as negociações coletivas como meio eficaz para estabelecer as condições do trabalho e reduzir conflitos. Ambas as convenções foram ratificadas pelo Brasil. A de número 154 expressamente indica que os órgãos de resolução dos conflitos trabalhistas precisam contribuir para o estímulo à negociação coletiva, que deve ser possibilitada a todos os empregadores e a todas as categorias de trabalhadores."*(7)

O mesmo estudo destaca o que estabelece as duas convenções, no que se refere a negociação coletiva:

> *"Nos seus artigos 5º e 8º, a Convenção estabelece: Art.5º. 1. Deverão ser adotadas medidas adequadas às condições nacionais no estímulo à negociação coletiva. 2. As medidas a que se refere o parágrafo 1 deste artigo devem prover que: a) a negociação coletiva seja possibilitada a todos os empregadores e a todas as categorias de trabalhadores dos ramos de atividade a que aplique a presente Convenção; b) a negociação coletiva seja progressivamente estendida a todas as matérias a que se referem os anexos a, b e c do artigo 2 da presente Convenção (a- fixar as condições de trabalho e emprego; b — regular as relações entre empregadores e trabalhadores; c — regular as relações entre os empregadores ou suas organizações e uma ou várias organizações de trabalhadores, ou alcançar todos esses objetivos de uma só vez); c) seja estimulado o estabelecimento de normas de procedimentos acordadas entre as organizações de empregadores e as organizações de trabalhadores; d) a negociação coletiva não seja impedida devido a inexistência ou ao caráter impróprio de tais normas; e) os órgãos e procedimentos de resolução de conflitos trabalhistas sejam concedidos de tal maneira que possam contribuir para o estímulo à negociação coletiva. (...) Art. 8º As medidas previstas com o fito de estimular a negociação coletiva não deverão ser concebidas ou aplicadas de modo a obstruir a liberdade de negociação coletiva. Já a Convenção 98 da OIT, em seu art. 4º, estabelece: Art. 4º Deverão ser tomadas, se necessário for, medidas apropriadas às condições nacionais para fomentar e promover o pleno desenvolvimento e utilização voluntária entre empregadores ou organizações de empregadores e organizações de trabalhadores, com o objetivo de regular, por meio de convenções coletivas, os termos e condições de emprego."*

Em contraponto, este estudo também concluiu que as negociações coletivas têm ganhado mais força em todo o mundo em razão dos processos legislativos que, morosos, em regra não acompanham a dinâmica da economia nem retratam "*determinadas demandas dos trabalhadores e os interesses dos empregadores*".

No Brasil as negociações coletivas estão prestigiadas na Constituição Federal, que dispõe em seu artigo 7º, incisos VI, XIII e XIV, sobre a necessidade da intervenção sindical nas tratativas que envolvam a redução de salários, a compensação de horários, a redução de jornada, e alteração da jornada de seis horas para o trabalho realizado em turnos ininterruptos de revezamento.

Outro motivo de críticas às entidades sindicais foi o crescente envolvimento de líderes de sindicatos e centrais sindicais com governos, de modo que se tornou comum a presença dessas entidades em movimentos políticos partidários, e notou-se um crescimento nas suspeitas de que as verbas da contribuição sindical estariam, de alguma forma, financiando parte de candidaturas políticas de correntes esquerdistas, ou sendo utilizadas para aumentar o número de manifestantes em eventos de apoio ou de protesto, conforme a situação.

(6) NASCIMENTO, Amauri Mascaro. *Compêndio de Direito Sindical*. 7. ed. São Paulo: LTr, 2012. p. 227.

(7) CONFEDERAÇÃO NACIONAL DA INDÚSTRIA. *Mapa Estratégico da Indústria 2013-2022*. Vol. 9 Negociações coletivas: valorizar para modernizar.

Superar a questão do custeio e fortalecer as negociações coletivas é o grande desafio da reforma sindical, seguido pela delicada discussão sobre a unicidade ou pluralidade das entidades sindicais, que está calcada em alteração constitucional e ratificação ou não, pelo Brasil, da Convenção n. 87 da Organização Internacional do Trabalho (OIT), o que torna o desafio da reforma sindical mais difícil de ser implementado.

O modelo atual brasileiro de unicidade sindical está ultrapassado e já foi alterado na maioria dos países do mundo, persistindo, porém, em países como Argélia, Congo, Egito, Filipinas, Iraque, Síria, Líbia, Honduras, entre outros, enquanto a pluralidade sindical é realidade nos Estados Unidos da América, França, Itália, Portugal, Chile, entre outros. Embora a Convenção n. 87 da OIT, que trata do pluralismo sindical, tenha sido ratificada por 148 dos 182 países que são membros da OIT, interessante observar que isso não significou um aumento do sindicalismo naqueles países, ao contrário, em muitos que ratificaram a Convenção, o sistema sindical vem diminuindo e perdendo a força.

O Governo brasileiro deu sinais de que a reforma sindical pretendida privilegiaria o modelo de pluralidade sindical ampla, que permite a livre formação de entidades sindicais, a concorrência entre entidades, liberdade do trabalhador e da empresa para escolha da entidade sindical que lhe representa, a ausência de exclusividade de representação, e a desnecessidade de simetria entre as organizações de empregadores e empregados.

No âmbito do Ministério da Economia, foi criado portaria SEPRT/ME n. 1.001, de 4 de setembro de 2019, o Grupo de Altos Estudos do Trabalho (GAET), que constituiu subgrupos para tratar de temas como Economia do Trabalho, Trabalho e Segurança Jurídica, Trabalho e Previdência e Liberdade Sindical.

O Grupo de Estudos de Liberdade Sindical defendeu o modelo de pluralidade sindical ampla, mas este tem sido objeto de preocupações, inclusive da OIT, pois traz pontos de atenção ao possibilitar a existência de sindicatos, por exemplo, formado por apenas duas pessoas, também permite sindicatos que representem profissões, atividades ou setores econômicos diferentes, incentiva a formação de sindicato por empresa ou grupo de empresas, mais de uma federação ou confederação da mesma atividade, podem acarretar diferentes normas coletivas a serem aplicadas pela mesma empresa, inclusive com direitos e benefícios diferentes entre os empregados da mesma empregadora.

Enquanto o Poder Executivo examina a questão da Reforma Sindical, o Poder Legislativo debate o tema em Propostas de Emenda Constitucionais (PECs) e Projetos de Lei (PLs), que demonstram a complexidade do tema. Atualmente, encontra-se em tramitação, só na Câmara dos Deputados, 16 PECs e PLs que abordam, entre outros, os seguintes pontos:

a) pluralidade regulamentada;

b) liberdade de criação de sindicatos e de filiação;

c) não interferência e intervenção do Estado na organização sindical;

d) limite mínimo de pessoas para a formação de organizações sindicais;

e) base mínima territorial para a organização sindical: município;

f) organização por categoria, setor ou ramo de atividade econômica, com plano confederativo;

g) simetria entre as organizações sindicais de empregadores e empregados;

h) predefinição das entidades sindicais de topo admitidas, por critério de importância histórica;

i) definição de critérios de representação e de maior representatividade;

j) negociação coletiva pelas entidades mais representativas;

k) benefícios da negociação e contribuição negocial a todos os beneficiados;

l) negociação coletiva abrangendo filiados e não filiados;

m) solução de conflitos por escolha das partes: mediação ou arbitragem; e

n) regra de transição entre os modelos de organização sindical.

Os projetos mencionados a seguir, apresentados na ordem dos mais recentes para os mais antigos, encontravam-se, até o final de agosto de 2022, com a situação apontada abaixo:

PL 5552/2019 – *Regulamenta o Art. 8º da Constituição Federal, que dispõe sobre a organização sindical, e dá outras providências.*

Foco: Regulamentação da organização e financiamento sindical

Autor: Deputado Lincoln Portela – PL/MG

Origem: CD

Data da apresentação: 16/10/2019

Situação: Apensado ao PL 4430/2008, por sua vez apensado ao PL 6706/2009 (Aguardando Parecer do Relator na Comissão de Trabalho, de Administração e Serviço Público – CTASP)

PEC 196/2019 – *Dá nova redação ao art. 8°da Constituição Federal e altera o Ato das Disposições Constitucionais Transitórias.*

Foco: Reforma Sindical

Autor: Deputado Marcelo Ramos – PL/AM

Origem: CD

Data da apresentação: 11/11/2019

Situação: Aguardando Constituição de Comissão Temporária pela Mesa – Último andamento em 05/02/2020

PEC 277/2016 – *Dá nova redação ao inciso IV do art. 8º da Constituição Federal, para vedar a imposição de qualquer contribuição a não associados ao sindicato.*

Foco: Proibição da cobrança de contribuição confederativa aos não associados ao sindicato

Autor: Deputado Arthur Oliveira Maia – PPS/BA

Origem: CD

Data da apresentação: 16/11/2016

Situação: Apensada à PEC 71/1995 (Pronta para Pauta na Comissão de Constituição e Justiça e de Cidadania – CCJC) – Último andamento em 17/12/2019

PEC 179/2015 – *Altera o artigo 8º da Constituição Federal para dispor sobre a contribuição sindical.*

Foco: Contribuição confederativa profissional apenas dos filiados

Autor: Deputado Ricardo Izar – PSD/SP

Origem: CD

Data da apresentação: 09/12/2015

Situação: Apensada à PEC 71/1995 (Pronta para Pauta na Comissão de Constituição e Justiça e de Cidadania – CCJC) – Último andamento em 17/12/2019

PEC 305/2013 – *Dá nova redação ao inciso IV, do art. 8º, e ao caput do art. 149, ambos da Constituição Federal, para extinguir a previsão da contribuição sindical compulsória.*

Foco: Extinção da contribuição sindical compulsória

Autor: Deputado Augusto Carvalho – PPS/DF

Origem: CD

Data da apresentação: 02/09/2013

Situação: Apensada à PEC 71/1995 (Pronta para Pauta na Comissão de Constituição e Justiça e de Cidadania – CCJC) – Último andamento em 17/12/2019

PL 6706/2009 – *Dá nova redação ao § 3º do art. 543 da Consolidação das Leis do Trabalho – CLT, aprovada pelo Decreto-Lei n. 5.452, de 1º de maio de 1943, e dá outras providências.*

Foco: Estabilidade de empregado, representante do Conselho Fiscal de entidade sindical ou associação profissional.

Autor: Senador Paulo Paim

Origem: SF (PLS 177/2007)

Data da apresentação: 22/12/2009

Situação: Câmara dos Deputados. Aguardando Parecer do Relator na Comissão de Trabalho, de Administração e Serviço Público – CTASP. (Último andamento em 22/09/2019).

PL 4430/2008 – *Dispõe sobre a organização sindical, o custeio das entidades sindicais e a representação dos trabalhadores nos locais de trabalho, e altera a Consolidação das Leis do Trabalho para dispor sobre o diálogo social, a negociação coletiva e as convenções e acordos coletivos de trabalho.*

Foco: Organização sindical

Autor: Deputado Tarcísio Zimmermann – PT/RS, Eudes Xavier – PT/CE

Origem: CD

Data da apresentação: 03/12/2008

Apensados: (21 projetos) PL 5193/2009; PL 5401/2009 (3), PL 5684/2009, PL 5996/2009, PL 1989/2011; PL 5622/2009; PL 6952/2010; PL 3166/2012; PL 2189/2015 (1), PL 5149/2016; PL 4814/2016; PL 7640/2017; PL 10544/2018; PL 8639/2017 (3), PL 1036/2019, PL 4114/2019 (1), PL 4903/2019; PL 11206/2018 (1), PL 4513/2019; PL 5552/2019; PL 1124/2021.

Situação: Apensado ao PL 6706/2009 (Aguardando Parecer do Relator na Comissão de Trabalho, de Administração e Serviço Público – CTASP)

PL 4954/2005 – *Dá nova redação aos arts. 44 e 2.031 da Lei n. 10.406, de 10 de janeiro de 2002, que institui o Código Civil.*

Foco: Inclui as organizações sindicais no rol das pessoas jurídicas de direito privado.

Autor: Deputado Vicentinho – PT/SP

Origem: CD

Data da apresentação: 28/03/2005

Situação: Aguardando designação de Relator na CCJC. Aguardando Designação – Aguardando Devolução de Relator que deixou de ser membro – Último andamento em 27/04/2022

PEC 369/2005 – *Dá nova redação aos arts. 8º, 11, 37 e 114 da Constituição.*

Foco: Reforma Sindical

Autor: Poder Executivo

Origem: CD

Data da apresentação: 04/03/2005

Situação: Apensada à PEC 314/2005 (Aguardando Designação – Aguardando Devolução de Relator que deixou de ser Membro) – Último andamento em 10/03/2021

PEC 314/2004 – *Dispõe sobre a Organização Sindical e dá outras providências.*

Foco: Organização Sindical

Autor: Deputado Ivan Valente – PT/SP e outros

Origem: CD

Data da apresentação: 25/08/2004

Situação: Aguardando Designação – Aguardando Devolução de Relator que deixou de ser Membro – Último andamento em 10/03/2021

PEC 121/2003 – *Dá nova redação aos incisos II e IV do art. 8º da Constituição Federal, a fim de dispor sobre a liberdade sindical.*

Foco: Liberdade Sindical

Autor: Deputado Almir Moura – PL/RJ

Origem: CD

Data da apresentação: 24/07/2003

Situação: Apensada à PEC 29/2003 (Desarquivada em conformidade com o despacho de retificação exarado no Requerimento n. 186/2019) — Último andamento em 03/09/2019

PEC 29/2003 — *Institui a liberdade sindical, alterando a redação do art. 8º da Constituição Federal.*

Foco: Institui a Liberdade Sindical / Organização Sindical

Autor: Deputado Maurício Rands — PT/PE

Origem: CD

Data da apresentação: 10/04/2003

Situação: Desarquivada em conformidade com o despacho de retificação exarado no Requerimento n. 186/2019 — Último andamento em 03/09/2019

PEC 252/2000 — *Dá nova redação ao art. 8º da Constituição Federal.*

Foco: Reformula a estrutura sindical; exclui a Unicidade e contribuição sindical compulsória.

Autor: Deputado Ricardo Berzoini — PT/SP

Origem: CD

Data da apresentação: 30/05/2000

Situação: Apensada à PEC 71/1995 (Pronta para Pauta na Comissão de Constituição e Justiça e de Cidadania (CCJC). 06/08/2019 — Parecer do Relator, Dep. Gilson Marques (NOVO-SC), pela admissibilidade desta e das Propostas de Emenda à Constituição ns. 102/1995, 247/2000, 252/2000, 305/2013, 179/2015 e 277/2016, apensadas.) — Último andamento em 17/12/2019.

PEC 247/2000 — *Dá nova redação ao inciso IV do art. 8º da Constituição Federal.*

Foco: Proibição cobrança de contribuição de não filiados a sindicato.

Autor: Deputado Glycon Terra Pinto — PMDB/MG

Origem: CD

Data da apresentação: 24/05/2000

Situação: Apensada à PEC 71/1995 (Pronta para Pauta na Comissão de Constituição e Justiça e de Cidadania (CCJC). 06/08/2019 — Parecer do Relator, Dep. Gilson Marques (NOVO-SC), pela admissibilidade desta e das Propostas de Emenda à Constituição ns. 102/1995, 247/2000, 252/2000, 305/2013, 179/2015 e 277/2016, apensadas.) — Último andamento em 17/12/2019.

PEC 102/1995 — *Dá nova redação ao art. 8º da Constituição Federal.*

Foco: Elimina a unicidade sindical e as contribuições obrigatórias.

Autor: Deputado Luiz Carlos Hauly — PP/PR

Origem: CD

Data da apresentação: 23/05/1995

Situação: Apensada à PEC 71/1995 (Pronta para Pauta na Comissão de Constituição e Justiça e de Cidadania (CCJC). 06/08/2019 — Parecer do Relator, Dep. Gilson Marques (NOVO-SC), pela admissibilidade desta e das Propostas de Emenda à Constituição ns. 102/1995, 247/2000, 252/2000, 305/2013, 179/2015 e 277/2016, apensadas.) — Último andamento em 17/12/2019.

PEC 71/1995 — *Dá nova redação ao art. 8º, inciso IV, da Constituição Federal.*

Foco: Veda a contribuição compulsória dos não filiados à associação, sindicato ou entidade sindical.

Autor: Jovair Arantes — PSDB/GO

Origem: CD

Data da apresentação: 25/04/1995

Apensados: PEC 102/1995; PEC 247/2000; PEC 252/2000; PEC 305/2013; PEC 179/2015; PEC 277/2016

Situação: Pronta para Pauta na Comissão de Constituição e Justiça e de Cidadania (CCJC). 06/08/2019 — Parecer do Relator, Dep. Gilson Marques (NOVO-SC), pela admissibilidade desta e das Propostas de Emenda à Constituição ns. 102/1995, 247/2000, 252/2000, 305/2013, 179/2015 e 277/2016, apensadas. Último andamento em 17/12/2019.

Com tantas tentativas legislativas para resolver a questão sindical no Brasil, percebemos que o desafio é gigante e que muitas questões ainda precisam ser respondidas, no tocante ao período de transição para o novo modelo de pluralidade sindical, ampla ou regulada, a base que será representada pelo ente sindical, os novos conceitos de filiados, sindicalizados e associados, quem serão abrangidos pelos acordos e convenções coletivas, em virtude das novas formas de trabalho advindas dos avanços tecnológicos, dos arranjos produtivos, quais sindicatos serão os legítimos representantes dos trabalhadores após uma reforma sindical e quais dirigentes sindicais deverão ter estabilidade no emprego.

Temos que refletir se o sindicato mais antigo, que obteve primeiro a sua carta sindical, será o representante legítimo daquela base, ou se o sindicato que tem o maior número de associados é o que terá mais legitimidade para as negociações coletivas.

Esperamos que com diálogo social e exaustivas discussões no Congresso Nacional, os atores do sistema sindical, trabalhadores, empregadores, entidades de classe e especialistas no tema, possam encontrar, de forma conjunta e consensual, o modelo sindical mais adequado para o Brasil, que salvo melhor juízo, não é a liberdade sindical ampla e irrestrita, mas sim a pluralidade sindical regulada, com uma mínima regulamentação que atenda os interesses e as necessidades dos entes sindicais e seus representados.

REFERÊNCIAS

BRASIL. *Decreto-Lei n. 5.452, de 1º de maio de 1943.* Aprova a Consolidação das Leis do Trabalho. *Disponível em:* <http://www.planalto.gov.br/ccivil_03/decreto-lei/Del5452compilado.htm>. Acesso em: 25 ago. 2022.

CONFEDERAÇÃO NACIONAL DA INDÚSTRIA. *Mapa Estratégico da Indústria 2013-2022.* Vol. 9. *Negociações coletivas*: valorizar para modernizar.

NASCIMENTO, Amauri Mascaro. *Compêndio de Direito Sindical.* 7. ed. São Paulo: LTr, 2012.

PASTORE, José. *A modernização das instituições do trabalho:* encargos sociais, reformas trabalhista e sindical. São Paulo: LTr, 2005

PINTO, Almir Pazzianotto. *100 anos de sindicalismo*. São Paulo: Lex Editora, 2007.

Teletrabalho: convergências e divergências nas gestões pública e privada

Luis Otávio Camargo Pinto(*)

(I) O GESTOR PÚBLICO E PRIVADO: CONVERGÊNCIAS E DIVERGÊNCIAS

O Gestor Público persegue o interesse da coletividade e, para tanto, detém prerrogativas e deveres. Está atrelado às políticas governamentais, cujo envolvimento parte do próprio orçamento e direcionamento das verbas. Evidentemente, o norte das ações está envolto pelos princípios da administração pública, dentre eles, o da legalidade, da publicidade dos atos administrativos e da impessoalidade. Isso porque, deve-se atender as demandas sociais com transparência e sem submissão aos interesses de grupos políticos ou de setores econômicos detentores do poder.

O Gestor Privado, lado outro, detém o projeto empresarial com enfoque na governança corporativa, o que viabiliza, em tese, um caminho alheio às pressões que não digam respeito única e exclusivamente ao sucesso do negócio. Nesse tipo de gestão prevalecem os interesses individuais, assim como, evidentemente, a autonomia da personalidade privada.

Na gestão pública, há rigoroso atrelamento de metas e, principalmente, do financiamento, baseado na Constituição, leis e regulamentos específicos, ao passo que, na gestão privada, a pedra de toque são as diretrizes negociadas nos contratos.

Existem pontos de convergência no campo de gestão de pessoas, especificamente a motivação e avaliação dos gestores em relação aos seus liderados, afinal, quanto mais nos distanciamos do passado, com o objetivo de analisar as gestões público e privadas, maior é a aproximação desses modelos, que buscaram o devido aprimoramento, com planejamento, organização e controle de suas atividades, cada qual, evidentemente, com as suas especificidades. A primeira, sempre mais envolvida com uma burocracia advinda do sistema desse setor e a segunda, mais flexível.

Outro elemento de contato entre gestão pública e a privada, é a busca da excelência para o atendimento das expectativas dos cidadãos-clientes, não podendo se olvidar que, como visão primária, na gestão pública, o que se busca é o bem comum, ao passo que, na gestão privada, o objetivo primário é o lucro.

De forma idealizada, essa convergência pode ser definida no binômio: redução de custos e qualidade da prestação dos serviços, focado no atendimento ao cidadão que procura o serviço público, e que também é cliente, bem como no cliente que busca o serviço privado, mas que leva consigo a sua visão cidadã de mundo.

(*) Advogado Trabalhista, Presidente da SOBRATT — Sociedade Brasileira de Teletrabalho e Teleatividades, Diretor de Relações Institucionais do SINSA — Sindicato das Sociedades de Advogados do Estado de São Paulo e Rio de Janeiro e Conselheiro do CORT — Conselho Superior das Relações do Trabalho da FIESP. Sócio fundador de Camargo Bento Advogados.

(II) O TELETRABALHO NA GESTÃO PÚBLICA E PRIVADA, BREVE HISTÓRICO

O gestor público sempre esteve à frente do privado quando o tema é modalidade de trabalho, especificamente, teletrabalho ou trabalho remoto.

O SERPRO — Serviço Federal de Processamento de Dados, desde 2005, já adotava um projeto piloto, ao passo que o Tribunal de Contas de União — TCU, já em 2009, viabilizava o trabalho à distância de seus servidores, desde que observada a produtividade e o desempenho.

E o Poder Judiciário, nessa vanguarda, por meio da Resolução n. 277[(1)], normatizou o trabalho remoto no âmbito dos Tribunais.

Na Administração Pública federal direta, autárquica e fundacional, o Governo Federal, em 18.05.2022, publicou o Decreto n. 11.072/22, que regulamentou o "Programa de Gestão e Desempenho" (PGD).

Na gestão privada, o teletrabalho sofreu importante impulso com a Reforma Trabalhista — Lei n. 13.467/17, nada obstante o trabalho remoto já estivesse devidamente abrigado com a nova dicção dada ao art. 6º da CLT, introduzida pela Lei n. 12.551/11.

Mais recentemente, a Medida Provisória n. 1.108/22, que deu origem à Lei n. 14.442/22, trouxe inovações ao permitir a adoção do regime de teletrabalho para estagiários e aprendizes, a clarificação quanto ao formato híbrido, o regramento do trabalho transnacional e enquadramento sindical, dentre outras mudanças.

Essa breve introdução demonstra que o legislador está atento à evolução do teletrabalho, buscando âmbito público e privado trazer novos direcionamentos. Muito ainda há que ser edificado, mas o fato é que já existem caminhos que poderão ser trilhados com a unificação de normas jurídicas no âmbito público e maior abertura para negociação individual e coletiva no âmbito privado para apreciação de questões pontuais ainda controversas, cuja abordagem será realizada no presente artigo.

(III) O TELETRABALHO E O CUSTEIO

No quesito custeio, diante da gestão pública e privada, o teletrabalho tem enfoques distintos, mas, certamente, em ambos os casos, ocorreram (e ainda vão acontecer) fortes mudanças de paradigmas.

Os benefícios gerados pelo teletrabalho, no que tange às despesas, em primeira análise, devem representar a motivação meio e não fim, afinal, qualquer política que busque no teletrabalho — única e exclusivamente — a redução de gastos, sem estar atrelada a um amplo cardápio de mudanças, certamente estará fadada ao insucesso.

Partindo dessa importante premissa, a gestão privada, também focada nesse aspecto, certamente é destinatária de importante benefício para a gerência de sua atividade, isso porque o teletrabalho, conforme fartos estudos e pesquisas publicadas, aponta para importante redução de custos das atividades do empregador, no que tange às despesas fixas com aluguel, IPTU, luz, água, dentre outros habituais dispêndios que emergem por conta da utilização dos espaços comerciais.[(2)]

---

(1) Resolução n. 227, de 15 de junho de 2016 regulamentou o teletrabalho no âmbito do Poder Judiciário, vinculando referida modalidade de trabalho ao princípio da eficiência para a Administração Pública e ao aprimoramento da gestão de pessoas.

(2) 5ª Pesquisa Home Office 2022 aponta que 39% das empresas respondentes apontaram que o principal objetivo da prática de teletrabalho/*home office* objetiva reduzir despesas com infraestrutura e custos, ao passo

Não bastasse isso, inegavelmente, as organizações privadas, que se valem dessa modalidade de trabalho, seja *home office* permanente ou no formato híbrido, também são impactadas nos custos do seu corpo funcional, dentre eles, vale-transporte, estacionamento e demais benefícios previstos em contrato.

A redução dos custos é inegável, mas quem deverá suportar o ônus da implantação do teletrabalho no âmbito privado? Essa pergunta não tem uma única resposta, afinal, por vezes, um empregado hipossuficiente, contratado no regime presencial, recebe posteriormente a determinação para atuar em caráter permanente em *home office*. Aqui, excepcionalmente, analisando a situação fática, a obrigação é do empregador.

Em outra hipótese, se a mudança de regime de trabalho envolver um hiperssuficiente ou um empregado em cargo de gestão, e a mudança estiver devidamente acordada em um aditivo contratual, dúvida não há de que a responsabilidade será desse colaborador.

A regra geral, prevista no art. 75-D da CLT, define que a aquisição, manutenção ou fornecimento da tecnologia e da infraestrutura, para que o teletrabalho possa se desenvolver, será definido pelas partes contratantes. Essas questões, no âmbito privado, ainda poderão sofrer embates nos Tribunais Trabalhistas, notadamente diante de colaboradores hipossuficientes que, para determinada corrente doutrinária, não poderiam receber o impacto da transferência quanto ao risco da atividade econômica, tendo em vista o princípio da alteridade previsto no art. 2º da CLT.

Uma breve análise do custeio do teletrabalho na gestão pública revela números impactantes: o Ministério da Economia noticiou, nada obstante a perda de aproximadamente 685 mil brasileiros e brasileiras ante a nefasta pandemia do Novo Coronavírus, a assustadora economia que o *home office* gerou aos cofres públicos.

Levantamento ENAP aponta que, no ano de 2020, o Governo Federal viabilizou a atuação de 63% dos seus serviços em regime de teletrabalho, o que corresponde a 350 mil trabalhadores. Esse movimento gerou uma economia de aproximadamente 3 bilhões de reais ao erário.

Pois bem, a análise numérica da economia aqui apontada só pode ser vista como uma conquista, notadamente para um Estado cujo déficit público chega a 78,2% do PIB Nacional(3).

A economia gerada pela ausência da compra de passagens de viagens nacionais e internacionais, reuniões presenciais, de gastos com a manutenção de veículos, combustíveis e diárias, aluguel e manutenção de imóveis, chega ao cidadão que paga impostos como um avanço do Estado na gestão das contas públicas.

No entanto, como justificar, na pós-pandemia, a desnecessidade de continuidade dessa política de teletrabalho na gestão pública? Mais ainda, como justificar a não continuidade ampla desse processo, quando os números apontam que não há queda de produtividade, ao contrário, eles refletem um cenário de maior produção, em que o contribuinte ganha duas vezes, seja por conta do menor impacto dos custos com a gestão da máquina pública, ou, ainda, por conta da entrega de serviços de mais qualidade e eficiência ao cidadão.

Como se vê, seja um gestor público ou privado, há manifesta convergência dos efeitos do teletrabalho quanto ao item custeio. Essa convergência significa que as duas gestões são beneficiadas com processos internos menos onerosos.

---

que 75% objetivam melhoria da qualidade de vida dos colaboradores. Isso demonstra que a redução de gastos é importante, mas o carro-chefe da motivação está na qualidade de vida. Acessível em: <www.sobratt.org.br>.

(3) Dados de maio de 2022. Fonte: <https://agenciabrasil.ebc.com.br/economia/noticia/2022-07/contas-publicas-fecham-maio-com-deficit-de-r-33-bilhoes-informa-bc#:~:text=No%20acumulado%20de%2012%20meses,acumulado%20at%C3%A9%20abril%20de%202022>. Acesso em: 11 set. 2022.

Essa redução de custos é uma realidade, todavia, se um gestor privado vê isso como um benefício, pelo simples motivo de que uma empresa desse setor almeja, acima de tudo, a redução de despesas fixas, de sorte a ter mais lucros, o setor público pode ter abraçado um problema a ser resolvido, afinal, como justificar inúmeros prédios públicos, alugados a custos significativos, mas vazios?

Por incrível que possa parecer, a realidade fática está demonstrando o seguinte: gestores, de todas as esferas, federal, estadual ou municipal, iniciaram movimento de imediato retorno de todo esse corpo de servidores para o trabalho presencial, sob o pretexto de que a gestão pública necessita da presença física, sem exceção.

Isso, em parte, é verdade. Deixando-se de lado os efeitos negativos que o apego ao presenteísmo provoca nas relações de trabalho, o fato é que a atividade presencial no âmbito do Poder Público, em situações pontuais, mostra-se essencial.

A título exemplificativo, identifica-se principalmente no Poder Judiciário algumas atividades que melhor se desenvolvem na modalidade presencial, numa audiência de instrução, por exemplo. O olhar de uma testemunha, seu posicionamento corporal, a segurança dos depoimentos, a maior interação dos advogados com as partes e magistrado. Essa dinâmica presencial faz toda diferença, impondo-se limites para a virtualização total nas relações. No entanto, esse formato não se justifica numa audiência inicial ou de conciliação, ou até mesmo numa sustentação oral, oportunidades em que há possibilidade real de se prestigiar o modelo telepresencial[4].

Nos demais poderes — Legislativo[5] e Executivo, também é possível identificar atividades que se adequam perfeitamente ao modelo remoto, sem qualquer prejuízo para o cidadão que busca esses serviços.[6]

(4) Por ocasião da audiência pública da advocacia trabalhista realizada na Sede Seccional da OAB SP no dia 12 de agosto de 2022, a SOBRATT — Sociedade Brasileira de Teletrabalho e Teleatividades apresentou a seguinte proposta de anteprojeto de lei para regulamentar audiências telepresenciais na Justiça do Trabalho: a) as audiências iniciais e de conciliação devem ser telepresenciais; b) as audiências de instrução devem ser presenciais, salvo se houver requerimento das partes para a realização telepresencial; c) devem ser extintas as audiências unas, com o que se dará efetividade ao comando de que as audiências iniciais sejam telepresenciais; d) embora não aqui tratado, deve ser facultada aos advogados a possibilidade de realizar sustentação oral e acompanhar julgamento na modalidade telepresencial, em todos os tribunais do país. Observadas essas diretrizes, propõe-se as seguintes redações para os artigos que seguem: Art. 817-A. As audiências iniciais e de conciliação ocorrerão de forma telepresencial, assegurada a publicidade dos atos e demais preceitos desta Seção, com utilização de plataforma disponibilizada pelo Conselho Nacional de Justiça, vedada a utilização de sistemas alternativos. § 1º Caso alguma das partes manifeste impossibilidade de participação na audiência telepresencial no prazo de até cinco dias úteis do recebimento da intimação, a sessão deverá ocorrer de forma híbrida, ainda que em nova data.

(5) Apesar das resistências subjetivas ao uso do teletrabalho apontadas neste artigo, a pandemia destacou a importância do uso das tecnologias de informação e comunicação e do teletrabalho para a Administração Pública contemporânea. Em cenários atípicos, o trabalho remoto pode ser o único recurso para a manutenção das atividades dos órgãos estatais. Pondera-se que se as próprias atividades legislativas, fundamentais ao regime democrático, estariam prejudicadas se fosse inviável o uso do teletrabalho no âmbito do Congresso Nacional. Assim, propõe-se a realização de maiores estudos na área, haja vista a importância da Administração Pública estar preparada para cenários disruptivos, como o apresentado pela crise da Covid-19, na medida em que as atividades essenciais do Estado, como a própria função legislativa, não podem ser interrompidas, sobretudo quando são ainda mais necessárias. OLIVEIRA, Bruno Couto de. Teletrabalho no Congresso Nacional durante a pandemia de Covid-19. De modalidade inexistente à garantidora da manutenção das atividades parlamentares. Disponível em: <www.nucleodoconhecimento.com.br/administração/teletrabalho-n-congresso>.

(6) O paradigma e a cultura da presença física devem dar lugar a formas de aferição da assiduidade que visem mais aos resultados e à produtividade do que a ocupação do espaço no órgão. Novas pesquisas poderiam focar em metodologias específicas de teletrabalho e estudos de caso em profundidade a partir das experiências existentes no serviço público. NORA, Gabriela Almeida Marcon; MARCON, Fernanda Almeida e MARCON, Denise Teresinha Almeida. *Trabalho remoto no setor público:* contribuições teóricas. Rondon, PR., 2019. p. 29.

Enfim, é bom que se diga que o Poder Público, a partir da pandemia do Novo Coronavírus, abraçou o desafio de destrinchar a questão do custeio, que não poderá ser resolvida por conta de eventual receio desses poderes perderem as benesses de espaços suntuosos, amplos gabinetes, motoristas que viabilizam confortáveis deslocamentos, além de viagens de trabalho[7].

A solução do custeio deverá partir do Gestor Público, caso contrário, caberá ao Poder Legislativo, pressionado pelo clamor do seu eleitor, impaciente com a demora de reação desse moroso e acomodado Estado, que não percebe a imperiosa necessidade de se afastar antigos padrões, que destoam, por completo, com a atual quadra de transparência e gestão econômica e eficaz.

Por último, ainda quanto aos teletrabalhadores na gestão pública, há, evidentemente, critério divergente e bem definido no que tange ao custeio, isso porque aqui não há discussão quanto à transferência do risco da atividade, ao contrário, a Resolução n. 277 do CNJ, também a título exemplificativo, dispõe em seu art. 13 que: "*o servidor é responsável por providenciar e manter estruturas física e tecnológica necessárias e adequadas à realização do teletrabalho*". A propósito, essa definição conceitual pode ser encontrada em outras portarias de órgãos públicos.

Finalizando este tópico, ainda no tocante ao custeio, seja em relação ao gestor público ou privado, cada qual tem ou terá muitas dúvidas e enfrentamentos com o desenvolvimento do teletrabalho. O que se espera é que o bom senso e, principalmente, o bem comum, nessas situações, possam imperar.

(IV) O TELETRABALHO, TECNOLOGIA E A GESTÃO EFICIENTE

No comparativo entre gestão pública e privada, qualquer análise deverá ser vista com reservas se não for realizada com rigorosa verificação do impacto da tecnologia, a partir da aceleração de processos internos gerada pela pandemia do Coronavírus.

Voltando um pouco no tempo, no serviço público, o impulso e consolidação do governo eletrônico esteve atrelado ao processo de globalização. Aqui no Brasil, a partir da década de 90, evidentemente, por conta da disseminação da internet.

O governo eletrônico (E-Gov) é definido como sendo as atividades realizadas pelo Estado visando a oferta de serviços governamentais, por meio do uso de tecnologias de informação (TCIs). Essa automatização de processos tornou a gestão pública mais abrangente, democrática e transparente, o que viabilizou que o cidadão aumentasse o seu poder de fiscalização do Poder Público.

O material estatístico mais recente que a população brasileira tem em suas mãos é a PNAD contínua realizada pelo IBGE no ano de 2019, cujo relatório apontou que 12,6 milhões de domicílios do País não dispõem de internet.

---

(7) A Resolução n. 481/2022, que deu nova redação ao inciso III, do art. 5º, infelizmente, definiu com restrições a quantidade de servidores e as atividades que poderão ser executadas em regime de teletrabalho, a saber: "III — a quantidade de servidores e as atividades que poderão ser executadas em regime de teletrabalho serão definidas por proposta da Comissão de Gestão do Teletrabalho de cada órgão, devidamente justificada, e aprovada por ato de sua respectiva Presidência, observando-se as vedações constantes no inciso I, além da limitação do número máximo de servidores, que não poderá exceder 30% (trinta por cento) do quadro permanente da Vara, Gabinete ou Unidade Administrativa".

Não bastasse esse percentual expressivo, é importante clarificar que a utilização da internet se dá principalmente por celular, o que inviabiliza um acesso de qualidade às informações *online*, aqui incluindo o E-Gov, quanto propriamente o trabalho remoto.

Pesquisa do BID — Banco Interamericano de Desenvolvimento — realizada no território nacional no período de outubro a dezembro de 2020, durante, portanto, fase crítica da pandemia, apontou que, nos serviços digitais oferecidos pelos órgãos públicos, aqui especificamente no recorte dos serviços públicos municipais, quase metade dos cidadãos desconhecia ou não utilizavam os indigitados serviços(8).

Com a edição da Lei n. 14.129/2021, o Governo Federal estabeleceu princípios, regras e instrumentos, de sorte que a digitalização pudesse, de fato, gerar eficiência no serviço público. A proposta de um Governo Digital, em tese, busca maior eficiência do gestor com a simplificação e transparência dos serviços públicos, o que impacta na economia de recursos e aumento da produtividade.

Os desafios, todavia, não são poucos, isso porque ainda falta acesso à tecnologia por considerável parte dos cidadãos brasileiros, além da não capacitação dos gestores públicos e/ou falta de Tecnologia de Informação.

Retomando as estatísticas PNAD do ano de 2019, ao considerar que 82,6% dos lares brasileiros possuem algum tipo de acesso à internet, forçoso reconhecer que não existe um "abismo" entre uma gestão presencial e digital, ou seja, de alguma forma a informação alcança o cidadão, no entanto, repita-se, de forma muito restrita (celular), tornando a qualidade do acesso precária.

No âmbito privado, o avanço da tecnologia também é um desafio para os gestores, tendo em vista que há importante divisão do trabalho entre o mundo digital e analógico, isso com enfoque ao acesso ao mercado de trabalho, que ainda encontra barreiras no analfabetismo digital funcional.

Da mesma forma que um serviço público somente alcançará a sua eficiência tecnológica, quando efetivamente acolher essa população digital excluída, o serviço privado também se ressentirá dessa deficiência se não viabilizar que os seus colaboradores possam ter efetivo acesso à tecnologia, mercê do custeio dos equipamentos e proporcionalizarão das despesas e, principalmente, qualificação dos gestores.

(V) TELETRABALHO: CONTROLE, COMANDO E AUTOGERENCIAMENTO DAS ATIVIDADES NA GESTÃO PÚBLICA E PRIVADA

O tema jornada de trabalho também desperta importantes reflexões aos gestores públicos e privados, pois tanto um quanto o outro necessitam de regramentos específicos. O gestor privado busca segurança jurídica, o público, a uniformidade de tratamentos.

No âmbito privado, a Lei n. 13.467/2017 normatizou o teletrabalho em um capítulo específico, abordando importantes aspectos dessa modalidade de trabalho.

Mais recentemente, a Medida Provisória n. 1.108/22, atual Lei n. 14.442/22, avançou em aspectos importantes, já citados anteriormente, com especial destaque para a inovação no inciso III, do art. 62, da CLT, ao dispor que somente para as atividades por produção ou tarefa estarão excluídas do capítulo da duração da jornada de trabalho.

---

(8) Disponível em: <https://www.iadb.org/pt/noticias/bid-ve-espaco-para-brasil-ampliar-servico-publico-digital-86--se-adaptaram-vida-online>. Acesso em: 11 set. 2022.

Importante registrar, ainda, que há no Congresso Nacional inúmeros projetos de lei apontando lacunas na legislação que ainda necessitam de aprimoramento. É certo que referidas propostas legislativas foram apresentadas antes da supracitada Medida Provisória editada pelo Governo Federal, no entanto, tanto os deputados federais, quanto a academia, ainda sustentam a necessidade de maior clarificação no ordenamento vigente.

Com o julgamento do STF em relação à Repercussão Geral n. 1.046[9] ficou evidenciado que o art. 611-A[10] da CLT, ao permitir que o negociado prevaleça sobre o legislado quando não se tratar de direitos absolutamente indisponíveis, abriu importante brecha para que o teletrabalho, por parte dos gestores privados, possam ser objeto de ampla e inovadora negociação coletiva.

Apesar da morosidade dos Sindicatos, é chegada a hora da negociação sindical assumir o seu devido protagonismo, caso contrário, o fetiche da lei poderá abraçar o vazio legislativo que ainda remanesce, podendo gerar, como já pudemos testemunhar em outras oportunidades, o engessamento das relações de trabalho, ao invés da necessária segurança jurídica que todo gestor privado almeja.

Na gestão pública, especificamente no que diz respeito ao regime estatutário, não há regulamentação unificada do teletrabalho, o que motivou que cada órgão da administração pública editasse a sua própria portaria ou regulamento.

Essa ausência de uniformidade, em tese, pode gerar ineficiência na gestão pública. Há quem sustente quanto à necessidade de uniformidade desses regramentos, notadamente quanto ao quesito produtividade, única forma de se obter isonomia de tratamentos.

Indiscutivelmente, seja na gestão pública ou privada, o teletrabalho passou a representar modalidade de trabalho disruptiva e, acima de tudo, definitiva.

No entanto, o gestor privado ainda está sofrendo os impactos das alterações legislativas no que se refere à busca da imprescindível segurança jurídica. Umas das questões cruciais está no art. 62, III, da CLT, anteriormente citado, representado pelo eterno drama do controle de jornada, de um lado, e autogerenciamento, do outro.

O gestor público, ainda que se valendo de portarias e/ou regulamentos específicos sem qualquer uniformidade, está conseguindo caminhar com um pouco mais de clareza nesse terreno, nada obstante os alertas já apresentados no presente artigo.

Ao gestor privado, a inovação legislativa prevista no inciso III, do art. 62 da CLT ainda merecerá interpretações do Poder Judiciário Especializado, não se podendo afirmar que o teletrabalho por produtividade e/ou tarefa, de fato, pacificará a questão do controle da jornada de trabalho/produtividade. O que se deve ter em vista é que a melhor interpretação do indigitado inciso está no reconhecimento de que a presunção sempre será relativa, podendo ou não, a depender da forma que o gestor privado pretender conduzir a gestão do seu negócio, gerar maior ou menor contingenciamento trabalhista, o que infelizmente continuará representando insegurança jurídica e riscos aos empreendedores que buscam eficiência na gestão de suas atividades.

---

(9) "São constitucionais os acordos e as convenções coletivos que, ao considerarem a adequação setorial negociada, pactuam limitações ou afastamentos de direitos trabalhistas, independentemente da explicitação especificada de vantagens compensatórias, desde que respeitados os direitos absolutamente indisponíveis."

(10) Art. 611-A da CLT: "A convenção coletiva e o acordo coletivo de trabalho têm prevalência sobre a lei quando, entre outros, dispuserem sobre: ... VIII — Teletrabalho".

(VI) O MODELO HÍBRIDO DE GESTÃO PÚBLICA E PRIVADA

Outra importante convergência, e que já foi objeto de constatação em inúmeras pesquisas e artigos, diz respeito ao trabalho misto ou híbrido.

No mundo privado, esse modelo alcançou a simpatia daqueles profissionais que se valeram da experiência mandatória do *home office* durante a pandemia do coronavírus.

O fenômeno da "hibridização" está devidamente apontado na pesquisa Deloitte de 2021, que sinalizou que 75% dos executivos globais pretendem continuar investindo em experiências híbridas. Importante destacar que o híbrido não está adstrito ao trabalho, propriamente dito, mas sim a "hibridização" em todos os segmentos de negócio.

A 5ª Pesquisa Nacional sobre Home Office Brasil 2022 realizada em parceria com a SOBRATT e UnB, junto à 460 organizações de diferentes segmentos e portes que adotam o teletrabalho, revelou que o trabalho híbrido alcançou 66%, isso considerando teletrabalhadores que, em tempo parcial, trabalham de um dia a quatro dias da semana fora da organização, ao passo que 34% adotam 100% *home Office*, ou seja, cinco dias da semana[(11)].

Sem dúvida, o modelo híbrido também se adequa à gestão pública, por três importantes motivos: o primeiro, nessa modalidade o servidor público continuará recebendo os benefícios do *home office*, mas também desfrutando do importante convívio com os seus pares, de sorte a não se permitir o silencioso efeito do isolamento social e sentimento de não pertencimento; o segundo, na modalidade híbrida o servidor público se volta à essencialidade de sua atividade, cujo foco é o cidadão e que exige do Poder Público a presença física do serventuário. Também estar presente na repartição é muito mais do que seguir protocolos da administração, tendo em vista que determinadas atividades exigem a atividade presencial como forma de melhor realizar a entrega do múnus público; o terceiro é que a experiência do uso emergencial do *home office*, para o setor privado[(12)] e público, gerou aumento de produtividade. Pesquisas apontam para esse fenômeno[(13)].

(VII) TELETRABALHO E O ESG. DESAFIO PARA GESTORES PÚBLICOS E PRIVADOS

As palavras que integram a sigla ESG[(14)] representam boas práticas relacionadas a questões ambientais (*environmental*), sociais (*Social*) e de governança (*Governance*); vale dizer, uma empresa necessita alcançar bons índices financeiros, no entanto, essa busca deverá estar sustentada por estes pilares, isso se o objetivo final for realmente a busca de uma corporação íntegra, coerente.

---

(11) <www.sobratt.org.br>.

(12) Relatório Pulse do índice de tendências da Microsoft, realizado com 20 mil trabalhadores, foi apresentado no FronTend em 17.11.2022. O levantamento demonstrou que 97% dos colaboradores brasileiros se consideram mais produtivos no trabalho remoto em contraponto a 88% dos gestores locais. Disponível em: <https://www.enap.gov.br/pt/acontece/noticias/pesquisa-revela-desafios-para-adaptacao-ao-trabalho-hibrido>.

(13) Pesquisa Home Office Brasil 2022 — SAP Consultoria em Recursos Humanos, com parceria da SOBRATT — Sociedade Brasileira de Teletrabalho e Teleatividades. 460 empresas respondentes de diferentes segmentos e portes, nas diversas regiões do país. Disponível em: <https://www.sobratt.org.br/>.

(14) ESG — Foi no Pacto Global que a sigla surgiu, em 2004. ESG é composta por um amplo conjunto de ações para que uma organização demonstre estar preocupada não apenas em proporcionar lucro para seus acionistas, mas também com o bem-estar do seu corpo funcional, redução de desigualdade social, o desenvolvimento da comunidade e a preservação do meio ambiente.

Indigitados pilares necessitam estar entranhados na filosofia e cultura de qualquer empresa e/ou organização, caso contrário, significarão meras peças publicitárias que, a qualquer momento, serão descobertas, o que surtirá o efeito contrário ao almejado[(15)].

No setor privado, empresas de todos os segmentos anunciam políticas de ESG, na medida em que é uma realidade o novo padrão de consumo, que observa, dentre outros aspectos, a origem do produto e gestão de resíduos. Profissionais, com esse olhar, procuram empresas com políticas verdadeiramente inclusivas e, finalmente, os investidores querem constatar se há efetivo alinhamento dessas organizações com práticas sustentáveis para viabilização de financiamentos. Ciclo virtuoso que chegou de forma definitiva no mundo privado.

No setor público, já existem iniciativas de formação de ranking de competividade dos Estados, também baseada em medidas de ESG, o que viabiliza pressão social para o atingimento de referidas metas.

Conceitos de "cidades sustentáveis" impactam o cliente do serviço público que, acima de tudo, valoriza práticas em infraestrutura, ecologia, acessibilidade, diversidade e inclusão.

Considerando que nos ambientes públicos e privados os indicadores ESG podem se desenvolver, resta saber em que sentido o Teletrabalho poderá contribuir nesses ambientes.[(16)]

Espera-se de um gestor público um olhar para políticas públicas que prestigiem empresas que adotem o teletrabalho. De outro lado, espera-se do legislador que esse encontro seja viabilizado por meio de incentivos fiscais.

O impacto do teletrabalho no meio ambiente não se discute mais. Esse impacto não vê o perfil do gestor, portanto, desnecessário maiores digressões sobre o tema, afinal, o deslocamento da residência à empresa e/ou repartição pública significa expressiva redução de emissões de CO2, seja atividade pública ou privada.

E aqui não se está apenas diante da busca de melhores indicadores com a redução de emissão de carbono, que certamente mitigam os efeitos deletérios da poluição na atmosfera, mas na efetiva possibilidade de os gestores públicos e privados, quando em trabalho no regime de *home office*, por vezes, em ambientes periféricos, oportunizarem a circulação de rendas nesses locais, na medida em que atividades, que seriam anteriormente realizadas em ambientes centrais, passam a ser realizados em suas residências. Conforme apontado, além de ser viabilizar o desenvolvimento de um comércio local, garantindo maior conforto ao teletrabalhador, há também manifesta economia com deslocamentos residência-trabalho e vice-versa, assim como redução de gastos do erário ao suportar menos subsídios com o transporte público, dentre outros benefícios.

Sem dúvida nenhuma, práticas de ESG, para um futuro próximo, deverão, necessariamente, ser um ponto de convergência entre os gestores públicos e privados nesse universo do teletrabalho.

---

(15) *Greenwashing* — falsa adesão ou adesão deturpada aos princípios de sustentabilidade. Essa atitude mina a confiança do público naquilo que empresas, governos e outras instituições estão fazendo sobre ESG.

(16) A sociedade começa a ganhar de forma significativa com a contribuição do teletrabalho com o ODS 11, que trata de Cidade e Comunidades Sustentáveis, com destaque para o item 11.6, que almeja: "Até 2030, reduzir o impacto ambiental negativo *per capita* das cidades, inclusive prestando especial atenção à qualidade do ar, gestão de resíduos municipais e outros". OLIVEIRA NETO, Célio Pereira. *Trabalho em ambiente virtual*: causas e efeitos e conformação. 2. ed. São Paulo: LTr, 2022. p. 132.

(VIII) CONCLUSÃO

Independentemente de a gestão ser pública ou privada, imperioso abrir os horizontes para um novo modelo que está a desafiar qualquer servidor ou trabalhador. Esse novo modelo que acolhe o tempo do teletrabalho de cada indivíduo, cada qual com a sua realidade. Esse novo modelo cuja palavra de ordem é a assincronia, impondo-se diferentes posicionamentos frente às novas modalidades de trabalho. Equipes, cada qual com a sua especificidade, seja ela numa gestão pública ou privada, não precisam necessariamente atuar ao mesmo tempo.

Essa assincronia também está retratada sob o espectro geracional. Pesquisa elaborada pela PwC Brasil e PageGroup aponta que o trabalho remoto é repelido pela geração *baby boomer*, ao passo que é muito bem acolhida pela geração Z, que não se reconhecem em jornadas engessadas, fixas, mas que estão sensíveis às qualidades das entregas[(17)].

Imperioso reconhecer o impacto com o aumento de reuniões *online* e, consequentemente, ausência de critérios na definição desses novos formatos de trabalho com significativas perdas de privacidade no ambiente familiar, mas isso o tempo já demonstrou ser de razoável solução, bastando que seja viabilizada a capacitação dos gestores no campo da etiqueta digital.

Ao trazer reflexões sobre gestão e teletrabalho, o presente artigo abre espaço para uma última provocação em forma de inquietude: a gestão remota, quer no ambiente público ou no privado, abrirá espaço para softwares de vigilância/monitoramento em escala, com capacidade de medir o tempo gasto *online*, realizar o reconhecimento facial, definir e investigar o número de *sites* visitados pelos teletrabalhadores, notificar os gestores quando verificarem ações "suspeitas", além de facilmente calcular o número de teclas digitadas pelos usuários[(18)].

Enfim, qual a necessidade desses softwares de vigilância, aqui nominados a título exemplificativo: Time Doctor, Activtrack, Hubstaff, OccupEye, Teramind, Pragli, Interguard, Sneek, Afiniti, que priorizam o comando e controle, ao invés de apostar na gestão baseada na confiança?[(19)]

O que se espera é que o avanço do teletrabalho não fomente antigas "desconfianças" de chefias inseguras, incapazes de acreditar que os empregados ou servidores públicos podem sim permanecer motivados à distância. Velhas desconfianças que ressoam o mantra no sentido de que somente por meio de uma vigilância ostensiva é possível evitar atividades desvinculadas do real escopo do trabalho.

Parece frágil apontar que essas ferramentas de fato poderão representar aumento de produtividade nas organizações. Uma forma obstinada de controle não significa dizer que os resultados serão alcançados de forma satisfatória.

De outro lado, qual o preço que se pretende pagar por conta dessa invasão de privacidade? Sob o enfoque jurídico, no âmbito privado, o formato desses softwares de controle certamente poderá repercutir no mundo jurídico, seja viabilizando condenações de empresas ao pagamento de horas extras, ou ainda, envolvendo condenações de colaboradores não sujeitos ao controle de horário, mas que, a depender do descontrole na utilização desses

(17) Disponível em: <https://www.pwc.com.br/pt/estudos/preocupacoes-ceos/mais-temas/2022/Trabalho-Pos-Pandemia_VF.pdf>. Acesso em: 10 set. 2022.

(18) Segundo Migliano, 2020, com a pandemia, a demanda por ferramentas de rastreamento aumentou 87%.

(19) Time Doctor: vasculha todos os movimentos realizados pelo usuário *online*; Activtrack: controle do corpo funcional com o objetivo de evitar distração com mídias sociais; HuBsTaff: programa que tem por objetivo tirar fotos da tela do computador a cada cinco minutos; OccupEye: monitora o tempo que o usuário está longe de sua estação de trabalho. Inúmeros outros programas de monitoramento estão no mercado, a saber: Teramind, Pragli, Interguard, Sneek, Afiniti etc.

softwares, poderão gerar sim condenações no campo do dano existencial. Isso se, evidentemente, houver o desrespeito à desconexão de forma recorrente, já considerado em algumas decisões tanto dos nossos Tribunais Regionais do Trabalho, quanto do Tribunal Superior do Trabalho[(20)].

Em que pese possa parecer um devaneio, notadamente diante dos riscos que envolvem esse modelo de gestão, que, acima de tudo, representa rigorosa quebra de fidúcia entre liderança e liderados, vozes surgirão defendendo essa forma de controle para liberação do trabalho remoto para os servidores públicos, sob o fundamento de que essas ferramentas atenderão ao bem comum, objetivo maior que sempre deverá ser perseguido na administração pública.

Não apenas por conta dos riscos envolvidos, mas principalmente em razão de boas práticas de gestão, precisamos acreditar que o futuro do teletrabalho, seja no segmento público ou privado, será desenvolvido com o DNA da liberdade com responsabilidade, ainda que para isso devam ser utilizadas métricas consistentes, não a ponto de uma desmedida vigilância panóptica apontada anteriormente.

É nesse caminho que os gestores públicos e privados encontrarão ambiente saudável para a medição de produtividade, afinal, o teletrabalho é o grande catalizador da medição do desempenho com um nível de exatidão sem precedentes.

Esse monitoramento, por conta dessa robusta quantidade de dados arquivados e analisados, fará com que os gestores recebam importantes informações sobre o processo, a ponto de que ajustes posam ser realizados em benefício da própria equipe de trabalho, mediante o remanejamento de pessoas, evitando-se sobrecarga para alguns e ociosidade para outros[(21)].

Por fim, toda convergência deverá estar na incessante busca de um ambiente de trabalho saudável, que fomente o engajamento na busca de resultados eficientes, com o olhar e respeito para a matéria prima que sempre deverá ser a maior preocupação dos gestores, sejam eles públicos ou privados, o ser humano.

REFERÊNCIAS

OLIVEIRA NETO, Célio Pereira. *Trabalho em ambiente virtual*: causas, efeitos e conformação. 2. ed. revisada, atualizada e ampliada. São Paulo: LTr, 2022.

OLIVEIRA, Bruno Coute de. Teletrabalho no Congresso Nacional durante a pandemia de Covid-19. De modalidade inexistente à garantidora da manutenção das atividades parlamentares. *Revista Científica Multidisciplinar Núcleo do Conhecimento*. Ano 5, Ed. 10, Vol. 12, p. 50-64, outubro de 2020.

---

(20) "RECURSO DE REVISTA DO EMPREGADO. PROCESSO SUBMETIDO À SISTEMÁTICA DA LEI N. 13.467/2017. DANOS MORAIS. COBRANÇA DE CUMPRIMENTO DE METAS FORA DO HORÁRIO DE TRABALHO. INDENIZAÇÃO DEVIDA. O TRT consignou que "[a] utilização do WhatsApp para a cobrança de metas, até mesmo fora do horário de trabalho, ficou evidenciada" — p. 478. Condutas como esta extrapolam os limites aceitáveis no exercício do poder potestativo (diretivo do trabalho dos empregados) pelo empregador, gerando ao trabalhador apreensão, insegurança e angústia. Nesse contexto, embora o Tribunal Regional tenha entendido pela ausência de ato ilícito apto a ensejar prejuízo moral ao empregado, sob o fundamento de que não havia punição para aqueles que não respondessem às mensagens de cobrança de metas, é desnecessária a prova do prejuízo imaterial, porquanto o dano moral, na espécie, é presumido (*in re ipsa*), pressupondo apenas a prova dos fatos, mas não do dano em si. Recurso de revista conhecido por divergência jurisprudencial e provido." (TST — RR: 103775520175030186, Relator: Alexandre de Souza Agra Belmonte, Data de Julgamento: 17.10.2018, 3ª Turma, Data de Publicação: DEJT 19.10.2018)

(21) "... os dados podem ser tratados para inferir pesos para todas as tarefas, de modo a dar uma melhor métrica de produtividades. E visto que os dados não mentem, tarefas podem ser remanejadas para equipes maiores ou mais ociosas, evitando sobrecarga, e para quem lidar melhor com qual demanda — fazendo desse conjunto de dados algo mais valioso que ouro para o gestor." *A evolução do teletrabalho*: tomo III: tecnologia no teletrabalho. Organizadores: Fabiano Zavanella, Fernando Angelieri, Luis Otávio Camargo Pinto. 1. ed. Campinas: Lacier, 2022. p. 59/60. Artigo de José Assumpção Rodrigues de Almeida.

NORA, Gabriela Almeida Marcon; MARCON, Fernanda Almeida e MARCON, Denise Teresinha Almeida. *Trabalho remoto no setor público*: contribuições teóricas, 2019, Rondon, PR. Disponível em: <htpps://e-revista.unioeste.b/index.php/csaemrevista>.

SPITZCOVISKY, Celso. *Direito Administrativo,* coordenação: Paulo Lenza. 5. ed. São Paulo: SaraivaJur, 2022.

MANNRICH, Nelson, Organizador. *Relações de trabalho e desafios da tecnologia em um ambiente pós-pandemia*. Leme, SP: Mizuno, 2021.

SILVA, Bruno Cezar e CONFESSOR, Kliver Lamarthine Alves. *Administração Pública*: desafios e perspectivas da gestão pública pós-pandemia. 1. ed. Guarujá: Editora Científica, 2021.

LEITE, Ana Luiza e LEMOS, Dannyela de Cunha. *Gestão de pessoas e teletrabalho*: desafios e oportunidades. Universidade do Estado de Santa Catarina (UDESC), Florianópolis, 2021.

ZAVANELLA, Fabiano; ANGELIERI, Fernando e CAMARGO PINTO, Luis Otávio, organizadores. *A evolução do teletrabalho*: tomo III. 1. ed. Campinas: Lacier Editora, 2022.

Terceirização, Pejotização, Trabalho Temporário, MEI, Intermitente: cuidados que a gestão deve tomar

Luiz Eduardo Amaral de Mendonça(*)
Fernanda Munis Borges(**)

1. PRESTAÇÃO DE SERVIÇOS POR TERCEIRIZAÇÃO E A "PEJOTIZAÇÃO"

Durante muitos anos os empregadores conviveram com a ideia de que não seria possível uma empresa prestar serviços a outra naquilo que fosse a sua atividade principal (atividade-fim), ou seja, o trabalho descrito no seu objeto social não poderia ser terceirizado. Entendia a Justiça do Trabalho que a terceirização da atividade-fim fosse ilícita e os tribunais sempre reconheceram tal prática como fraude trabalhista, prevista no artigo 9º da CLT, declarando o vínculo do trabalhador (que prestava serviços) diretamente com a empresa tomadora dos serviços.

Os relatórios de auditoria[(1)], muito comuns nas empresas, sempre provisionavam valores relevantes de "passivos trabalhistas", quando constatavam que a empresa auditada utilizava a prática de terceirização de atividade-fim ou de "pejotização". Tanto a terceirização de atividade-fim quanto a pejotização eram termos que davam a ideia de fraude.

Nesse aspecto, é importante distinguirmos as duas modalidades de contratação (pejotização x terceirização), que embora tenham características comuns, não são sinônimos, senão vejamos:

Segundo explica o professor Rafael Lara Martins[(2)], *"a "pejotização" se trata de um neologismo para denominar a prática ilícita do empregador em contratar um funcionário pessoa física por meio da constituição de pessoa jurídica (PJ) para prestar serviços."*

A Justiça do Trabalho comumente tratou a pejotização como fraude pois o fato de uma pessoa (sócio único) constituir uma empresa para prestar serviços carrega a ideia de pessoalidade que não está presente na terceirização, sendo que a prestação de serviços muitas vezes é habitual e mediante remuneração, o que aproxima bastante a realidade dos requisitos da relação empregatícia.

As empresas contratantes devem sempre estar atentas para verificar se esse profissional (sócio da empresa contratada) realmente exercerá suas atividades com completa autonomia e, de fato, sem subordinação.

Ainda que sejam modalidades diversas, há pontos em comum, pois a ambas são formalizadas por meio de contrato de prestação de serviço, cujos requisitos de validade serão explicados a seguir.

---

(1) Prática de provisionamento comum nas empresas que ocorrem de forma semestral ou anual.
(2) MARTINS, Rafael Lara *in* "Terceirização e "pejotização" — riscos e precedentes" em artigo publicado em 20/10/2021 na coluna do Rota Jurídica. <https://www.rotajuridica.com.br/rota-trabalhista/terceirizacao-e-pejotizacao-riscos-e-precedentes>. Acesso em: 09 ago. 22.

Vale ressaltar que tanto a pejotização quanto a terceirização *"possuem o mesmo objetivo, qual seja, a prestação de serviço por uma pessoa jurídica especializada em determinada atividade, sendo que o principal intuito de tais modalidades é a redução de gastos com encargos trabalhistas*[(3)]."

Como bem ensina o professor Rafael Lara Martins, " (...) *A principal diferença entre terceirar e "pejotizar", inobstante os fatores já expostos, está no maior potencial de ilicitude desta, já que possui maior tendência em se configurar apenas como uma simulação de prestação de serviços autônomos, quando, na verdade, é uma verdadeira relação de emprego. Deste modo, na grande maioria dos casos a essência da "pejotização" é de uma relação com vínculo empregatício, inclusive porque os serviços prestados pelo PJ comumente já eram realizados por uma pessoa física."*

Feita a diferenciação conceitual, é importante traçar uma linha do tempo para que o leitor consiga compreender como que a ideia da terceirização evoluiu no direito do trabalho brasileiro.

A previsão legal de terceirização (prestação de serviços por empresa interposta) somente ocorreu de forma mais expressa a partir do ano de 2017, com a promulgação da Lei n. 13.429/2017, que trouxe, pela primeira vez, disposições sobre terceirização/prestação de serviços, tendo alterado a Lei n. 6.019/74, a qual até então apenas falava em trabalho temporário.

Até o ano de 2017, o único posicionamento sobre o tema era a Súmula n. 331 do Tribunal Superior do Trabalho ("TST"), a qual permitia tão somente terceirização da atividade-meio, vigilância e conservação e limpeza.

De todo modo, a citada lei da terceirização nada mencionava sobre a possibilidade ou não de terceirização das chamadas atividades-fim das empresas, utilizando-se apenas a expressão de terceirização de 'serviços determinados e específicos', o que já indicava a não totalidade da terceirização em todas as funções/cargos das empresas.

Porém, alguns meses depois, no mesmo ano de 2017, com a Lei da Reforma Trabalhista (Lei n. 13.467/17) houve autorização expressa para a prestação de serviços em qualquer atividade da empresa. Cite-se:

> *Art. 4º-A. Considera-se prestação de serviços a terceiros a transferência feita pela contratante da execução de quaisquer de suas atividades, inclusive sua atividade principal, à pessoa jurídica de direito privado prestadora de serviços que possua capacidade econômica compatível com a sua execução.*

Dito isso, a partir de novembro de 2017, a contratação de prestadores de serviços tornou-se mais fácil, pois não seriam mais debatidas quais as atividades foram desempenhadas e se poderia ou não serem terceirizadas. A partir de então, o importante para as empresas é sempre verificar se este prestador de serviços se enquadra nos requisitos de vínculo de emprego previstos (art. 3º da CLT) e se a empresa constituída preenche os requisitos legais.

Vale destacar que tão logo foi publicada a Lei n. 13.429/2017, que instituiu a terceirização, continuou-se a discussão sobre a possibilidade de terceirização da atividade-fim das empresas e como não se tinha ideia que a lei da reforma trabalhista viria tratar desse tema também, diversas Ações Diretas de Inconstitucionalidade (ADIs) foram propostas no Supremo Tribunal Federal ("STF") (ns. 5685, 5686, 5687, 5695 e 5735).

---

(3) *Idem* <https://www.rotajuridica.com.br/rota-trabalhista/terceirizacao-e-pejotizacao-riscos-e-precedentes> Acesso em: 9 ago. 22.

Entretanto, no dia 16.06.2020, o STF julgou todas as ADIs improcedentes, declarando ser constitucional a terceirização das atividades-fim, considerando que a modernização das relações trabalhistas é necessária para aumentar a oferta de emprego e assegurar os direitos constitucionais.

As empresas então passaram a ter maior segurança jurídica, pois além de existir uma lei que autorizava expressamente a terceirização de qualquer atividade da empresa, o STF ratificou a constitucionalidade da reforma trabalhista e da lei de terceirização reconhecendo, em ADPE n. 324, que a terceirização de atividade-fim é constitucional.

De todo modo, já que a lei de terceirização foi reconhecida como constitucional, é sempre importante garantir que sejam observados todos os requisitos estabelecidos para a regularidade dos prestadores de serviços pessoas jurídicas impostas pelo Governo, conforme se verá a seguir.

I — Regras de contratação

A constitucionalidade da terceirização da atividade-fim e da própria lei não exime ao cumprimento dos requisitos legais. A Lei n. 6.019/74 é expressa quanto a estes:

- Com relação ao Contrato Formal:
  - O contrato deve ser sempre escrito;
  - O contrato deve sempre prever a qualificação das partes;
  - O contrato deve sempre especificar o serviço a ser prestado;
  - O contrato deve ter prazo para realização do serviço, quando for o caso;
  - O contrato deve prever o valor;
- Com relação aos requisitos mínimos do prestador de serviços:
  - Prova de inscrição no CNPJ;
  - Registro na Junta Comercial; e
  - Deve possuir capacidade econômica compatível com a execução da atividade que lhe foi transferida;
  - É responsável por contratar, remunerar e dirigir o trabalho realizado por seus trabalhadores;
  - Constituição da empresa em momento anterior ao início da prestação de serviços;
  - Capital social compatível com o Mercado:

Número de Empregados:	Capital Social Mínimo:
Até 10 empregados	R$ 10.000,00
De 10 a 20 empregados	R$ 25.000,00
De 20 até 50 empregados	R$ 45.000,00
De 50 a 100 empregados	R$ 100.000,00
Mais de 100 empregados	R$ 250.000,00

- Com relação ao Tomador de Serviços
    - Vedado utilizar os trabalhadores terceirizados para realizar atividades distintas daquelas do contrato de prestação e serviços;
    - Deve garantir as condições de segurança, higiene e salubridade dos trabalhadores, quando o trabalho for realizado em suas dependências ou local previamente convencionado em contrato;
    - Poderá estender ao trabalhador da empresa de prestação de serviços o mesmo atendimento médico, ambulatorial e de refeição destinado aos seus empregados, existente nas dependências do contratante, ou local por ele designado;
    - Quanto às obrigações previdenciárias, deve ser efetuada a retenção de 11% do valor bruto da nota fiscal de prestação de serviços, nas hipóteses do art. 31 da Lei n. 8.212/1991.

2. REGRAS DA "QUARENTENA"

Não pode ser contratada como prestadora de serviços a pessoa jurídica cujos titulares ou sócios tenham, nos últimos 18 (dezoito) meses, prestado serviços à contratante na qualidade de empregado ou trabalhador sem vínculo empregatício, exceto se os referidos titulares ou sócios forem aposentados.

Da mesma forma, o empregado (CLT) que for dispensado não poderá prestar serviços para esta mesma empresa na qualidade de empregado de empresa prestadora de serviços antes do decurso de prazo de 18 (dezoito) meses, contados a partir da dispensa do empregado.

Portanto, se as empresas pretendem contratar empresas terceirizadas para prestar serviços, é muito importante que sigam as regras estabelecidas pela própria lei de terceirização, sob pena de determinada terceirização ser declarada fraudulenta e para que não corra o risco de aumentarem o seu passivo trabalhista tanto com relação à fiscalização do trabalho (risco de autos de infração e pagamento de multas), quanto com relação à Justiça do Trabalho.

Não é demais lembrar que o Ministério Público do Trabalho possui coordenadorias específicas e especializadas para fiscalizar e combater as relações de trabalho fraudulentas, tendo o poder de distribuir Ações Civis Públicas perante a Justiça do Trabalho.

Outro ponto que merece ser destacado é que a empresa tomadora dos serviços sempre continuará responsável subsidiária[4] pelas obrigações trabalhistas referentes ao período em que ocorrer a prestação de serviço.

O novo posicionamento dos Tribunais Superiores (STF e TST) acerca da "Pejotização"

Como muitas mudanças trazidas pela Lei n. 13.467/2017, o fenômeno conhecido no âmbito da Justiça do Trabalho como "pejotização", ganhou novos contornos.

A pejotização era interpretada pela Justiça do Trabalho como a transformação fraudulenta da pessoa física (empregado) em pessoa jurídica. A jurisprudência trabalhista caminhava

(4) Entende-se por responsabilidade subsidiária aquela que obedece ao benefício de ordem na execução de uma ação trabalhista, devendo pagar eventuais direitos somente se a real empregadora do trabalhador deixar de fazê-lo. Daí a importância em se contratar empresas terceirizadas idôneas.

no sentido de entender que fosse ilícita a contratação de mão de obra por meio de pessoa jurídica, quando houvesse preenchido o requisito da pessoalidade.

As discussões sobre as consequências do ativismo judicial da Justiça do Trabalho e seus possíveis desdobramentos se tornaram cada vez mais necessárias entre os operadores de direito. A grande maioria das decisões do TST, recentes, demonstram uma preocupação com um antigo hábito da Justiça do Trabalho de reconhecer vínculo de emprego em toda e qualquer relação de trabalho, mesmo que exista lei específica dispondo que determinada atividade não fosse regida pela CLT. Salvo algumas exceções, o que se viu nas últimas décadas foi a aplicação desproporcional do artigo 9º da CLT (que trata da fraude trabalhista), entendendo que a Justiça do Trabalho precisasse declarar vínculo de emprego em todas as relações de trabalho, como se fosse a única forma de proteger direitos sociais.

Ocorre que logo após o Supremo Tribunal Federal ter definido, em ADPE n. 324, que a terceirização de atividade fim seria constitucional, outro julgamento mais específico e ligado à "pejotização" trouxe bastante repercussão.

O Superior Tribunal Federal declarou válida, em ADC 66, a relação jurídica entre (PJ) prestadores de serviços intelectuais ou científicos, artística ou cultural em caráter personalíssimo.

Essa decisão foi conhecida com a primeira decisão do STF que validava a contratação por meio de PJ e já nos permitiu afirmar que quando se tratava de pessoas físicas que não fossem hipossuficientes, admitir-se-ia que constituíssem uma empresa e passassem a trabalhar por meio de relação comercial emitindo-se nota fiscal, mesmo que presente o requisito da pessoalidade.

A doutrina e jurisprudência, então, passou a discutir se o rol de atividades seria taxativo ou exemplificativo. Uns defendiam a tese de que só seria admitida a "pejotização" se analisado o caso a caso e desde que fossem em atividades intelectuais ou artísticas. Outros, defendiam a tese de que o rol de atividades era exemplificativo e que outras atividades especializadas pudessem ser pejotizadas.

Seguindo nessa mesma linha e por obediência hierárquica, a 4ª Turma do TST (RR-181500-25.2013.5.17.0008) deixou bastante claras as diferenças existentes entre a subordinação jurídica (típica do artigo 3º da CLT) e a subordinação estrutural, sendo que a simples cobrança de resultados ou supervisão dos trabalhos, determinando-se a forma da execução das atividades de um trabalhador pessoa física não se presta, por sí só, a reconhecer que o trabalhador fosse empregado. Afastou-se, portanto, naquele caso o pedido de vínculo empregatício de um corretor de imóveis que prestou serviços a uma empresa.

A multiterceirização das relações de prestação de serviço, o *crowdworkers* e evolução do Direito Coletivo do trabalho têm feito os nossos tribunais repensarem a forma como julgam os casos trabalhistas.

Outra decisão que ganhou bastante destaque no meio do direito do trabalho foi proferida pela Primeira Turma do STF, que entendeu por validar a contratação de um "não hipossuficiente" como pessoa jurídica[(5)].

Entende-se, nesse caso, que a decisão se referiu ao caso em que os profissionais prestadores de serviço por meio de Pejotização sejam "hipossuficientes", ou seja, é um adjetivo usado para se referir ao trabalhador que possua carência financeira ou intelectual capaz de merecer uma proteção.

---

(5) Fontes: Processo RCL n. 47843. <https://portal.stf.jus.br/noticias/verNoticiaDetalhe.asp?idConteudo=481399&ori=1>.

Em outras palavras, o STF entendeu que o profissional que não seja hipossuficiente está apto e tem pleno discernimento de definir a forma com que pretende prestar seus serviços e se optou pela "pejotização", há que se respeitar o direito constitucional da livre iniciativa.

A decisão paradigmática determinou que o TRT da 5ª Região (BA) ratificasse os precedentes do STF e permitisse que determinada organização social responsável pela gestão de hospitais públicos contrate médicos como pessoas jurídicas e que fossem afastadas a alegação do Ministério Público do Trabalho no tocante a contratação ilícita em razão da suposta fraude à CLT (art. 9º da CLT).

Os precedentes indicados em referida decisão foram o Tema 725 da Repercussão Geral e (ADPF 324, ADC 48, ADI 3.961, ADI 5.625 e RE 958.252), em suma trazem a terceirização de atividade-fim e de atividade-meio como constitucionais.

Importante lembrarmos que o Decreto n. 10.854/2021 já dava mostras de que o Legislativo também já vinha ratificando e validando a prestação de serviços de pessoa jurídica na execução de quaisquer de suas atividades, inclusive de sua atividade principal.

Em que pese a decisão não ter sido unânime, resta evidente que o assunto ainda não é pacífico e a discussão do caso a caso ainda vá continuar. Porém, é inegável que o STF (o nosso guardião da Constituição) começa a demonstrar uma tendência de reconhecer a constitucionalidade das prestações de serviços intelectuais por pessoa jurídica.

Nesse sentido, o STF vem entendendo que a contratação de Pessoa Jurídica é permitida pela legislação brasileira e que a ação movida pelo Ministério Público do Trabalho somente se justificaria se a situação envolvesse hipossuficientes, o que não era o caso.

O voto do Ministro do STF defende que esse modelo é utilizado legalmente também para professores, artistas, locutores e outros profissionais que se enquadram como não hipossuficientes.

A decisão do Ministro Alexandre de Morais, acompanhada pelos Ministros Luis Roberto Barroso e Dias Toffoli obriga o judiciário trabalhista a rever seus conceitos mais avessos à "pejotização", provocando também o Ministério Público do Trabalho e a fiscalização a repensar suas premissas quando lidarem com casos de relação de trabalho de pessoas que não sejam hipossuficientes.

Cada vez mais comuns no STF, as empresas estão utilizando de reclamações constitucionais para requerer ao judiciário o reconhecimento de validade da contratação por meio de pejotização. Em dezembro de 2022, foram deferidas duas liminares pelo Ministro Luís Roberto Barroso admitindo a pejotização de uma incorporadora e construtora (Rcl 56132) e outra de uma empresa de prestação de serviços. (Rcl 55607).

Nas palavras do Ministro do STF, o contrato de emprego não é a única forma para se estabelecer uma relação de trabalho. *"Um mesmo mercado pode comportar alguns profissionais que sejam contratados pelo regime da Consolidação das Leis do Trabalho e outros profissionais cuja atuação tenha um caráter de eventualidade ou maior autonomia."*

Essas decisões fazem refletir no sentido de que tanto o judiciário quanto o governo estão reconhecendo a contratação de pessoa jurídica, prestigiando a livre iniciativa, a liberdade de contratação, o aumento da renda dos prestadores de serviços, a desoneração da relação de trabalho, pautando-se pela mínima interferência na liberdade econômica constitucionalmente assegurada e o equilíbrio nas relações econômicas e empresariais.

Por outro lado, é importante destacar que as empresas devem sempre tomar bastante cuidado com os requisitos da Lei n. 13.429/2017, expostos no capítulo anterior, pois o TST recentemente condenou[6] uma empreiteira contratante ao pagamento de danos morais coletivos e dumping social porque a empresa terceirizada não possuía o capital social mínimo previsto no artigo 4º-B da lei.

Recomenda-se, então, que as áreas de *compliance* das empresas ou os jurídicos internos revejam seus contratos, verificando se estão cumprindo os requisitos da Lei e aqueles trazidos pelo STF.

II. Microempreendedor Individual ("MEI")

Em linhas gerais o MEI nada mais é do que uma modalidade societária e forma de constituição de uma empresa, tendo como vantagens menos burocracia, a possibilidade de enquadramento no simples nacional e alguns benefícios previdenciários (aposentadoria, licença maternidade, entre outros).

A regulamentação do MEI surgiu com o Decreto estadual n. 52.228/2007 e posteriormente regulada pela Lei Complementar n. 123/2006, com alterações pelas Leis Complementares ns. 128/2008 e 133/2009, possibilitando o registro de um CNPJ por uma só pessoa, com os seguintes requisitos:

a) Ter, no máximo, 1 (um) empregado registrado que recebera um salário-mínimo ou piso da categoria;

b) Não pode o sócio ser titular ou sócio de outra empresa;

c) Faturamento anual de até R$ 81.000,00 (oitenta e um mil reais);

d) Exercer as atividades previstas na listagem do governo[7];

Não há na Lei n. 6.019/74 definição ou vedação a quais tipos societários estão abrangidos por ela, sendo permitida a prestação de serviços ali descrita para o MEI também.

A cautela, neste caso, é que o MEI, pelas características de um único sócio e até um empregado dão uma pessoalidade e proximidade maior entre o prestador de serviços e a empresa contratante. Assim, quando se fala da "pejotização" descrita acima, o MEI pode evidenciar, ainda mais, esta relação próxima.

O MEI aproxima-se, mas é diferente do trabalhador autônomo, outra figura jurídica a qual *"consiste, entre todas as figuras a mais próxima do empregado. (...) e distingue-se do empregado, quer em face da ausência da subordinação ao tomador dos serviços no contexto da prestação do trabalho, quer em face de também, em acréscimo, poder faltar em seu vínculo com o tomador o elemento da pessoalidade"*[8]. Trata-se normalmente de serviços específicos e de conhecimento técnico do profissional, como contabilidade, médico, entre outros.

O autônomo possui também registro na prefeitura, registro no INSS, emissão de recibo de prestação de serviços autônomos e contrato de prestação de serviços. Há previsão expressa sobre esta modalidade na CLT, afastando o vínculo de emprego quando preenchidos os requisitos legais:

(6) Trata-se de Ação Civil Pública movida pelo Ministério Público do Trabalho de Minas Gerais (MPT-MG), n. do processo: RR-10709-83.2018.5.03.0025 (fonte: www.tst.jus.br)

(7) <https://www.gov.br/empresas-e-negocios/pt-br/empreendedor/quero-ser-mei/atividades-permitidas>.

(8) DELGADO, Mauricio Godinho. *Curso de direito do trabalho:* obra revista e atualizada conforme a lei da reforma trabalhista e inovações normativas e jurisprudenciais posteriores. Mauricio Godinho Delgado. 18. ed. São Paulo: LTr, 2019. p. 397.

Art. 442-B. A contratação do autônomo, cumpridas por este todas as formalidades legais, com ou sem exclusividade, de forma contínua ou não, afasta a qualidade de empregado prevista no art. 3º desta Consolidação.

Portanto, sendo um tipo societário, mas não confundindo-se com autônomo, todas as cautelas e critérios indicados no item 'I' acima, aplicam-se na contratação de um MEI, em especial:

- Cautelas no dia a dia e boas práticas na relação com esse prestador de serviços, evitando subordinação, pessoalidade e habitualidade, em especial, na atividade;
- Conferência da documentação e se a atividade objeto da prestação de serviços pode ser prestada por MEI.

III. Trabalho temporário

O trabalho temporário é regulado pela Lei n. 6.019/74 e Decreto n. 10.854/2021, no qual um trabalhador é contratado por empresa de trabalho temporário e que o coloca à disposição de empresa tomadora de serviços, visando atender a necessidade de substituição transitória de pessoal permanente, salvo de trabalhadores em greve, ou à demanda complementar de serviços (oriunda de fatores imprevisíveis ou de natureza intermitente, periódica ou sazonal, não sendo consideradas aquelas atividades permanentes ou decorrente de abertura de filial).

Nota-se, portanto, que estamos diante de um tipo de terceirização, mas com a qual não se confunde. Também é possível em qualquer atividade, mas tem como diferença principal a possibilidade de subordinação entre empregado e tomadora de serviços. Ao contrário da terceirização acima tratada, o tomador de serviços pode dar ordens e inserir o trabalhador temporário na sua atividade e organização, o que torna um grande atrativo a este formato.

Até pelas necessidades que visa atender, o prazo máximo de contratação nesta modalidade são 180 (cento e oitenta) dias, consecutivos ou não, podendo ser prorrogado por mais 90 (noventa) dias, desde que mantidas as causas ensejadoras da contratação. Cumprido estes prazos, o mesmo empregado apenas poderá ser colocado à disposição da mesma tomadora após 90 (noventa) dias, sob pena de constituição de vínculo de emprego diretamente.

Como tomadora de serviços, ao pesquisar um parceiro comercial para suprir esta necessidade temporária, deve-se ficar atendo a regularidade da empresa de trabalho temporário, a qual precisa ser registrada no Ministério do Trabalho e Junta Comercial, possuindo capacidade econômica compatível com a atividade, sendo que o capital social mínimo é de R$ 100.000,00. Esta mesma empresa de trabalho temporário não pode cobrar dos trabalhadores qualquer valor nesta mediação de mão de obra. Todos são pontos relevantes de conferência prévia.

Escolhida a empresa parceira, o contrato deve ser escrito, indicando a qualificação das partes, motivo da contratação, prazo, valor e disposições de saúde e segurança. Importante ressaltar que é vedado incluir qualquer cláusula vedando a contratação do empregado diretamente pela tomadora de serviços, até porque, a intenção do Direito do Trabalho é sempre fomentar e primar pelo vínculo de emprego indeterminado da CLT, mais benéfico e protetor ao empregado.

As tomadoras de serviços também podem exigir que o trabalho seja em seu estabelecimento ou outro local indicado, mas tendo a responsabilidade em garantir as condições de segurança, higiene e salubridade dos trabalhadores temporário, incluindo a extensão do atendimento médico, ambulatorial e de refeição destinado aos empregados regulares.

Importante ressaltar que o trabalhador temporário possui categoria específica, mas tem todos os direitos garantidos, como: a) remuneração equivalente à mesma categoria da tomadora e respeitando a base horária, piso salarial e salário-mínimo; b) jornada de trabalho de até 8 horas e todas as regras oriundas disso, como intervalos, horas extras, adicional noturno, entre outros. c) férias; d) repouso semanal remunerado; e) FGTS; e f) seguro acidente do trabalho.

Aplica-se também aos empregados temporários também os critérios de justa causa ou rescisão indireta, artigos 482 e 483 da CLT respectivamente. A única ressalva, distinta dos empregados "tradicionais" é não aplicação do conceito de contrato de experiência ou indenização pela rescisão antecipada do artigo 479 da CLT.

Apesar de todas as proximidades acima com um empregado CLT, regra geral, não há vínculo de emprego entre a tomadora e empregado, mas sim uma responsabilidade subsidiária, salvo comprovada fraude ou no caso de falência da empresa de trabalho temporário.

Pelos pontos acima, relevante a cautela da tomadora em avaliar a pertinência deste formato, estando atenta:

- Ao cumprimento dos motivos;
- Ao prazo;
- A regularidade da empresa de trabalho temporário;
- As regras de saúde e segurança;
- Aos direitos dos trabalhadores.

Isto porque, cumprindo com todos os regramentos acima, apesar de mão de obra válida e útil em diversos casos, estamos falando de custos mais elevados, seja pelos direitos garantidos, seja pelo custo adicional de agenciamento da empresa de trabalho temporário. Por outro lado, o grande atrativo é mão de obra rápida e especializada sem todos os trâmites e custos de um processo seletivo.

IV. Trabalho intermitente

Trata-se de modalidade de trabalho aplicável a qualquer atividade, salvo os aeronautas, e que foi incluída na CLT com a Reforma Trabalhista, estando disposto em alguns artigos como 443 e 452-A.

É um empregado regular, com registro na CTPS e prestação de serviços com subordinação, preenchendo todos os requisitos da relação de emprego previstos no artigo 3º da CLT (subordinação, pessoalidade, não eventualidade e onerosidade). A diferença aqui é que acontece alternância de períodos de prestação de serviços e de inatividade, sem que isso descaracterize o vínculo de maneira geral. Por isso mesmo, é uma modalidade que, pela inatividade, presume, na prática, que o empregado prestará serviços a várias empresas.

O trabalho pode ser determinado em períodos de prestação de serviços em horas, dias ou meses, ou seja, o empregado poderá ser demandado para trabalhar um dia e permanecer na inatividade (sem prestar serviços e sem receber salário) por dias ou meses, por exemplo.

Por isso, é um formato inovador e que pode ser muito bem utilizado pelas empresas, pois poderá manter empregados, apenas utilizando deles e, consequentemente, remunerando-os, quando houver demanda, sem a necessidade de manter muitos empregados sendo remunerados em época que não possuem serviço.

Por outro lado, o empregador deve avaliar seu negócio e compreender se faz sentido ter este tipo de mão-de-obra, havendo previsibilidade ou uma necessidade clara de quais dias e períodos o trabalho é preciso, talvez seja o caso de um contrato indeterminado com uma jornada reduzida ou um contrato por prazo determinado, caso contrário, esta forma de contratação pode ser vista como fraudulenta.

1. Regras de contratação

- Celebração de contrato por escrito;
- Especificar expressamente o valor da hora de trabalho, a qual não pode ser inferior ao valor hora do salário-mínimo ou da hora paga pela empresa ao demais empregados do estabelecimento que exercem a mesma função, seja contratado de modo intermitente ou não (empregado típico). Ressaltamos a importância também de respeitar o piso da categoria, apesar da omissão legislativa.

2. Regras sobre a convocação do empregado

- O empregador deve convocar o empregado através de qualquer meio de comunicação eficaz. A lei não estabelece o que seria comunicação eficaz, portanto, dependerá do caso concreto e das comunicações já comumentes utilizadas pela empresa, sempre recomendando-se um meio escrito que forneça comprovação da convocação (e-mail, WhatsApp, notificações por carta etc.).
- Na convocação o empregador deverá informar a jornada a ser realizada pelo empregado para aquele período de prestação de serviços. Importante ressaltar que o contratado intermitente é regido pela CLT durante o período de prestação de serviços (é empregado "tradicional") e, portanto, a ele se aplicam as mesmas regras trabalhistas aos demais empregados, incluindo períodos máximos de jornada, intervalo interjornada, intervalo intrajornada, compensação, horas extras, entre outros.
- A notificação deve ser entregue ao empregado com pelo menos 3 (três) dias corridos de antecedência ao início da prestação de serviço indicada.
- O empregado tem o prazo de 1 (um) dia útil, contado a partir do recebimento da convocação, para responder ao chamado, sob pena de ser entendido como recusa à prestação do serviço.
- A recusa da oferta pelo empregado não descaracteriza a subordinação, isto é, não deixará de ser considerado empregado intermitente por conta desta recusa. O contrato de intermitente permanecerá plenamente válido e é direito do empregado recusar a convocação.
- Realizando a convocação e sendo aceita, aquele que descumprir o acordo sem justo motivo, deverá pagar à outra parte multa de 50% (cinquenta por cento) da remuneração que seria devida em decorrência daquela convocação (além da exigência legal, por isso a importância de estipular precisamente a jornada e no contrato constar o salário-hora, o que permite o computo desta penalidade), ou, compensar com a prestação do serviço que havia sido pactuada.

  Neste ponto há um primeiro desafio prático, como cobrar a multa, em especial do empregado? É preciso constar no contrato cláusulas já prevendo esta situação e colhendo a autorização prévia e expressa do empregado no desconto em folha, mesmo que isso apenas aconteça no próximo período de atividade (não necessariamente na próxima folha).

3. Remuneração e Benefícios

Ao término de cada período de prestação de serviços será pago ao empregado o valor proporcional ao serviço prestado e demais benefícios. Quando a prestação de serviços for superior a 1 (um) mês, sugerimos que a periodicidade destes pagamentos não se dê apenas ao final da prestação, mas mensal. Não há esta previsão na legislação vigente, todavia, evita-se qualquer argumentação de atraso salarial.

Sendo assim, os valores pagos de forma proporcional e demais providências a cada prestação de serviços são: a) remuneração referente ao período da convocação– salário, gorjetas, eventuais comissões e gratificações legais; b) repouso semanal remunerado; c) adicionais legais (horas extras, noturno, periculosidade, insalubridade etc.); d) férias proporcionais acrescidas de 1/3; e) 13º salário proporcional; f) recibo de pagamento com discriminação dos valores pagos relativos a cada uma das parcelas antes mencionadas; g) recolhimento pelo contratante da contribuição previdenciária, com base nos valores pagos no período mensal; e h) depósitos do FGTS, com base nos valores pagos no período mensal.

Ainda, é garantido a todo empregado intermitente um 1 (um) mês de férias, a cada 12 (doze) meses de contrato, o qual poderá ser usufruído nos 12 (doze) meses subsequentes, momento no qual não poderá ser convocado pelo mesmo empregador. A diferença para o período de inatividade é que durante um mês do ano o empregado não pode sequer ser convocado para o trabalho e este período já foi pago proporcionalmente mês a mês.

4. Pontos de Atenção

Apesar de acreditarmos que o trabalho intermitente e entender que ele é sim aplicável a algumas atividades, como garçom, eventos, entre outros, há alguns pontos de atenção que merecem destaque:

- Sempre avaliar a norma coletiva aplicável, pois, por vezes, há normas restritivas a este formato;
- Apesar de já termos posicionamentos favoráveis, como a decisão da 4ª Turma do TST em 26.06.2019 no processo 0010454-06.2018.5.03.0097[9], o assunto ainda pode ser considerado novo e está em discussões em diversas Ações Diretas de Inconstitucionalidade no Supremo Tribunal Federal ("STF"), como as ADIs 5.826, 5829 e 6154, ainda pendentes de julgamento, de forma que este tema e sua regulamentação ainda podem sofrer alterações;
- A lei não conseguiu endereçar todos os pontos de atenção deste formato de trabalho, sendo que há desafios práticos quanto ao tema, os quais ainda permanecem sem respaldo. Por exemplo, como funciona a questão de afastamentos previdenciários, em especial os relacionados ao trabalho? A empresa é obrigada a arcar com os primeiros 15 (quinze) dias? Dúvidas também sobre aplicação de benefícios previstos em normas coletivas de trabalho, equiparação de benefícios em relação aos empregados não intermitentes na mesma função etc.
- Empregados contratados na modalidade intermitente integram a base de cálculo para contagem de cota de PcD (Pessoas Com Deficiência), isto é, são computados como número de empregados ativos para o percentual de cota.

(9) <https://consultaprocessual.tst.jus.br/consultaProcessual/resumoForm.do?consulta=1&numeroInt=74472&anoInt=2019>. Acesso em: 18 ago. 2022.

Ademais, consoante a Instrução Normativa n. 2/2021, pessoas com deficiência ou reabilitados contratados na modalidade intermitente não serão considerados para a cota legal de PcD e Reabilitados. Por exemplo, se a empresa tem 5 PcD/Reabilitados e 2 delas forem intermitentes com deficiência, na prática a fiscalização consideraria apenas 3 pessoas na cota legal.

- Por outro lado, a novidade é que em 2022, por meio do Decreto n. 11.061/2022, os intermitentes foram excluídos da base de cálculo da cota de aprendizes (artigo 54, III).

Efeitos das operações societárias nos contratos de trabalho

Pamela Krug(*)

INTRODUÇÃO

O desenvolvimento econômico, a globalização das relações e as últimas revoluções industriais têm impulsionado as relações sociais e empresariais para patamares jamais previstos anteriormente.

Em um momento que plataformas que oferecem prestação de serviços *on demand* ocupam papel relevante tanto na economia e cotidiano da sociedade, quanto em rodas de discussão sobre a necessidade de regulamentação desta modalidade de trabalho e o teletrabalho avançou para a popularização do trabalho remoto, *startups* que se dedicam ao desenvolvimento destes modelos de negócio alcançam protagonismo e são visadas para aquisição por grandes companhias. Assim, as questões relacionadas aos efeitos das operações societárias nos contratos de trabalho voltam a ser objeto de questionamentos.

No Brasil em 2011 ocorreram apenas seis transações societárias envolvendo *startups*, enquanto de janeiro a novembro de 2021 ocorreram 227 operações de fusões e aquisições deste modelo de companhia(1), situação que demonstra o interesse de grandes companhias na aquisição da expertise deste novo modelo de negócio. Mas não são apenas as *startups* objeto destas operações.

Bastante usuais no Direito Societário, os números de transações no âmbito das operações societárias, de acordo com o Portal de Fusões e Aquisições(2), bateram recordes no Brasil no ano de 2021 com um crescimento correspondente a 63% no montante de transações e a 105% no valor monetário envolvido, ambos comparativos em relação ao ano de 2020.

Por operações societárias entendem-se as transações nas quais as sociedades empresárias se relacionam entre si, previstas no Código Civil e Lei das Sociedades por Ações, e mediante as quais as companhias passam por processos de fusão, transformação, cisão e aquisição.

No bojo de tais operações societárias, especialmente no que diz respeito às fusões e aquisições, *Mergers and Acquisitions* — comumente tratadas como "M&A" — existem relações trabalhistas afetadas e contratos de trabalho em curso.

E neste contexto estão envolvidas, muito além da responsabilidade pelas verbas decorrentes da conhecida "sucessão trabalhista", questões relacionadas ao gerenciamento

---

(*) Mestranda em Direito do Trabalho e Seguridade Social pela Universidade de São Paulo. Pós-graduada em Direito e Processo do Trabalho. Pesquisadora do GETRAB-USP. Advogada trabalhista.

(1) FONSECA, Mariana. *Febre das aquisições: por que gigantes estão mais interessadas do que nunca em comprar startups brasileiras*. Infomoney, 2021. Disponível em: <https://www.infomoney.com.br/do-zero-ao-topo/febre-dos-mas-por-que-gigantes-estao-mais-interessadas-do-que-nunca-em-comprar-startups-brasileiras>. Acesso em: 15 ago. 2022.

(2) *Recorde de fusões e aquisições no Brasil em 2021, crescimento de 63%. Portal de Fusões e Aquisições, 2021.* <https://fusoesaquisicoes.com/acontece-no-setor/recorde-de-fusoes-e-aquisicoes-no-brasil-em-2021-crescimento-de-63/>. Acesso em: 15 ago. 2022.

de contratos de trabalho em curso, com o desafio da adaptação e enquadramento das relações trabalhistas existentes dentro desta nova organização social.

Assim, o primeiro capítulo busca, inicialmente, tratar sobre as operações societárias como um todo, trazendo conceitos empresariais e fundamentações legais para contextualizar cada uma das transações societárias e relacioná-las aos contratos de trabalho e eventuais obrigações decorrentes.

O segundo capítulo tratará exclusivamente sobre a sucessão de contratos de trabalho, trazendo conceitos aplicáveis no Direito Civil e Direito Societário, além da nova previsão trazida neste sentido especificamente ao Direito do Trabalho pela redação do artigo 448-A da Consolidação das Leis do Trabalho, inserido pela Lei n. 13.467/2017 — Reforma Trabalhista.

Os conflitos relacionados à equalização dos direitos trabalhistas decorrentes das operações societárias serão tratados adiante, no terceiro capítulo, no qual se buscará trazer reflexões sobre o ajuste das relações trabalhistas dos contratos em curso a este novo arranjo societário.

Por fim, o quarto e último capítulo pretende apresentar as atividades de auditoria e *due diligence* como forma de mitigação de impactos trabalhistas para empresas submetidas a operações societárias e tratará sobre o papel e importância do Direito do Trabalho na proteção dos trabalhadores diante destes novos arranjos e rearranjos societários.

1. OPERAÇÕES SOCIETÁRIAS

As relações das sociedades empresariais entre si, mediante as quais há a transformação da espécie societária de uma empresa, incorporação de uma ou mais empresas por outra, união de sociedades para a criação de uma nova companhia e transferência de patrimônio com divisão ou extinção da sociedade, são denominadas como operações societárias.

Referidas operações decorrem da dinâmica das atividades econômicas e estratégias adotadas pelas companhias que as obrigam, eventualmente, em decorrência de dificuldades econômicas, absorção tecnológica, racionalização administrativa e até mesmo por planejamento econômico a "reorganizarem-se socialmente"(3), e são disciplinadas pela Lei das Sociedades por Ações (Lei n. 6.404/1976) — nas situações em que as operações envolvam ao menos uma sociedade classificada como anônima — e pelo Código Civil quando não houver no bojo da operação qualquer empresa com essa classificação(4).

Prevista nos artigos 1.113 do Código Civil e 220 da Lei das Sociedades por Ações, a transformação é a operação societária mediante a qual uma sociedade passa, independentemente de dissolução e liquidação, de um tipo para o outro, de modo que passa a ser submetida às regras do novo regime societário, sem que tal operação impacte em alteração da sociedade.

Ou seja, na "transformação" ocorre tão somente a mudança no tipo societário da companhia, de modo que uma empresa classificada como limitada, por ações ou comandita simples, por exemplo, passa a se enquadrar em uma outra espécie societária, que não aquela inicialmente estipulada para a companhia.

Embora a "transformação" como operação societária impacte na estrutura jurídica da sociedade, de forma geral ela não traz impactos aos contratos de trabalho e relações

(3) TEIXEIRA, Tarcísio. *Direito empresarial sistematizado: doutrina, jurisprudência e prática*. 7. ed. São Paulo: Saraiva Educação, 2018. p. 261

(4) COELHO, Fábio Ulhoa. *Manual de direito comercial:* direito de empresa. 23. ed. São Paulo: Saraiva, 2011. 1. Direito comercial I. Título. p. 253

trabalhistas em curso, na medida em que nela ocorre apenas a alteração no tipo societário da empresa, sem que haja o encerramento da companhia ou qualquer espécie de mudança nos quadros sociais do empregador[(5)].

Corroboram tal afirmação as redações dos artigos 222 da Lei das Sociedades por Ações e 1.115 do Código Civil, segundo as quais a transformação não "modificará nem prejudicará, em qualquer caso, os direitos dos credores"[(6)].

Enquanto a transformação refere-se tão somente à espécie societária da empresa e eventual alteração neste sentido, sem maiores impactos nos vínculos mantidos pela sociedade com os seus empregados, as demais operações trazem alterações estruturais mais profundas, com impactos patrimoniais e alterações nos contratos de trabalho vigentes.

A incorporação, também denominada como aquisição, está prevista nos artigos 1.116 do Código Civil e 227 da Lei de Sociedade por Ações, e representa a operação pela qual uma ou mais sociedades são absorvidas por outra, que lhes sucede em todos os direitos e obrigações. Assim, na incorporação a empresa absorvida é extinta, sem que haja o surgimento de uma nova sociedade, na medida em com o desaparecimento da empresa incorporada a incorporadora passa a sucedê-la em direitos e obrigações.[(7)]

Diferentemente do que ocorre na incorporação, segundo a qual uma empresa absorve as demais, nas fusões duas ou mais empresas se unem e desta união há o surgimento de uma nova sociedade, que de acordo com os artigos 228 da Lei de Sociedade por Ações e 1.119 do Código Civil, sucederá as empresas fundidas em direitos e obrigações.

A cisão é a última das operações societárias trazidas neste estudo, cuja conceituação está no artigo 229 da Lei de Sociedade por Ações, mediante a qual uma companhia transfere parcelas de seu patrimônio para uma ou mais sociedades, constituídas para tanto ou já existentes, com a extinção da companhia cindida — caso haja a remessa de todo o patrimônio — ou dividindo-se o capital — nas situações em que a cisão ocorre de forma parcial.[(8)]

Tal como previsto nas hipóteses de fusão e incorporação, na ocorrência da cisão, de acordo com o § 1º do artigo 229 da LSA a empresa que absorver parcela do patrimônio da companhia cindida a sucederá nos direitos e obrigações relacionados ao ato da cisão — caso haja extinção — ou na proporção dos patrimônios transferidos se a operação ocorrer de forma parcial.

A Consolidação das Leis do Trabalho já trazia previsão, nos seus artigos 10 e 448, no sentido de que "qualquer alteração na estrutura jurídica da empresa não afetará os direitos adquiridos por seus empregados" e "a mudança na propriedade jurídica da empresa não afetará os contratos de trabalho dos respectivos empregados", respectivamente.

Como complemento de tal previsão, a Lei n. 13.467/2017 inseriu no diploma legal mencionado o artigo 448-A prevendo expressamente a responsabilização do sucessor pelas obrigações trabalhistas, inclusive àquelas contraídas à época em que os empregados

---

(5) RAMOS, André Luiz Santa Cruz. *Direito empresarial esquematizado.* 6. ed. rev., atual. e ampl. Rio de Janeiro: Forense; São Paulo: Método, 2016. p. 433.

(6) Nos termos do artigo 221 da LSA, a transformação exige o consentimento unânime dos sócios ou acionistas, salvo se prevista no estatuto ou no contrato social, caso em que o sócio dissidente terá o direito de retirar-se da sociedade.

(7) RAMOS, André Luiz Santa Cruz. *Direito empresarial esquematizado.* 6. ed. rev., atual. e ampl. Rio de Janeiro: Forense. São Paulo: Método, 2016. p. 434.

(8) RAMOS, André Luiz Santa Cruz. *Direito empresarial esquematizado.* 6. ed. rev., atual. e ampl. Rio de Janeiro: Forense; São Paulo: Método, 2016. p. 435

trabalhavam em favor da empresa sucedida, situação que pode ser observada nas fusões e aquisições, segundo as quais há possibilidade de reconhecimento da sucessão trabalhista.

2. SUCESSÃO TRABALHISTA

Conforme mencionado acima, a Consolidação das Leis do Trabalho assegura aos empregados[(9)] a garantia de não terem afetados direitos adquiridos em razão de alteração na estrutura e propriedade jurídica da empresa. Trata-se de direito garantido aos empregados nas ocasiões em que operações societárias implicam em sucessão trabalhista, operada nas hipóteses de fusão, incorporação e cisão.

O conceito de sucessão, de forma geral, remete à ideia de "transmissão"[(10)], e embora a palavra seja usualmente utilizada no âmbito hereditário, refere-se à situação na qual bens, direitos e obrigações são transmitidos de uma pessoa ou ente a outrem.

Contudo, no âmbito trabalhista o conceito de sucessão traz contornos distintos dos aplicados em outros ramos do Direito e se traduz na "substituição de empregadores, com uma imposição de créditos e débitos"[(11)] — e pode ser denominada, também, como sucessão de empregadores ou alteração subjetiva do contrato.

Ou seja, por sucessão trabalhista entende-se o instituto segundo o qual se opera a transferência da titularidade de uma empresa ou estabelecimento, com a consequente transmissão dos direitos e obrigações e assunção de dívidas trabalhistas da sucedida pela sucessora, decorrente da alteração contratual ocorrida e substituição da figura do empregador a partir daquele momento.[(12)]

A caracterização da sucessão trabalhista implica na necessidade de observância de requisitos específicos: (i) a efetiva alteração na estrutura jurídica ou propriedade da empresa mediante ocorrência de operações societárias, (ii) continuidade na atividade exercida pela empresa, e (iii) continuidade na relação de trabalho e manutenção dos contratos de emprego com a unidade econômica de produção.[(13)]

A efetiva alteração na estrutura jurídica ou propriedade da empresa implica na transferência do controle da sociedade ou se algum dos seus estabelecimentos, de modo que tanto o trespasse de toda a companhia como a cessão ou transferência de fração da organização implicam na sucessão trabalhista com o ingresso de novo titular na relação e, consequentemente, de novo responsável pelos direitos e obrigações decorrentes[(14)].

A previsão de responsabilização do sucessor pelos contratos e obrigações contraídas pelo sucedido fundamenta-se em características específicas do direito do trabalho, tais como o princípio da proteção — um dos pilares do Direito do Trabalho — hipossuficiência do trabalhador — tendo em vista a "inferioridade jurídica" do empregado em relação ao empregador

---

(9) Artigos 10 e 448 da CLT

(10) TARTUCE, Flávio. *Direito civil*, v. 6: direito das sucessões, 10. ed. rev., atual. e ampl. Rio de Janeiro: Forense, 2017. p. 15.

(11) BARROS, Alice Monteiro de. *Curso de direito do trabalho*. 8. ed. São Paulo: LTr, 2012. p. 308.

(12) DELGADO, Mauricio Godinho. Sucessão trabalhista: a renovação interpretativa da velha lei em vista de fatos novos. *Rev. Trib. Reg. Trab. 3ª Reg.* Belo Horizonte, 29 (59): 85-98, jan./jun. 1999. Disponível em: <https://www.trt3.jus.br/escola/download/revista/rev_59/Mauricio_Delgado.pdf>. Acesso em: 19 ago. 2022.

(13) BARROS, Alice Monteiro de. *Curso de direito do trabalho*. 8. ed. São Paulo: LTr, 2012. p. 308.

(14) DELGADO, Maurício Godinho. *Curso de direito do trabalho*. 14. ed. São Paulo: LTr, 2015. p. 451.

— e o princípio da continuidade da relação de trabalho[15] — que visa a manutenção do contrato de trabalho, inobstante a alteração da figura do empregador.

Diante de previsão expressa do artigo 448-A da Consolidação das Leis do Trabalho — inserida pela Lei n. 13.467/2017, cabe ao sucessor a responsabilidade pelas obrigações trabalhistas do sucedido.

Mas antes mesmo do advento daquele que passou a ser alcunhada como "Reforma Trabalhista", a responsabilidade do sucessor pelas obrigações do sucedido, inclusive relacionadas àquelas contraídas no período anterior à sucessão, já era entendimento pacificado do Tribunal Superior do Trabalho na Orientação Jurisprudencial n. 261[16], da Subseção de Dissídios Individuais-I.

Este também é o entendimento aplicado pela Jurisprudência Trabalhista ao julgar demandas que questionam a responsabilidade exclusiva da empresa sucessora pelas dívidas contraídas pela sucedida:

> *A) AGRAVO DE INSTRUMENTO EM RECURSO DE REVISTA. RESPONSABILIDADE SUBSIDIÁRIA. SUCESSÃO TRABALHISTA. RESPONSABILIDADE EXCLUSIVA DA SUCESSORA. Evidenciada a possível violação dos arts. 10 e 448 da CLT, dá-se provimento ao agravo de instrumento para determinar o processamento do recurso de revista. Agravo de instrumento conhecido e provido. B) RECURSO DE REVISTA. RESPONSABILIDADE SUBSIDIÁRIA. SUCESSÃO TRABALHISTA. RESPONSABILIDADE EXCLUSIVA DA SUCESSORA. Prevalece nesta Corte o entendimento de que a ocorrência de sucessão trabalhista, sem notícia no acórdão regional sobre fraude ou absoluta insuficiência econômico-financeira do sucessor, nos moldes dos arts. 10 e 448 da CLT, justifica a responsabilização exclusiva do sucessor. No caso em tela, não restou demonstrada fraude na sucessão trabalhista, tampouco a rescisão indireta do contrato da obreira depois da sucessão, em face do descumprimento de obrigações trabalhistas, permite concluir pela absoluta insuficiência econômico-financeira da sucessora para arcar com os créditos vindicados na presente demanda. Dessarte, merece reforma a decisão regional para excluir a responsabilidade subsidiária imposta à empresa sucedida, conforme jurisprudência adotada por este Tribunal Superior. Recurso de revista conhecido e provido. (TST — RR: 101472920175150105, Relator: Dora Maria da Costa, Data de Julgamento: 21.08.2019, 8ª Turma, Data de Publicação: DEJT 23.08.2019)*

O parágrafo único do artigo 448-A da Consolidação das Leis do Trabalho traz pequena exceção à regra de responsabilização do sucessor ao prever a possibilidade de responsabilidade solidária da empresa sucedida nas hipóteses em que restar comprovada fraude na transferência.

A redação do parágrafo único acima indicada, cuja inserção na Consolidação das Leis do Trabalho se deu pela Lei n. 13.467 em 2017 traz posicionamento no sentido do entendimento consolidado pelo Tribunal Superior do Trabalho na Orientação Jurisprudencial Transitória n. 30 da Subseção de Dissídios Individuais — I[17].

Mais uma vez verifica-se a aplicação do princípio protetivo ao resguardar a responsabilização do sucedido em caso de fraude, como forma de garantir o direito dos empregados.

---

(15) De acordo com Alice Monteiro de Barros este princípio "visa à preservação do emprego com o objetivo de dar segurança econômica ao trabalhador e incorporá-lo ao organismo empresarial". BARROS, Alice Monteiro de. *Curso de direito do trabalho.* 8. ed. São Paulo: LTr, 2012. p. 146.

(16) SDI-I-TST — OJ 261. BANCOS. SUCESSÃO TRABALHISTA (inserida em 27.09.2002) — As obrigações trabalhistas, inclusive as contraídas à época em que os empregados trabalhavam para o banco sucedido, são de responsabilidade do sucessor, uma vez que a este foram transferidos os ativos, as agências, os direitos e deveres contratuais, caracterizando típica sucessão trabalhista.

(17) SDI-I — TST — OJ 30. CISÃO PARCIAL DE EMPRESA. RESPONSABILIDADE SOLIDÁRIA. PROFORTE (DJ 09.12.2003) — É solidária a responsabilidade entre a empresa cindida subsistente e aquelas que absorverem parte do seu patrimônio, quando constatada fraude na cisão parcial.

3. EQUIPARAÇÃO SALARIAL

Além dos questionamentos acerca da responsabilidade do sucessor pelos créditos trabalhistas devidos pelo sucedido, inclusive anteriores ao evento caracterizador da sucessão — praticamente superados em razão da inserção do artigo 448-A na Consolidação das Leis do Trabalho — as operações societárias impactam nos contratos ativos e geram questionamentos acerca da equalização de direitos, aplicação de regulamentos de empresa e de eventuais conflitos decorrentes da existência de direito adquirido, especialmente após a realização de operações de fusão e aquisição.

Isso porque, no bojo de uma fusão empresarial empregados de empresas diferentes, que seguem seus próprios regulamentos, passam a submeterem-se a um novo regulamento, que não necessariamente corresponde àquele ao qual anteriormente estava submetido.

Da mesma forma, ocorrendo a aquisição de uma companhia por outra os empregados podem passar a se submeter a um novo regulamento diverso daquele ao qual respondia enquanto empregado exclusivo da empresa sucedida.

Contudo, em um primeiro momento, seria importante observar que as alterações societárias não poderão impactar nos contratos de trabalho vigentes.

Neste sentido, de acordo com o disposto no artigo 468 da Consolidação das Leis do Trabalho:

Nos contratos individuais de trabalho só é lícita a alteração das respectivas condições por mútuo consentimento, e ainda assim desde que não resultem, direta ou indiretamente, prejuízos ao empregado, sob pena de nulidade da cláusula infringente desta garantia.

A redação do artigo acima transcrito está consubstanciada no princípio da condição mais benéfica, segundo o qual as situações pessoais mais vantajosas concedidas ao empregado incorporam-se aos seu contrato, de modo que apenas poderão ser alteradas nas situações em que há concordância do empregado e desde que não lhe resultem prejuízo(18).

A partir desta disposição é possível analisar, em um primeiro momento, a possibilidade de alteração de cláusulas anteriormente ajustadas em observância ao disposto no artigo 468 da Consolidação das Leis do Trabalho, desde que a alteração não seja lesiva e conte com a concordância do empregado neste sentido — sendo evidente que a empresa sucessora responderá por eventuais prejuízos causados por tal alteração.

Ou seja, as regras anteriormente estabelecidas poderão ser ajustadas, sempre considerando a necessidade de observância da norma mais favorável e ausência de prejuízo ao empregado, possibilitando, assim, a adequação dos contratos de empregados da empresa sucedida às regras previstas pela sucessora.

Do mesmo modo, com a ocorrência da fusão ou incorporação passam a submeterem-se ao mesmo empregador os empregados de empresas diversas, bem da sucessora e sucedida, respectivamente.

Assim como ocorre com os regulamentos de empresa e direitos anteriormente adquiridos, a submissão de empregados contratados em condições diferentes a um mesmo empregador pode ocasionar questionamentos acerca da equiparação salarial e equalização de vantagens concedidas.

---

(18) BARROS, Alice Monteiro de. *Curso de direito do trabalho*. 8. ed. São Paulo: LTr, 2012. p. 143.

A igualdade salarial entre aqueles que realizam a idêntica função em favor do mesmo empregador — ainda que esta situação decorra de uma operação societária — e na mesma localidade é — mais do que apenas a disposição do artigo 461 da Consolidação das Leis do Trabalho e garantia constitucional prevista no artigo 7º, inciso XXX, da Constituição Federal de 1988 — um dos princípios que sustentam o direito do trabalho, consolidado pelo Tratado de Versalhes e segundo o qual ao trabalho de igual valor deve corresponder igualdade de remuneração[19].

Assim, a partir da fusão ou incorporação, em sendo observados os requisitos previstos no caput e parágrafos do artigo 461 da Consolidação das Leis do Trabalho — a saber (i) identidade de função, (ii) trabalho de igual valor, (iii) diferença de tempo de serviço para o mesmo empregador inferior a quatro anos e diferença de tempo na função inferior a dois anos, e (iv) inexistência de quadro de carreira ou plano de cargos e salários previsto negociado coletivamente — caberá, mesma na hipótese de sucessão trabalhista, a equiparação salarial.

Será considerado, nesta situação, como tempo de serviço aquele em que o empregador exerceu as atividades em favor da empresa sucedida, tendo em vista que, como já mencionado, a alteração na estrutura jurídica não pode afetar os contratos de trabalho e direito adquirido, inclusive o que decorre da contagem do tempo de serviço[20]. Neste sentido também está o posicionamento dos Tribunais a respeito do tema[21].

Assim, o ordenamento jurídico se organizou de forma a garantir a proteção dos empregados e conceder igualdade de remuneração àqueles que prestam serviço de igual valor, ainda que a situação que ensejou o trabalho ao mesmo empregador decorreu de operação societária.

4. AUDITORIA, *DUE DILIGENCE* E O PAPEL DO DIREITO TRABALHO NA MITIGAÇÃO DOS RISCOS DOS EMPREGADORES E PROTEÇÃO DOS TRABALHADORES

Por demandarem a assunção de riscos por parte da empresa sucessora, impossibilidade de alterações contratuais lesivas ou que não contem com a concordância do empregado, bem como equiparações salariais a partir de fusões e aquisições, as operações societárias podem trazer grandes impactos econômicos decorrentes da sucessão trabalhista.

Assim, um dos mecanismos mais efetivos para mitigar o risco envolvido em decorrência de possíveis passivos que podem se apresentar à empresa é a realização de uma auditoria anterior à operação societária para analisar as condições da empresa adquirida ou objeto da fusão e possíveis custos envolvidos na operação.

Os processos de auditoria preliminar e *due diligence* analisam diversos documentos para garantir a idoneidade das informações prestadas pela empresa que será objeto da fusão ou

(19) GOMES, Orlando; GOTTSCHALK, Elson. *Curso de direito do trabalho.* Rio de Janeiro: Forense, 2002. p. 208.

(20) BARROS, Alice Monteiro de. *Curso de direito do trabalho.* 8. ed. São Paulo: LTr, 2012. p. 658.

(21) EQUIPARAÇÃO SALARIAL. FUSÃO DE EMPRESAS. CONTAGEM DE TEMPO NA FUNÇÃO. Havendo fusão ou incorporação de empresas, a contagem de tempo na função, para efeito de aplicação do art. 461, § 1º, da CLT, não é afetada pelo momento em que houve a alteração na estrutura jurídica da empresa. A tese de que o tempo de exercício na função deveria ser contado a partir da fusão ou incorporação das empresas que foram as empregadoras originais dos paradigmas desconsidera o instituto da sucessão de empregadores, de que trata o art. 10 da CLT, pois pressupõe que a fusão ou incorporação resulta em novos contratos de trabalho, quando, na verdade, o que ocorre é apenas a assunção do contrato por um novo empregador, que assume os direitos e obrigações do antigo. (TRT-3 — RO: 00125429720165030093 0012542-97.2016.5.03.0093, Relator: Paulo Chaves Correa Filho, Quarta Turma)

aquisição e, assegurando, assim, a viabilidade da operação societária com a noção completa dos riscos envolvidos na transação.

A partir do momento em que há consciência sobre os riscos envolvidos na operação, a empresa que será sucessora na relação pode, além de provisionar valores para arcar com eventual passivo decorrente da transação realizada, adotar medidas para mitigar os riscos envolvidos e evitar, assim, futuras demandas envolvendo questões decorrentes da sucessão ocorrida.

Dessa forma, a realização de uma *due diligence* pode mitigar os riscos envolvidas nas operações societárias, não apenas relacionados às questões tributárias e previdenciárias, mas também naquelas decorrentes de relações de emprego que podem ser impactadas pelas fusões e aquisições.

Diante das atividades e responsabilidades envolvidas nas operações societárias, assumidas pela empresa sucessora, a realização de uma *due diligence* para análise de passivo pode mitigar os riscos envolvidos a partir da adoção de providências, tais como o provisionamento de valores e eventual adoção de medidas para afastar futuros pedidos de equiparação salarial.

Por outro lado, se a adoção de medidas preventivas pela empresa considerada como sucessora podem mitigar os riscos decorrentes da sucessão que devem ser por ela arcados, é o Direito do Trabalho que se presta a proteger os empregados em caso de sucessão trabalhista.

O Direito do Trabalho foi construído sobre um alicerce protecionista[22], cujo princípio da proteção é consubstanciado nas normas e condições mais favoráveis com o propósito de tentar corrigir desigualdades existentes na relação "empregado x empregador", ao conceder ao empregado, historicamente a parte hipossuficiente da relação, uma superioridade jurídica em relação ao empregador[23], mediante imposição de normas imperativas que visam obstaculizar a autonomia da vontade nas relações[24].

Esta proteção — decorrente da própria essência do Direito do Trabalho — assegura a responsabilização do sucessor como forma de garantir que alguém responda pelas obrigações, além de prever a solidariedade entre sucessor e sucedido nas hipóteses em que ficar comprovada a fraude na transferência[25], e ocorre ainda que seja estipulada, no âmbito contratual interempresarial eventual cláusula de "não responsabilização" pelo adquirente, visto que as cláusulas restritivas de responsabilização trabalhista entre as empresas não possuem impacto sobre os contratos de trabalho[26].

Mais do que isso, a disposição no sentido de que a mudança na estrutura jurídica ou propriedade do empregador não afetará os contratos de trabalho[27] garante que os empregados não tenham afetados direitos adquiridos no curso do contrato de trabalho. Assim, arranjos e operações societárias não podem atingir os trabalhadores vinculados às empresas envolvidas nas transações empresariais.

---

(22) Maria do Rosário Palma Ramalho, nesse aspecto, trata o princípio de proteção do trabalhador como "a valoração material ou axiológica nuclear do direito do trabalho" *In:* RAMALHO, Maria do Rosário Palma. *Da autonomia dogmática do direito do trabalho.* Coimbra: Livraria Almedina, 2000. p. 414.

(23) BARROS, Alice Monteiro de. *Curso de Direito do Trabalho*. 8. ed. São Paulo: LTr, 2012. p. 142.

(24) SUSSEKIND, Arnaldo *et al. Instituições de direito do trabalho.* 17. ed. São Paulo: LTr, 1997. p. 152.

(25) Artigo 448-A, parágrafo único, da CLT

(26) DELGADO, Mauricio Godinho. Sucessão trabalhista: a renovação interpretativa da velha lei em vista de fatos novos. *Rev. Trib. Reg. Trab. 3ª Reg.* Belo Horizonte, 29 (59): 85-98, jan./jun. 1999. Disponível em: <https://www.trt3.jus.br/escola/download/revista/rev_59/Mauricio_Delgado.pdf>. Acesso em: 19 ago. 2022.

(27) Conforme previsão dos artigos 10 e 448 da CLT

Além disso, também como decorrência da garantia acima indicada e impossibilidade de impacto das alterações nas estruturas societárias nos contratos de trabalho, o tempo de serviço prestado em favor da empresa sucedida é considerado para fins de equiparação salarial.

Portanto, o Direito do Trabalho não obsta a existência de operações societárias que importam na modificação do empregador e alteração da estrutura jurídica, mas traz mecanismos de proteção aos empregados, com o intuito de evitar prejuízos à parte hipossuficiente decorrentes de tais operações.

CONCLUSÃO

A dinâmica das atividades econômicas importa em arranjos e rearranjos societários decorrentes de estratégias adotadas pelas companhias a fim de desenvolverem-se mediante transformação da sociedade, fusões, aquisições e cisões.

Tais operações, além de, eventualmente, impactarem na estrutura societária e propriedade da empresa, podem trazer reflexos para os contratos de trabalho com a mudança do empregador e sujeição do trabalhador a novas condições e regulamentos.

Como forma de proteger os empregados de eventuais impactos decorrentes de tais operações societárias a Consolidação das Leis do Trabalho assegurou que mudanças na estrutura social não afetarão os contratos de trabalho em curso — além de garantir a responsabilização do sucessor em caso de sucessão do empregador, resguardando a possibilidade de imputação de responsabilidade ao sucedido em caso de fraude na transferência.

Assim, inobstante não se possa falar em ausência de efeitos das operações societárias nos contratos de trabalho, é certo que o Direito do Trabalho, no efetivo exercício da sua função protetora, traz elementos e mecanismos para resguardar os trabalhadores nestas condições.

Metaverso – Um caminho não binário

Ricardo Pereira de Freitas Guimarães(*)

Marco Aurélio Fernandes Galduróz Filho(**)

1. INTRODUÇÃO

Com o avanço dos softwares e da internet passamos a gerar a possibilidade de replicarmos o mundo em que vivemos, em um sistema virtual, com a possibilidade de projetarmos nós mesmos, como personagens, neste tempo e espaço.

Aqui se inicia a concepção de Metaverso e a possibilidade por meio de *avatares* de projetar o nosso consciente e o inconsciente em um ambiente virtual, sem, a princípio, limites claros da existência.

Sem dúvida, o ser humano, mediante concepção filosófica e psicanalítica necessita de uma reconfiguração constante dos seus mecanismos para lidar com traumas e, principalmente, recolocação de fragmentos em sua memória.

O sistema de projeções e fragmentos em nossa memória é constante, visto que percepção de mundo se altera com os problemas, as experiências e, principalmente, o natural sofrimento no desencadear da vida, especialmente com as rupturas.

Desta maneira, nada mais humano do que projeções contínuas, daquilo que poderia ser vivido, em conjunto com os fatos diários.

O Metaverso é uma realidade e, principalmente, um campo sem precedentes para a contínua projeção individual, sem as limitações e barreiras físicas que encontramos como paredes, pontes, oceanos, terrenos, cercas, entre outros. A partir daqui temos algumas circunstâncias de fundamental relevância, sob a percepção da condição humana e os respectivos problemas gerados por essa realidade, especialmente a possibilidade de se reconhecer como extensão do ser um personagem criado pelo próprio, em um mundo semelhante ao real, mas sob o manto do virtual.

Há, ainda, no campo jurídico a possibilidade de se reconhecer uma necessária ruptura instrumental, especialmente no campo processual, visto que a projeção, dentro do Metaverso, pode gerar ofensas a direitos e preceitos do outro, suscitando-se uma reconfiguração em toda teoria, especialmente na elaboração das provas processuais, por exemplo?

Tais circunstâncias serão elaboradas, sob uma análise crítica e metodológica, com a finalidade argumentativa a partir deste cenário de mescla do físico com o virtual.

Assim, a ideia aqui concebida é de trazermos a problemática espinhosa que a teoria de provas estará, diante de um mundo cada vez mais digital.

(*) Advogado, doutor em direito do trabalho pela PUC-SP, professor dos programas de mestrado e doutorado da FADISP, titular da cadeira 81 da Academia Brasileira de Direito do Trabalho e membro da Academia Paulista de Letras Jurídicas. Autor de inúmeros livros e artigos.

(**) Advogado. Professor de Filosofia do Direito, Direito do Trabalho e Processo do Trabalho. Mestre em Cultura e Segurança Jurídica, pela Universidade de Girona — Espanha e Gênova — Itália. Doutorando em Direito do Trabalho — Universidade de Buenos Aires.

O objetivo é tentarmos entender o Metaverso, como ambiente de extensão da condição humana, portanto uma ampliação no conceito do ser, em si, assim como a repercussão na seara jurídica, decorrente da citada expansão, especialmente na possibilidade de uma reconfiguração da teoria probatória.

2. A ARTE E O METAVERSO

Trazemos, inicialmente, a ideia de que a ficção é um extraordinário espelho dos pensamentos críticos existentes em uma comunidade, uma vez que liberdade crítica suscita uma possibilidade de maior retrato da sociedade e de suas idiossincrasias.

Desta feita, entendemos, respeitando a evolução de todo conhecimento humano, que a ficção científica refaz um caminho, com uma base nos conhecimentos e experiências adquiridas, ao qual os filósofos da antiguidade, especialmente no período pré-aristotélico, também utilizavam, por meio do *Mythos* ou porque não dizer mediante alegorias, assim como subsunções com elementos da natureza, como fizeram Tales de Mileto e Heráclito.

A utilização dos citados elementos é de fundamental relevância, porquanto faz o processo de interconexão entre o imaginário e o real, salientando-se que a ficção traz, muitas vezes, um elemento de preconização do futuro, assim como elabora ferramentas com as quais se pode manejar, também, soluções para problemas atuais.

E uma questão de fundamental relevância, neste contexto, é a pós-modernidade, onde o positivismo vai dando espaço de regulamentação por mecanismos de autorreferencialidade, em um sistemático exercício dos rituais de sofrimento. (VIANA, 2013)

Assim, identifica-se na sociedade da positividade atual, sob uma concepção do panóptico de reconfiguração da teoria biopolítica de M. Foucault, em seu texto "A Governabilidade" (FOUCAULT, 1978) e do Estado vigilante de Orwell, em sua obra "1984" (ORWELL, 2009) para a transformação do panóptico digital, com a intermediação dos algoritmos, através do *smartphone*, da Internet e os aplicativos multiplataformas interativos controlando a subjetividade humana, amplificando a concepção de realidade, criando-se um novo mundo.

Assim, a sociedade do século XXI não é mais a sociedade disciplinar, mas uma sociedade de desempenho. Também seus habitantes não se chamam mais "sujeitos da obediência", mas sujeitos de produção, sob o manto do citado desempenho. São os empresários de si mesmos. Nesse sentido, aqueles muros das instituições disciplinares, que delimitam os espaços entre o normal e o anormal e foram fundamentais no período da guerra fria, se tornaram arcaicos. (HAN, 2015).

Nesse contexto, a obra *Snow Crash*, traz a derrubada do citado muro das instituições disciplinares, detendo como partida o final da guerra do Vietnã. O livro é do autor Neal Stephenson, tido pela crítica especializada como sucessor de gênios da ficção científica, como Asimov e Clarke, originariamente publicada em 1992, salientando-se que nessa época inexistia a percepção da internet como temos hoje, visto que se baseava apenas em pequenas conexões em sistemas fechados (STEPHENSON, 1992).

Nessa linha, trago à colação a questão do Metaverso, presente na citada obra, como elemento fundante dessa materialização da mudança do citado panóptico, por meio das possibilidades de projeção da personalidade, do ser em si em um sistema expandido, denominado "Metaverso".

O termo "Metaverso" não é novo. Ele surgiu com a citada obra de Neal Stephenson, que sincroniza em suas páginas realidade e ficção através de um jogo onde um entregador de pizza na vida real é um samurai no universo virtual. Há que se citar, também, algumas notas específicas aclaratórias na própria obra, as quais são relevantes para o entendimento acerca de como os termos foram elaborados, assim como a concepção ali aposta.(1)

O cenário aqui descrito é bastante impactante quanto a essa pós-modernidade autorreferencial, através do sistema de projeções.

Snow crash inicia sua digressão deste mundo real-virtual com uma explanação de três palavras: *Snow, Crash e Vírus*. Trago as palavras em inglês, uma vez que a própria obra o faz, em seu introito, com a finalidade individualizada e seus significados.(2)

Perceba-se a inclusão do termo vírus, nesta introdução, objetivando uma relação de causalidade da expressão formada pelas outras duas palavras.

Percebemos como é tratado de forma direta esse preceito, sem mecanismos de controle como os conceitos de ouvidoria, governança corporativa ou o termo da moda, também do inglês, *compliance*(3), característica como se dispõe da obra de uma anarquia transcendental, visto que inexistem países, centralizações de estados ou governos, característica típica do gênero fictício do *cyberpunk*.

Hiro, o protagonista, é um hacker, a elite neste mundo virtual, aliás há um paralelo bastante claro com o conceito de aristocracia Platônica de sua obra (A República), porquanto para ele os filósofos conhecem a ideia de bem não somente no aspecto teórico. Outrossim, o filósofo traz a ideia de bem dissociada diretamente do ser.

Conquanto na obra de Neil Stephenson não existam governos, há clara indicação de que a aristocracia virtual — platônica — é formada pelos *hackers*, com a demonstração de que são a última barreira entre o entorpecimento humano através do vírus cognitivo originário de uma mistura da comunicação tóxica (com referências diretas a língua suméria antiga), religiosidade e domínio corporativo, exposto pelo vilão L. Bob. Rife e a sua intenção de dominação completa da extensão virtual do mundo, o que não se dissocia da dominação completa, também do mundo sem a citada extensão.

Há uma vinculação direta entre a ideia de bem aqui, novamente remetendo ao aluno de Sócrates, conquanto o Metaverso está condicionado diretamente aos acontecimentos do

---

(1) "A ideia de uma "realidade virtual" como o Metaverso está hoje amplamente espalhada na comunidade de computação gráfica e sendo implementada de diferentes maneiras. A visão particular do Metaverso, conforme expressa neste romance, teve sua origem em conversas despretensiosas entre Jaime (Capitão Banda-Larga) Taaffe e eu — o que não quer dizer que quaisquer aspectos não realistas ou de mau gosto do Metaverso tenham outro culpado que não seja eu. As palavras "avatar" (no sentido utilizado aqui) e "Metaverso" são invenções minhas, que criei quando decidi que palavras já existentes (como "realidade virtual") eram simplesmente esquisitas demais para usar. Ao pensar sobre como o Metaverso poderia ser construído, fui influenciado pelo livro Human Interface Guidelines, da Apple, que explica a filosofia por trás do Macintosh. Novamente, ressalto isso apenas para reconhecer a influência benéfica das pessoas que compilaram esse documento, não para vincular esses pobres inocentes aos seus resultados."

"Por fim, depois da primeira publicação de Snow Crash, aprendi que o termo "avatar" tem sido usado há vários anos como parte de um sistema de realidade virtual chamado Habitat, desenvolvido por F. Randall Farmer e Chip Morningstar. O sistema roda em computadores Commodore 64 e, embora tenha praticamente desaparecido nos Estados Unidos, ainda é popular no Japão. Além dos avatares, o Habitat contém muitas das características básicas do Metaverso, tal como descritas neste livro. (STEPHENSON, Neal. *Op. cit.* p. 520-521)

(2) "snow (neve), s.f. .... 2.a. Qualquer coisa que lembre neve. b. Os pontinhos brancos em uma tela de televisão resultantes de uma recepção fraca. crash .... — v. intr.... 5. Falhar subitamente, como empresa ou como uma economia. — The American Heritage Dictionary vírus .... [L. vírus líquido viscoso, veneno, odor ou gosto ofensivo.] 1. Veneno, do tipo produzido por um animal venenoso. 2. Pat. a. Princípio mórbido ou substância venenosa produzida no corpo como resultado de alguma doença, esp. uma doença capaz de ser introduzida em outras pessoas ou animais por inoculações ou outros métodos e desenvolver a mesma doença neles... 3. fig. Veneno moral ou intelectual, ou influência venenosa. — The Oxford English Dictionary" (STEPHENSON, Neal. *Op. cit.* p. 9)

(3) O termo compliance vem do inglês "to comply" e significa estar em conformidade.

mundo externo a ele, assim há uma similitude de inter-relação diretamente de acontecimentos em um ou outro mundo.

Por óbvio, quando falamos de um mundo pós-apocalíptico, conectamos com a inexistência de preceitos mínimos da proteção da condição humana, como a obra deixa clara. Há nítida afronta ao ser, com os preconceitos étnicos como instrumentalização de dominação [(4)], dispostos pela inexistência de uma liberdade, sob o conceito de Hegel. Assim, para o filósofo, em sua obra clássica Princípios da Filosofia do Direito (Princípios da Filosofia do Direito, 1997), o preceito da liberdade, dentro da concepção da fenomenologia do espírito, fundamental para a condição humana, deve respeitar três requisitos básicos.[(5)]

Indubitável que os preceitos não estão presentes na obra em comento, em nenhum dos dois mundos existentes.

Como dito, a obra traz uma riqueza infindável de temas, salientando a liquidez da vida no Metaverso, suscitando-se que a morte nele gera a desconexão do personagem, assim como a dificuldade de reconexão.

Aqui há um indício nítido do quanto o tema nos traz ao retorno da nossa sensação e impossibilidade de se conviver com a finitude do nosso ser, porquanto quando a projeção é feita, como é o sistema por meio do *avatar* no Metaverso, a primeira coisa que se estipula é uma redução da condição da morte para apenas um período curto, uma breve ruptura existencial.

Indubitável, também, os indícios de uma semelhança no ser que criamos, no universo expandido, através de projeções consciente e inconscientes

É um indício nítido do quanto nossas projeções estão vinculadas a autorreferencialidade e sua eternização. Esse quadro se dá em várias frentes, principalmente atrelado ao fluxo de informação que a própria pessoa cria, especialmente quanto a necessidade de uma resposta rápida e efetiva para qualquer tipo de desejo, aqui desvinculado de um estado mínimo de proteção macro.[(6)]

Um ponto relevante é a forma com a qual se trata a ideia de ser na aventura aqui trabalhada. Nesse contexto, a linguagem e a forma com a qual se faz é fundamental para a consideração ou não do humano, afinal criação virtual é linguagem.

---

(4) "Abkhazia fora uma das antigas repúblicas soviéticas. Um novo imigrante da Abkhazia tentando operar um micro-ondas era como um verme tubular das profundezas do oceano fazendo neurocirurgia. Onde é que eles achavam esses sujeitos? Não havia nenhum americano que soubesse fazer uma porra duma pizza? —" (STEPHENSON, Neal. *Op. cit*, p. 20).

(5) a) Vida — o sujeito objeto de liberdade, deve estar vivo. Parece simples, mas não é, uma vez que esta é uma premissa objetiva fática.

b) Igualdade — a liberdade somente se efetivará, caso exista a igualdade de direitos. A igualdade, pela interpretação do filósofo deve ser a material, e não a formal, buscando-se o equilíbrio constante sopesando condições de origem, raça, cultura, possibilidade de acesso a informação etc. Ou seja, por exemplo, aquele que teve maiores dificuldades de acesso educacional, deve ser privilegiado em algum momento, com a finalidade de se tentar diminuir a distância para o que teve melhores condições.

c) Reconhecimento — sob este aspecto, é importante que o sujeito de direitos, vivo, entenda que essa igualdade efetivamente exista, perceba, mas também seja reconhecido nas comunidades como um sujeito usufruidor desta igualdade.

(6) "Hoje em dia, os estados, em sua maioria, são franchulados ou Suburbiclaves, a maior parte pequena demais para ter alguma coisa do tipo cadeia, ou mesmo um sistema judiciário. Então, quando alguém faz algo de errado, eles tentam encontrar castigos rápidos e pesados, como chibata, confisco de propriedade, humilhação pública ou, no caso de pessoas que tenham um alto potencial de sair por aí machucando os outros, uma tatuagem de alerta em alguma parte proeminente do corpo. SEM CONTROLE EMOCIONAL. Aparentemente, o tal cara foi a algum lugar desses e perdeu a cabeça muito feio." (STEPHENSON, Neal. *Op. cit.* p. 147-148).

George Steiner (STEINER, 1991), grande novelista britânico, trabalha com o conceito de duas escolas — a relativista e universalista. Nesse sentido, os relativistas tendem a acreditar que a linguagem não é o veículo de pensamento, mas seu meio determinante. Ela é a estrutura da cognição. Nossas percepções de tudo são organizadas pelo fluxo de sensações que passam por essa estrutura. Logo, o estudo da evolução da linguagem é o estudo da evolução da mente humana propriamente dita. Em contraste com os relativistas, que creem que as linguagens não precisam ter nada em comum umas com as outras, os universalistas acreditam que, se você analisar as linguagens o suficiente, poderá descobrir que todas elas têm determinadas características em comum. Então, analisam a linguagem procurando determinadas características.

Snow crash traça um paralelo com essa situação, mediante concepção de linguagem das máquinas — códigos binários — zeros e uns, suscitando-se que a programação (mecanismo de dominação da linguagem), controla o computador em seu tronco cerebral, a raiz de sua existência. Com fundamento na passagem bíblica da Torre de Babel, a obra passa a configurar e materializar a ideia de dominação pela comunicação.

Indubitável a existência aqui, também, de uma influência da crítica de Habermas, mediante institucionalização da introdução de novas tecnologias e estratégias de dominação. (HABERMAS, 1987)

E o mecanismo de desequilíbrio pelo qual se trabalha aqui, é a institucionalização da dominação por meio da comunicação, com a implementação nas pessoas de uma linguagem da antiga Suméria, pré-moderna, mediante tecnologia.

É a exteriorização de, em verdade, uma conquista da disfuncionalidade do sistema, enfraquecendo-se o espaço de discussão e realização de fins éticos de convivência social, aquele bem buscado na filosofia clássica, atendendo interesses coletivos.

A batalha na obra se instrumentaliza mediante solução de problemas técnicos, deixando-se totalmente apartada a interação social, suscitando-se que a solução por meio do diálogo inexiste. O modo de dominação é bastante claro, assim como a necessidade de combate a ele, com a dialética exposta entre uma batalha dos monistas e dualistas.

E aqui cabe o avanço proposto pela própria obra, quanto a concepção do Metaverso: "O Metaverso é uma estrutura ficcional feita de código. E o código é simplesmente uma forma de fala — a forma que computadores compreendem." (STEPHENSON, 1992)

Acreditamos que, a questão modernidade *versus* pós-modernidade, está bastante espelhada no contexto aqui apresentado. A discussão se entrelaça, sob este preceito, em várias outras camadas, sempre partindo da base do sistema existente, como a segurança, bem-estar social, ideologia, religiosidade e sua incompatibilidade com a racionalidade, reminiscências da guerra e a necessidade de um pacto entre forças dissonantes para vencer uma ameaça maior, propagadora do vírus, simulacro do combate ao nazismo, assim como exteriorização da sociedade do espetáculo e seus rituais de sofrimento e outros elementos que estão interconectados entre o mundo do Metaverso e aquele real, mas distópico, existente na obra.

O ponto fundante é a capacidade de projeção no Metaverso, por meio da linguagem e seus perigosos mecanismos de dominação, com a inserção de metavírus [(7)], assim como o

(7) "– O metavírus está por toda parte. Em qualquer lugar onde exista vida, o metavírus está lá também, propagando-se através dela. Originalmente, ele se espalhava por cometas. Foi provavelmente assim que a vida primeiro chegou à Terra, e foi provavelmente assim que o metavírus também chegou aqui. Mas cometas são lentos, ao passo que ondas de rádio são rápidas. Em forma binária, um vírus pode saltar pelo universo à velocidade da luz.

quanto há interconectividade entre os mundos e capacidade de manipulação, fundamentalmente pela ausência de mecanismos de controle e segurança.

3. PROJEÇÕES E MECANISMOS DO CONSCIENTE E DO INCONSCIENTE

Diante da avaliação qualitativa da literatura aqui trabalhada, devemos avançar para o campo das projeções do consciente e do inconsciente como exteriorizações da pessoa humana e da concepção de ser.

É de fundamental relevância que a modalidade do exercício da personalidade no Metaverso está muito mais vinculada com as projeções, daquilo do que se queria ser do que efetivamente se é.

Mediante avaliação psicanalítica, Freud já havia começado a pensar a questão da construção e da citada projeção em 1918, com o Homem dos lobos (Textos 1917-1920), em que revela que alguns eventos psíquicos não podiam ser elaborados através da rememoração; isso parecia impossível para certas estruturas. Surgia a necessidade de construir ou reconstruir uma noção ligada à questão psíquica. A construção diz respeito, então, a todo um período esquecido da pré-história da pessoa.

Apesar de já ter apresentado algumas reflexões sobre o tema, principalmente na citada obra de 1918 e também em Dora, será em 1937 que ele se dedicará a uma reflexão mais profunda, atribuindo à construção um status metapsicológico. (Freud, Textos 1937-1939)

Muita atenção ao conceito do meta e sua concepção daquilo que transcende, aquilo que vai além.[(8)]

A concepção aparece de forma empírica, mediante um mecanismo dialético dos estudos de Freud, diante das críticas que os analistas vinham recebendo pelas interpretações dadas a seus pacientes.

Na época, o objetivo da análise seria o de suprimir o mundo recalcado do paciente para que este pudesse restaurar um equilíbrio psíquico. O analista teria, por tarefa, a partir do material já fornecido pelo paciente (sonhos, associações livres, atos falhos, informações etc.) construir o que foi esquecido e, no momento oportuno, comunicar ao paciente. É o trabalho que Freud comparou com o do arqueólogo, no qual não haveria destruição total de uma formação psíquica.

Incidentalmente, deve-se mencionar que o trabalho em apreço se dá, também, pelos advogados, quando se concatena as provas que serão elaboradas no processo, assim como a busca da construção do que ocorreu, com a finalidade de conquista do direito perseguido. Como a construção aqui avençada, as provas processuais são meios, e não o fim em si.

Nessa linha, para Freud, há a ideia de que as vivências psíquicas buscadas pela análise teriam tido um tipo de registro e vivido um recalcamento, ou seja, há uma busca de algo, um fragmento de sua história primitiva, que ele esqueceu.

Assim, para esta avaliação metapsicológica, a verdade histórica é o que é considerado como verdadeiro pelo indivíduo num período de sua história, durante sua infância, cunhado por um sistema de crenças que se fixa no indivíduo.

Ele infecta um planeta civilizado, entra em seus computadores, se reproduz e inevitavelmente é transmitido pela televisão ou pelo rádio ou o que for." (STEPHENSON, Neal. *Op. cit.* p. 447-448).

(8) META. DICIO: Dicionário Online de Português, s.d. Disponível em: <https://www.dicio.com.br/meta/>. Acesso em: 26 ago. 2022.

A questão então é entender se há diferença entre a verdade histórica e a realidade psíquica, para que possamos partir de uma premissa das projeções e do que se faz em extensões da personalidade, como demonstramos ser possível no Metaverso.

Nesse sentido, a realidade psíquica que governa o nosso mundo interior se constitui quase independentemente do mundo exterior. A verdade histórica comporta sempre um núcleo de verdade ao redor do qual se elabora um imenso trabalho psíquico que, na medida em que ele progride, deforma esse núcleo primitivo. A verdade histórica é uma construção pessoal, mas não é inteiramente arbitrária. Mesmo o delírio tem no seu fundo qualquer coisa de verdadeiro. (FALCÃO, 2008)

E aqui temos uma concepção extremamente relevante, porquanto a possível perda da realidade na neurose ou psicose reforça que não faltam tentativas de substituir uma realidade desagradável por outra que esteja mais de acordo com os desejos do indivíduo.

Esses processos se dão através de identificação e projeção, nos campos metas. Assim, quando subsiste um trauma, indubitavelmente a pessoa trabalhará de uma maneira que seja possível conviver com ele, inclusive recompilando e inserindo circunstâncias naquela memória.

É um processo similar àqueles fundamentos bases da origem do material que usamos para criar um conto, um devaneio ou um mito, inclusive utilizados, no período pré-socrático, através de inúmeras alegorias. Desta feita, a recuperação da história é sempre apenas parcialmente possível.

Há que se salientar, ainda, as ideias transferências naturais de uma relação interpessoal, suscitando-se que nos projetamos no outro, independentemente de um preceito de alteridade, porquanto a assimilação pode não ser dar sob preceitos benevolentes.

É evidente que não é o passado que irá evocar através de todos os meios de distorção que as defesas lhe impõem, mas o seu próprio passado. Essa passagem do definido para o possessivo marca a própria passagem da história para a construção mítica; de uma história objetiva irrecuperável para a história imaginária. (FALCÃO, 2008)

Assim, entendemos que somos seres de camadas e as projetamos e como nos escondemos nelas, de acordo com a necessidade e proteção. E o ponto fundamental é: não podemos excluir da concepção do ser humano exatamente essas circunstâncias, como inclusivas no conceito maior.

As coisas existem no meu universo interior da forma como eu as fantasio, sonho, construo e fabrico. O "também fora" quer dizer que eu busco encontrar o objeto que estava no meu universo interior, na minha realidade psíquica, para saber se eu posso reencontrá-lo no mundo exterior (GREEN, 2004, p. 82-83 *apud* FALCÃO, 2008).

E esse é o ponto fundante de quando falamos do Metaverso e de sua extensão, porquanto trabalhamos com uma concepção de projeções contínuas exaradas pelo próprio sujeito, daquilo que se fantasia, se sonha e se idealiza, ou seja, é um mecanismo de fuga, independentemente do valor em si da fuga como algo positivo ou não, permeado de uma projeção, cunhada pela ausência do que se vê, muitas vezes, fisicamente.

3.1 Ser humano, humanidade, pessoa e as projeções

Avançando na temática, temos que analisar, dentro de uma concepção de ser humano se o avatar, como Hiro, faz parte deste conceito, assim sendo reconhecido como sujeito de proteção de direitos e dotado de obrigações.

O conceito jurídico, assim como a concepção de criação cultural, se dará no tempo e no espaço. Nessa linha e também sob uma perspectiva materialista histórica, serão produtos deste momento, sem possibilidade de repetição e com a amplitude e inter-relação fora da capacidade de absorção humana.

O preceito em apreço é fundante para a impossibilidade de se afastar a tecnologia, assim como as projeções virtuais do ser, como aquelas dentro do citado sistema do Metaverso.

Nessa linha discursiva, o ser por meio das projeções aqui expostas não pode ser dissociado da existência, assim como do seu engendramento de preceitos protetivos.

O humano não é só a materialização física, mas sim uma composição complexa e capilarizada em diversas frentes, tanto materiais quanto outras imateriais.

Outrossim, o conceito de humanidade, diante da perspectiva aqui aposta, deverá trazer uma ampliação para a aplicação de um espaço virtual, repita-se onde o elemento projeção estará presente.

A conclusão fundante é: até qual ponto, cabendo o adendo vinculado diretamente ao exarado neste trabalho, com o avanço tecnológico e a possibilidade de mecanismos de extensão da personalidade e a sua exteriorização, inclusive em mecanismos virtuais, se perfaz a necessidade de se insistir no conceito de pessoa na terminologia jurídica no século XXI.

E aqui deveríamos incrementar a discussão com a situação da extensão do conceito de humano, com aquilo que se projeta, mesmo em plataformas virtuais, porquanto nada mais é do que uma extensão da pessoa. É uma reconfiguração, com o perdão do termo utilizado nos códigos binários.

Não se pode imaginar o mundo sem a utilização dos mecanismos digitais e é impossível deixarmos de fora da esfera de proteção do conceito humano essa extensão da vida.

4. TEORIA DE PROVAS E O METAVERSO

Aqui temos um paralelo importante, quanto a criação das provas, por meio de sistemas digitais.

Trabalha-se hoje com a concepção do Metaverso como mecanismo de utilização pelo poder judiciário. Noticiou-se a elaboração até de uma replicação do ambiente do fórum trabalhista de uma cidade no estado do Mato Grosso, Brasil.(9)

Conforme a ideia aqui lançada, estamos diante de processos de construção, com os mecanismos de projeção e introjeção, os quais podem ser transferidos diretamente para o ambiente virtual, uma vez o ser será replicado em seu avatar.

A teoria de provas nunca esteve imune a esse processo do consciente e do inconsciente, uma vez que a colheita de um depoimento, por si só, traz toda a carga psicossomática da pessoa, com seus traumas, suas revelações, segredos etc.

Nessa linha, aliás, acredito que no momento de se trabalhar com a teoria das provas nos cursos de Direito, deveríamos ter noções introdutórias de psicologia, porquanto a escala de extração de informação, através dos meios orais de prova de colheita, seria muito maior.

(9) JUSTIÇA DO TRABALHO EM MATO GROSSO INAUGURA AMBIENTE TOTALMENTE DIGITAL. Portal G1 — Jornal Nacional, 2022. Disponível em: <https://g1.globo.com/jornal-nacional/noticia/2022/05/09/justica-do-trabalho-em--mato-grosso-inaugura-ambiente-totalmente-digital.ghtml>. Acesso em: 26 ago. 2022.

E não entramos aqui, no mérito da busca de uma verdade real, preceito de efetivação positivista, o qual se vincula toda teoria probatória ocidental, ao menos a clássica, porquanto entendemos que essa verdade será impossível de ser perseguida.

Também desconsideramos, respeitosamente, a efetividade de qualquer conceito, denominado de verdade processual, salientando-se que se afasta da concepção de busca pelo bem, *ultima ratio*, da Justiça.

Diante do que expusemos é passível entendermos que vivemos processos de construção na teoria de provas, sob um olhar amplo, inclusive de uma perspectiva daquilo que não está no campo do consciente, mas se projeta mediante ideias de transferência e a apuração/depuração dos fatos.

E aqui a riqueza instrumental da obra artística trabalhada neste compêndio gera a reflexão mediante reconfiguração da teoria probatória, porquanto não se poderá afastar do poder judiciário este elemento de extensão da personalidade, no campo virtual.

Assim, refletimos sobre a possibilidade de exteriorização do ser e sua capacidade de adquirir e violar direitos neste ambiente virtual. Quando o ser, mesmo por meio de um avatar, é passível desta aquisição ou capaz de violar direitos, haverá a necessidade de sua responsabilização mediante mecanismos legais.

A teoria de provas terá, obrigatoriamente, que se adequar a esta realidade, com a capacitação do sistema, gerando a possibilidade de mecanismos investigativos passíveis de se constatar a violação de direitos da personalidade, nos citados ambientes, porquanto a teoria das transferências não se restringe apenas ao envio e alimentação de dados do campo não virtual para o virtual. Indubitável que é uma rota de mão dupla, visto que cada dia que passa somos influenciados pelo que se constrói no ambiente digital, especialmente mediante algoritmos cada vez mais personalizados, especificamente criados por grandes corporações desenvolvedoras da inteligência artificial, como exposto em *Snow Crash*. Mais um ponto a ser levantado, também sob uma perspectiva reflexiva, é acerca da possível realização de audiências no citado Metaverso.

A pandemia mundial, decorrente do Coronavírus, nos apresentou mecanismos virtuais de resolução das demandas, como *zoom*, *teams*, *meeting*, entre outros.

Assim, passou-se a realizar as audiências e colheita das provas orais, por meio de uma intermediação digital. O passo seguinte, diante do que acompanhamos, sem dúvida, seria a realização da citada colheita probatória no ambiente do Metaverso.

Aliás, diante do que elencamos, o processo, nitidamente é o de afastamento da personalização das relações, a princípio, uma das consequências da pós-modernidade, a qual reflete diretamente, também, em algo que era absolutamente pessoal, como o procedimento de colheita da prova oral, pelo magistrado, suscitando-se que a sensação não está apenas nas respostas diretas, mas sim nos trejeitos, formas de movimentação, desenvolver da mão, expressão corporal, entre outros elementos que fazem a composição deste ato tão fundamental.

São sistemas de afastamento das relações interpessoais.

E, novamente, a utilização e amplificação dos meios, como o Metaverso, podem conceber uma diferença fundante nos fragmentos de memória, salientando-se que, em verdade, estamos buscando uma fuga dos conflitos e seus mecanismos de resolução, também atinente a uma sociedade líquida e individualista.

5. CONCLUSÃO

Tentamos, por meio dessa digressão entre a arte e a teoria jurídica demonstrar a extensão do ser e sua amplitude de possibilidades, mediante mecanismos de construção, projeções, introjeções.

Assim, a existência de um avatar no mundo virtual replicará fundamentos do consciente e do inconsciente do ser, suscitando-se, portanto, que nada mais é do que uma projeção ou extensão do humano.

Nesta síntese, avançamos sob uma análise da necessidade de proteção da citada projeção, visto ser uma extensão do próprio ser, atinente a sua condição humana, portanto objeto de obrigações e amparo dos direitos.

Outrossim, também se perfaz necessária uma vinculação da possibilidade de uma adequação da teoria de provas aos fatos que ocorrem no Metaverso, uma vez que o judiciário não poderá se furtar de questões que estejam vinculadas nesta seara, campo, no qual, como dito, trabalha-se com projeções infindáveis, mas sempre vinculadas a mecanismos de transferência humanas.

É necessário, diante disso, uma reconfiguração da teoria jurídica, em si, uma vez que há clara defasagem na análise de situações e violações que possam ocorrer no Metaverso ou na realidade estendida, salientando-se a possibilidade de interconexão fática, visto que hoje, no campo da pós-modernidade, há uma intersecção de rotas entre o virtual e aquele mundo que não é virtual, tratando-se, efetivamente, de uma ruptura no campo instrumental jurídico.

A finalização não poderia ser mais existencialista e, novamente, por meio de um campo aberto de reflexão, sob o preceito do que é, mesmo que imaterial, como o avatar, mediante busca de sua existência anterior a essência, não podendo nos afastar da ideia da proteção humana, mesmo em um campo onde, aparentemente, não se exercita a ideia de humanidade.

6. REFERÊNCIAS

BAUMAN, Zygmunt. *Amor Líquido:* sobre a fragilidade dos laços humanos. Rio de Janeiro: Editora Zahar, 2004.

CAMUS, Albert. *O mito de Sísifo*. Rio de Janeiro: Editora Record, 2018.

FALCÃO, Luciane. (2008). *Construções em análise hoje:* a concepção freudiana ainda é válida? São Paulo: Revista Brasileira de Psicanálise, v. 42, n. 3. (p. 69-81), 2008.

FOUCAULT, Michel. *Microfísica do Poder*. São Paulo: Editora Paz & Terra, 1978.

FREUD, Sigmund. Textos 1917-1920. Em S. Freud, 1917-1920 (p. 432). São Paulo: Editora Companhia das Letras, 2010.

________. Textos 1937-1939. Em S. Freud, Obras Completas Volume 19 (p. 390). São Paulo: Editora Companhia das Letras, 2018.

________. *1900 — A interpretação dos Sonhos*. São Paulo: Editora Companhia das Letras, 2020.

HABERMAS, Jurgen. *Técnica e ciência como "ideologia"*. Lisboa, 1987.

HAN, Byung-Chul. *Sociedade do Cansaço*. São Paulo: Editora Vozes, 2015.

HEGEL, George Wilhelm Friedrich. *Princípios da Filosofia do Direito*. São Paulo: Editora Martins Fontes, 1997.

ORWELL, George. *1984*. São Paulo: Editora Companhia das Letras, 2009.

PLATÃO. *O Banquete.* São Paulo: Grupo Editorial Edipro, 2017.

__________. A República. São Paulo: Editora Lafonte, 2021.

RABINOVICH-BERKMAN, Ricardo David. *Volver a Termopolis.* Buenos Aires, Argentina, 2020.

__________. *Del Golen a Andrew Martin*. Buenos Aires, Argentina, s.d.

__________. *El ataque de los clones*. Buenos Aires, Argentina, s.d.

__________. *Nuevas Reflexiones*. Buenos Aires, Argentina, s.d.

SARTRE, Jean-Paul. *Existencialismo é um humanismo*. São Paulo, Editora Vozes, 2014.

STEINER, George. No Castelo do Barba Azul. São Paulo: Companhia das letras, 1991.

STEPHENSON, Neal. *Snow Crash*. São Paulo: Editora Aleph, 1992.

VIANA, Silvia. *Rituais de Sofrimento*. São Paulo: Editora Boitempo, 2013.

Metaverso: o futuro ambiente de trabalho

Tatiana Guimarães Ferraz Andrade(*)

1. CONSIDERAÇÕES INICIAIS

O presente artigo poderia ser intitulado como "Metaverso: o futuro ambiente de trabalho", mas, também, "Metaverso: o futuro do ambiente de trabalho".

À primeira vista pode parecer que a abordagem seria a mesma, mas não é.

Com efeito, a escolha foi proposital. O objetivo do artigo é dar uma visão geral sobre um dos temas mais relevantes da atualidade e de que forma podemos considerar que uma realidade imersiva poderia ser utilizada por empregadores como um ambiente de trabalho por extensão.

Obviamente que, a partir de tal constatação, diversas indagações são reproduzidas, porém, considerando que ainda se trata de um tema prematuro, em todas as esferas, inclusive para aqueles que se dedicam à criação dos ambientes virtuais, entendemos que o momento seja de compreensão sobre a correlação entre Direito do Trabalho e essa metaverso.

Uma vez consolidada tal ideia, poderemos nos debruçar sobre os impactos (mais uma vez) da tecnologia no trabalho.

Sem prejuízo, o presente estudo abordará algumas reflexões iniciais surgidas quando ultrapassada a admissão do metaverso como ambiente laboral.

2. A EVOLUÇÃO TECNOLÓGICA ATÉ O METAVERSO

De acordo com o Dicionário de Cambridge, tecnologia seria a ciência aplicada a objetivos práticos, especialmente industriais(1).

Contudo, se pensarmos em tecnologia na atualidade, não seria difícil compreender que se trata de um conceito mutável e que não estaria restrito ao espaço industrial.

Afinal, a grande maioria das pessoas convive com a tecnologia na vida pessoal utilizando o celular para diversas finalidades e se conectando com pessoas e notícias de todo o mundo.

Com efeito, atualmente os smartphones possuem uma tecnologia milhões de vezes maior do que os principais computadores utilizados pela Nasa para levar o homem à Lua em 1969(2).

Diversos fatores externos justificam o rápido processo de propagação de tecnologias, no mundo atual, como as formas alternativas de comunicação, em decorrência da globalização.

(*) Mestre e Doutora em Direito do Trabalho pela Faculdade de Direito da Universidade de São Paulo. Professora na Universidade Presbiteriana Mackenzie. Pesquisadora GETRAB-USP. Advogada, Fundadora de Ferraz Andrade Advogados. Head of Labor — Lima Feigelson Advogados.

(1) CAMBRIDGE, Dicionário. Disponível em: <https://dictionary.cambridge.org/pt/dicionario/portugues-ingles/tecnologia>. Acesso em: 18 jul. 2022. Original: "(the study of) science applied to practical, (especially industrial) purposes". Tradução nossa.

(2) LEE, Kai-Fu. *Inteligência artificial.* Como os robôs estão mudando o mundo, a forma como amamos, nos relacionamos, trabalhamos e vivemos. Trad. Marcelo Brabão, Rio de Janeiro: Globo Livros, 2019, p. 21.

De outro modo, importante registrar que essa mesma quebra de fronteiras entre as nações trouxe a redução no número de postos de trabalho, já que a tecnologia eliminou funções que deixaram de ser necessárias e ainda criou outras, revelando uma relação simbiótica entre trabalho humano e tecnologia[(3)].

Carlota Perez[(4)] menciona cinco eras tecnológicas vivenciadas pela humanidade:

1) Revolução industrial (mecanização fabril — 1771 a 1829)
2) Era das máquinas a vapor e das ferrovias (1829 a 1875)
3) Era do aço, da eletricidade e da engenharia pesada (1875 a 1908)
4) Era do petróleo, automóveis e do desenvolvimento da produção em massa — automação (1908 a 1971)
5) Era da informação e das telecomunicações (1971 em diante)

Nada diferente do que o amplamente estudado em Direito do Trabalho pelos estudantes quanto às Revoluções Industriais, exceto que a 1ª e a 2ª eras acima formariam a chamada 1ª Revolução Industrial para nós, operadores do Direito.

Revolução e Tecnologia, portanto, estão intimamente interligadas, eis que uma revolução ocorre "quando novas tecnologias e novas formas de perceber o mundo desencadeiam uma alteração profunda nas estruturas sociais e nos sistemas econômicos".[(5)]

Atualmente, entende-se que o Direito do Trabalho estaria vivenciado a 4ª Revolução Industrial, caracterizada pelos processos de computação, processamento, automação e inteligência artificial.

Dentro da inteligência artificial, ainda, há quem considere a existência de quatro ondas para que este processo revolucionário se concretize: a IA da internet, a IA de negócios, a IA de percepção e a IA autônoma[(6)].

As duas primeiras já estão entre nós, tornando possível a celebração de negócios e a gestão de nossas vidas pessoais, processos notórios durante a pandemia, quando o contato com a tecnologia ficou ainda maior, permitindo que muitos trabalhadores continuassem desempenhando suas atividades a partir de suas residências.

Na IA há a coleta de dados dos usuários. Basta o leitor pesquisar sobre um determinado termo em um site de pesquisa, ou, de forma mais assustadora, comentar sobre um determinado assunto que este começará aparecer em suas redes sociais, como se a internet pudesse ler os pensamentos.

Com tantos dados de usuários trafegando, seria natural que os dados das empresas também estivessem disponíveis e, com isso, a internet de negócios surge e permite

(3) DORNELLES, Paulo Roberto Jr. *A plataformização das relações de trabalho*: como as tecnologias inovadoras das plataformas digitais impactaram na economia e desafiam as estruturas do direito do trabalho. São Paulo: Tirant lo Blanch, 2020. p. 17.

(4) PEREZ, Carlota. Technological revolutions and techno-economic paradigms. *Cambridge Journal of Economics*, Volume 34, Issue 1, January 2010. Disponível em: https://academic.oup.com/cje/article-abstract/34/1/185/1699623?redirectedFrom=PDF>. Acesso em: 28 ago. 2022.

(5) SCHWAB, Klaus. *Op. cit.*, p. 14.

(6) LEE, Kai-Fu. *Op. cit.*, p. 151.

diagnósticos precisos na medicina, melhoria de processos industriais e a solução de diversas outras situações no mundo corporativo.

E se muitos países, principalmente Estados Unidos e China estão à frente desses recursos, as empresas também investem pesado na IA da percepção, com a digitalização do mundo físico, como o uso de reconhecimento facial e processos que utilizem os dados coletados para a configuração de algoritmos precisos que interajam com os usuários até caminharmos para a futura IA autônoma.

A tecnologia sempre traz resistência humana, uma vez que não conseguimos prever todos os movimentos que ocorrerão a partir de uma ideia disruptiva e, tampouco, qual os efeitos que esta trará, especialmente para o mercado de trabalho.

Nesse sentido, quando a Netflix lançou o streaming, em uma época de auge de locação de vídeos na Blockbuster, a indústria cinematográfica entendeu que o futuro da televisão seria *on-line*, mas o desafio seria o tempo e como transformar aquilo em serviço escalonável. Blockbuster faliu em 2010, Netflix assumiu a hegemonia do mercado de streaming de forma isolada e uma década depois, Netflix está em crise com a entrada de outras empresas gigantes, Disney, HBO e Amazon(7).

E o mesmo processo ocorreu com a indústria de *gaming* e outras que aderiam ao uso maciço da tecnologia. O padrão: surge uma tecnologia, uma empresa desponta, outras buscam o mesmo caminho, o mercado se abre, novas tipologias contratuais surgem e outras deixam de existir, até que a tecnologia se torne obsoleta e seja ultrapassada por outro movimento.

Afinal, como mencionamos no início do presente capítulo, o conceito de tecnologia está em constante evolução, mas é certo que cada Revolução mostra um movimento mais rápido e intenso (ou devastador) que o anterior(8).

E é por tais fundamentos que entendemos que a 4ª Revolução Industrial já está caminhando para seu fim, eis que o alcance da IA autônoma trará outro patamar de relações imersivas, pois não se trata apenas de experiências compartilhadas entre mundo físico e virtual, mas, ainda, um local de negócios que se envolve em práticas que são valiosas para a própria existência do metaverso(9).

Segundo Matthew Ball(10):

> *embora a visão completa para o Metaverso permaneça difícil de definir, aparentemente fantástica, e décadas de distância, as peças começaram a parecer muito reais. E como sempre com esse tipo de mudança, seu arco é tão longo e imprevisível quanto seu estado final é lucrativo.*

---

(7) STARTSE. *Entenda a crise da Netflix*. Disponível em: <https://www.startse.com/artigos/entenda-a-crise-da-netflix/. Acesso em: 28 ago. 2022.

(8) Klaus Schwab (*A quarta revolução industrial*. Trad. Daniel Moreira Miranda. São Paulo: Edipro, 2019. p. 14) sustenta que a 4ª Revolução Industrial se distingue das demais em função de 03 fatores:

a) Velocidade – evolução exponencial, em decorrência do mundo interligado em que vivemos, as tecnologias geram outras e mais qualificadas.

b) Amplitude e profundidade – a presente Revolução leva em consideração diversas tecnologias e muda não apenas o "como" e o "o que", mas "o que somos".

c) Impacto sistêmico – envolve a transformação de nações inteiras, empresas e de toda a sociedade.

(9) GRIFFIN, Clark. Metaverse: The Visionary Guide for Beginners to Discover and Invest in Virtual Lands, Blockchain Gaming, Digital art of NFTs and the Fascinating technologies of VR, AR and AI. *Crypto Meta Art Publications*, 2022.

(10) BALL, Matthew. *The metaverse:* what it is, where to find it, and who build it. Disponível em: <https://www.matthewball.vc/all/themetaverse>. Acesso em: 28 ago. 2022.

Para isso, o Metaverso tornou-se o mais novo macro-objetivo para muitos dos gigantes da tecnologia mundial.

Com esse contexto do mundo tecnológico, passaremos a tratar especificamente do histórico do metaverso.

3. HISTÓRICO DO METAVERSO

Para compreensão do metaverso, façamos uma linha histórica do mundo tecnológico e seus processos de desenvolvimento[(11)].

A criação da internet 1.0 (www) ocorreu em 1991, a partir da possibilidade dada por Tim Berners-Lee de trabalhadores utilizarem o "www — World Wide Web". E o metaverso não surgiu muito depois disso, eis que o embrião data de 1992, com a obra "Snow Crash" de Neil Stephenson, na qual humanos poderiam interagir com avatares.

Em 1998, temos a origem da base das Criptomoedas, idealizada pelo engenheiro de computação Wei Dei, como uma moeda descentralizada que futuramente seria utilizada no metaverso.

No início do novo milênio, novas tecnologias permitiram que softwares e cientistas criassem um mundo virtual similar ao real. E, com isso, em 2002, surge o conceito de gêmeos virtuais, sendo o qual um produto físico pode ser retratado de forma fiel no ambiente virtual e, com isso, as empresas podem testar, por exemplo, o interesse dos consumidores.

Em 2003, houve o lançamento o jogo *Second Life,* com adeptos no Brasil. À época, houve uma febre coletiva (em escala muito menor no Brasil, diga-se passagem), mas o jogo não decolou (e, explicaremos o porquê).

Ao lado dos jogos de metaverso, exsurgem as Criptomoedas com o Bitcoin em 2009, cujo criador foi Satoshi Nakamoto ao "minerar" as primeiras 50 moedas. O mesmo criador também desenhou o conceito de *blockchain* como instrumento para gravar cada transação de *blockchain*.

Mas o mais popular sinal do metaverso se dá no mundo dos games, especialmente a partir do conceito de "jogue para ganhar", em 2010. Ou seja, enquanto o jogador literalmente joga um game, ele pode ganhar moedas que permitiriam adquirir itens raros para seu personagem no jogo.

Isso vai na contramão dos primórdios dos games de "pague para jogar". Naqueles tempos, o usuário pagava pelo jogo e tinha como objetivo tão somente ganhar a fase final. Era meramente um status de entretenimento.

Com o aperfeiçoamento dos jogos, muitos usuários passaram a se profissionalizar e o mesmo aconteceu com as empresas de game, hoje, uma indústria milionária e que descobriu um nicho muito além da simples diversão.

A partir disso, temos vários conhecidos do mundo "meta", filmes, desde Matrix, até o principal expoente e fiel retrato do Metaverso, o "Jogador n. 1", inspirado no livro publicado 2011, que retrata a vida em um jogo de vídeo game, e inspirou um filme, de Steven Spielberg em 2018. Aliás, tanto o livro quanto o filme retratam bem o que se projeta da chamada Web 3.0[(12)], com os usuários deixando de lado o papel de meros expectadores e passando a participar de forma ativa.

(11) GRIFFIN, Clark. *Op. cit.*, p. 95-195.

(12) Web 1.0 conhecida com o e-commerce. Web 2.0 das redes sociais, apps e nuvens. Web 3.0 projeta como descentralizada, com serviços guiados por inteligência artificial.

Em 2012, surge o conceito de NFT (*non fungible token*), sendo o token uma representação de algo único e raro, como uma obra de arte. No Brasil, as NFT's ganharam notoriedade especialmente depois que o jogador Neymar que comprou uma obra de arte virtual por milhões de dólares(13).

No ano de 2015, começamos com a "profissionalização" assim digamos do metaverso, com as plataformas "Decetraland" e, hoje, mais conhecida, o "The Sandbox" ambientes virtuais complexos com terrenos valendo milhões e atraindo, inclusive o interesse de diversas empresas e grifes como Nike, Adidas, Gucci, entre outras.

Os jogos passam por outra feição também, misturando cada vez mais a realidade com o mundo virtual, com um dos maiores expoentes, lançado em 2017, o "Fortnite", cujo diferencial foi a união entre Metaverso e Criptomoedas com uso funcional apenas no ambiente do jogo. Além disso, o Fortnite surge como ambiente não apenas para jogar games, mas para interação, sendo, inclusive "palco" do primeiro concerto de uma artista em metaverso.

E, como mencionamos acima, porque o *Second Life* foi uma febre inicial, mas não emplacou e o que mudou dos nossos jogos de vídeo game do "Atari"ou "Mega Drive", para o processo atual de metaverso?

Simples, as pessoas deram um propósito à vida no metaverso não apenas do ponto de vista social, mas dos negócios também, inclusive monetizando.

E todos os conceitos de NFT, criptomoedas e *blockchain* se unem e fazem sentido no metaverso, cujo progresso foi acelerado em função da pandemia de COVID-19 em 2020, a qual impôs ao mundo um lockdown e isolamento social.

Nesse sentido, o metaverso permitiu a interação de pessoas em uma zona livre de pandemia(14) cominando com o anúncio do Facebook, no segundo semestre de 2021, de que passaria a se chamar "Meta" e tornando inegável de que o metaverso não era mais uma "febre", mas uma realidade permanente.

4. CONCEITO

Metaverso pode ser compreendido como um mundo imersivo onde as interações virtuais permitem transcender as fronteiras entre tempo e espaço e promover experiências compartilhadas com pessoas no mundo(15).

O metaverso tem uma ideia de real time. Ou seja, você replica a sua vida pessoal, os seus negócios, o seu lazer em tempo real.

Imagina-se o metaverso como uma realidade aumentada, através de óculos tridimensionais. Mas, são muitos os ambientes de metaverso e cada um deles pode combinar tecnologias diversas, de modo que não seja um requisito o uso de tais equipamentos.

Nesse sentido, o metaverso(16):

> *cria uma imagem espelhada do mundo real com base na tecnologia de gêmeos digitais, constrói um sistema econômico baseado na tecnologia* blockchain *e integra firmemente*

---

(13) *REVISTA EXAME*. Neymar compra dois NFTs de coleçnao coleção famosa por quase 6 milhões. Disponível em: <https://exame.com/future-of-money/neymar-compra-dois-nfts-de-colecao-famosa-por-quase-r-6-milhoes/?

(14) GRIFFIN, Clark. *Op. cit.*, p. 130.

(15) GRIFFIN, Clark. *Op. cit.*, p. 71.

(16) NING, Huansheng *et al. A survey on metaverse*: the State-of-art, Tecnhologies, Applicatiosn, and Challenges. 2021. Disponível em: <https://arxiv.org/abs/2111.09673>. Acesso em: 28 ago. 2022.

o mundo virtual e o mundo real no sistema econômico, o sistema social, e o sistema de identidade, permitindo que cada usuário produza conteúdo e edite o mundo

Segundo Matthew Ball[(17)], o metaverso será:

1. Persistente — pois permanecerá de forma indefinida
2. Síncrocro e ao vivo — as experiências no metaverso ocorrerão em tempo real
3. Uma economia em pleno funcionamento — pessoas físicas e jurídicas poderão reproduzir atos financeiros, como comprar, vender e investir nesse ambiente.
4. Uma experiência "que abrange os mundos digital e físico, redes/experiências privadas e públicas, e plataformas abertas e fechadas"
5. Uma "oferta de interoperabilidade sem precedentes de dados, itens/ativos digitais, conteúdo e assim por diante em cada uma dessas experiências". Por exemplo, uma pessoa poderá comprar um produto em um ambiente virtual de um jogo ou de uma loja e o utilizar em ambiente imersivo de outra empresa.
6. "Povoado por "conteúdo e experiências criados e operados por uma gama incrivelmente ampla de colaboradores, alguns dos quais são indivíduos independentes, enquanto outros podem ser grupos informalmente organizados ou empresas focadas comercialmente" (ponto mais importante e sensível para o Direito do Trabalho, em nossa opinião)

O metaverso está na chamada web 3.0.

Na web 1.0, éramos meros expectadores. O usuário abria o navegador para ver as notícias.

Na web 2.0, podemos produzir conteúdo, com as redes sociais, por exemplo e, na web 3.0, para a qual caminhamos, além de todas as propriedades da web, interagimos com a realidade virtual, de modo que não haja distinção entre vida virtual e física.

No metaverso, o usuário pode socializar com outras pessoas (avatares), trabalhar, comprar uma propriedade, comprar itens de luxo, experimentar produtos antes da compra no mundo real, ter experiência, enfim, praticar todo e qualquer ato humano que seria plenamente realizável na vida real.

5. O METAVERSO COMO FUTURO AMBIENTE DO TRABALHO

Com tantos conceitos atrelados ao metaverso, pode parecer, à primeira vista, que esta nova realidade não traria impactos significativos para o Direito do Trabalho.

Claro que algumas situações peculiares, não passariam despercebidas.

Em primeiro lugar, seria possível tratar sobre as implicações do trabalho do menor, já que a familiaridade entre os mais jovens e as recentes tecnologias faz com que muitos daqueles não apenas se divirtam no mundo meta, mas também trabalhem.

---

(17) BALL, Matthew. *Op. cit.*

Ora, ao comprar uma NFT, por exemplo, não se sabe quem seria o efetivo criador, sendo perfeitamente possível que uma criança de 12 anos tenha feito essa proeza de um computador em seu quarto de qualquer parte do mundo, sem qualquer espécie de tutela de direitos.[18].

Ainda, poder-se-ia cogitar de que forma seria desempenhado o trabalho dentro do metaverso. Por exemplo, uma determinada plataforma de entregas fez uma parceria com um jogo no metaverso, permitindo que todos os usuários possam realizar tal atividade e ganhariam cupons por isso[19].

E se um trabalhador passasse a desempenhar essa atividade no mundo meta com habitualidade e como fonte de renda? Qual a relação entre ele e a plataforma?

Pois bem, se há a discussão quanto ao trabalho realizado por plataformas ser decorrente de uma relação de emprego ou não, uma vez que esta mesma atividade fosse desempenhada no ambiente virtual, a discussão deveria ser idêntica, trazendo dúvidas às partes envolvidas.

Como se não bastasse, casos de assédio sexual ocorridos no metaverso estão sendo denunciados[20] ocorridos em situações de convívio pessoal, mas não é difícil supor que tais práticas poderiam ocorrer em ambiente virtual corporativo também.

Todos os pontos acima certamente são relevantes para o Direito do Trabalho, mas a discussão é maior quando se pensa no metaverso como a própria extensão do ambiente laboral.

Nesse sentido, diversas empresas estão desenvolvendo ambientes no metaverso, principalmente as gigantes da tecnologia, como Facebook, Microsoft, Apple e Amazon.

Em primeiro lugar, um ponto extremamente importante para se compreender o porquê desse ambiente ser tão atrativo é que, nas palavras de Matthew Ball[21]:

Embora o Metaverso tenha o potencial de suceder a Internet como uma plataforma de computação, seu processo de desenvolvimento subjacente provavelmente compartilhará pouco em comum com seu antecedente. A Internet veio de universidades públicas de pesquisa e programas governamentais dos EUA. Isso foi em parte porque poucos nos negócios privados entendiam o potencial comercial de uma World Wide Web, mas também era verdade que esses grupos eram essencialmente as únicas entidades com talento computacional, recursos e ambições para construí-la. Nada disso é verdade quando se trata do Metaverso.

Não só a indústria privada está totalmente ciente do potencial do Metaverso, como provavelmente tem a convicção mais agressiva neste futuro, sem mencionar o maior dinheiro (pelo menos quando se trata de uma vontade de financiar o Metaverse P&D), o melhor talento de engenharia e o maior desejo de conquista. As grandes empresas de tecnologia não querem apenas liderar o Metaverso, elas querem possuir e defini-lo. Ainda haverá um grande papel para projetos de código aberto com ethos não corporativos — e eles atrairão alguns dos talentos criativos mais interessantes do Metaverso — mas há apenas alguns líderes prováveis no início do Metaverso. E você reconhecerá cada um.

---

(18) Corroborando: *BBC*. Menino de 12 anos ganha R$ 2 milhões com NFTs de baleias. Disponível em: <https://www.bbc.com/portuguese/geral-58357316>. Acesso em: 19 jul.2022.

(19) CCM. *GTA RP:* Como virar entregador do Ifood no Cidade Alta. Disponível em: <https://br.ccm.net/faq/58670-gta-rp-e-ifood-aprenda-a-fazer-entregas-e-ganhar-cupons-no-app>. Acesso em: 18 jul.2022.

(20) TECH. *Assédio no metaverso:* caso de violência sexual é denunciado. Disponível em: <https://www.tecmundo.com.br/redes-sociais/239279-assedio-metaverso-caso-violencia-sexual-denunciado.htm>. Acesso em: 18 jul. 2022.

(21) BALL, Matthew. *Op. cit.*

Ou seja, se na internet 1.0, as empresas não tinham conhecimento do potecial do que estava por vir, essa dimensão já está ultrapassada no metaverso.

Não se trata apenas de reproduzir a vida real em um ambiente virtual, mas de construir um lugar que seja atrativo por todos. Se trata se ter a oportunidade de ter um ambiente no qual o consumidor possa testar um produto antes de comprar, um médico possa realizar uma cirurgia sem colocar em risco uma vida, por exemplo, e, por isso, as empresas não querem apenas fazer parte desse movimento, mas serem proprietárias do metaverso, ainda mais porque ausente regulamentação, sendo uma folha em branco para infinitas possibilidades.

Já se tem notícias de empresas realizando processos seletivos no metaverso[22]. Com isso, a empresa cria um ambiente virtual, similar ao seu escritório e o candidato, por sua vez, tem a liberdade de criar um avatar com as características físicas que bem entender.

Como se não bastasse, o metaverso também já faz parte da vida contratual de diversos empregados, eis que muitas corporações adquiriram espaços virtuais e os utilizam como espaço corporativo, com a realização de reuniões eventuais e mesmo para que os colaboradores passem o dia trabalhando com os seus avatares.

Nesse sentido, a empresa tem a liberdade de construir o ambiente que bem desejar, eliminando custos de uma instalação física. Até aqui, nenhuma novidade pós pandemia, pois, com o lockdown imposto, muitas companhias se deram conta de que seria possível manter a produtividade, diminuindo custos e, consequentemente aumentando a receita sem a necessidade de grandiosas instalações físicas.

Contudo, com o passar do tempo, o teletrabalho mostrou alguns pontos negativos, em especial a questão da perda do controle por parte do empregador.

Nesse sentido, o metaverso tornou-se, de fato, um ambiente convidativo para as empresas. Basta criar um ambiente virtual e por analogia este passará a ser o local de trabalho. O avatar entra em sua respectiva sala, realiza suas atividades individuais, permanece sempre aos olhos do empregador, e apto para as dezenas de reuniões que ocorrem no dia, se dirigindo à uma sala coletiva.

No metaverso, o trabalhador pode ingressar no ambiente virtual criando uma espécie de personagem, com características próprias, o chamado avatar. Este adentrará ao ambiente corporativo virtual e poderá se deslocar dentro dele como lhe convier.

Assim, uma vez que o avatar esteja presente naquele ambiente, presume-se que o trabalhador (no mundo físico) estaria logado e trabalhando. É possível, ainda, que o empregador exija que o colaborador permaneça com sua câmera aberta, mas caso não o queira, bastaria que o avatar do superior hierárquico se aproximasse do avatar de seu subordinado e, ao abrir o microfone, o chamasse no metaverso.

Aqui, abre-se parênteses: Quando o avatar está sozinho em uma sala, os demais avatares presentes no ambiente não o escutam e vice-versa. Eles apenas interagem quando estão próximos.

Se o colaborador não responder quando o superior o chamar em um espaço reservado, seria o mesmo que também presumir que o trabalhador "logou" no ambiente virtual com o avatar, mas não estivesse presente no ambiente físico, realizando outras atividades

---

(22) <https://br.vida-estilo.yahoo.com/empresas-já-conduzem-processos-seletivos-073000479.html?guccounter=1&guce_referrer=aHR0cHM6Ly93d3cuZ29vZ2xlLmNvbS8&guce_referrer_sig=AQAAAIUnUD_XrKXcPzzZ2i-0yn6IwHM5ZDeA7mmBzaqki0C5KVXEAQwXLQvobjFDXih-BnaPaY3RrCt_MbGDR9vcVjS0JDzUHPkTqUX8b2Gs-fv_7UrN9jznI2EqbhrOzVfvPxYVLbI_8gXty8mdCar0RNmz6avdydQZo30xpOJHG96STz>.

de cunho pessoal e, portanto, passível de aplicação de sanções disciplinares decorrentes do poder disciplinar.

O que se pretende mostrar é que o metaverso deixou de ser apenas um espaço somente de convívio social, mas que permite que diversos colaboradores permaneçam no mesmo espaço "físico" em um mundo que, definitivamente, não possui mais fronteiras no conceito de "*work anywhere*" trazido pela pandemia.

Assim, não há dúvidas de que o metaverso será (e já é) um futuro ambiente de trabalho.

Contudo, essa analogia ao trabalho desempenhado nas dependências físicas não possui uma tipologia própria dentro do Direito do Trabalho.

Afinal, não podemos tratar o trabalho no metaverso como teletrabalho, pois o metaverso é um ambiente corporativo por extensão, de propriedade da empresa. Ou seja, se o conceito de teletrabalho remete ao trabalho desempenhado fora das dependências da empresa, o metaverso se distancia dessa definição, pois seria algo mais próximo a uma filial ou escritório da empresa.

Tampouco seria um trabalho externo pela mesma razão e, ainda, afasta-se desta característica uma vez que há fiscalização do empregador enquanto o avatar estiver presente naquele ambiente, como demonstrado acima.

Por outro lado, o metaverso permite que trabalhadores de diversas partes do mundo se conectem. Nesse ponto, qual seria a legislação aplicável ao contrato de trabalho? Nacional ou estrangeira? A do local da prestação de serviços? Nesta hipótese, poderíamos pensar no local do servidor onde o ambiente virtual estiver hospedado, ou a sede (real) da empresa, ou, ainda, o local de onde o trabalhador ingressar no metaverso?

Ainda que se diga que seria a lei do local da contratação e, neste caso, a empresa poderia definir como o local de sua sede, teríamos as mesmas velhas discussões do teletrabalho. E se o empregado se acidentar, como ele poderia ser afastado pelo INSS se não puder comparecer em uma perícia médica, pois está (fisicamente) no estrangeiro? (vejam que o metaverso poderia solucionar esse conflito, com perícias nesse ambiente)

Como se verifica, o metaverso vai além de mudar o local de trabalho, até mesmo porque poderíamos entender que aquele não se modificou e apenas reflete o ambiente físico, como ocorre no teletrabalho. Entretanto, o metaverso vai além e modifica o próprio padrão das relações de trabalho.

6. CONCLUSÃO

O metaverso ganhou propagação durante a pandemia, eis que se tornou necessária a adoção de um sistema que permitisse a interação entre os seres humanos e a continuidade de atividades cotidianas, pessoais e corporativas.

Nesse contexto, o metaverso é extremamente democrático e acessível. Um usuário pode realizar qualquer atividade em tal sistema virtual, seja jogando, assistindo shows, participando de festas, testando novos produtos, comprando terrenos virtuais, obras de arte, investindo em criptomoedas e, finalmente, trabalhando.

Por outro lado, é inquestionável que o Direito do Trabalho tem um papel amplo no metaverso, não apenas de tutelar situações específicas como a dos autores mirins de NFT, mas de todas as relações desenvolvidas em um ambiente virtual que reproduz com exatidão o trabalho presencial.

Contudo, não podemos nos esquecer que estamos diante na iminência de 5ª Revolução Industrial, com discussões ainda não respondidas da Revolução atual (4ª), como o trabalho em plataformas.

Como mencionado, as tecnologias evoluem com uma velocidade tamanha que cada revolução acaba ocorrendo de forma mais rápida e intensa que a sucessora.

E isso traz enormes impactos, uma vez que não há tempo para a criação de uma legislação apta a tutelar as novas tipologias e dar proteção aos sujeitos envolvidos.

Assim, antes de nos debruçarmos sobre as questões que já estão sendo trazidas pelo trabalho no metaverso, como operadores do Direito, temos o dever de compreender que os atuais movimentos, se passageiros ou não, existem.

Há uma tendência daqueles que atuam com o Direito Laboral em resistir a tudo o que possa trazer impactos aos trabalhadores e, de fato, a índole protecionista do nosso Direito não poderia trazer outra consequência.

Mas, respeitando a velocidade das revoluções tecnológicas, temos que compreender que o processo já existe e está diante de nós.

Há muitos colaboradores no metaverso, seja construindo este espaço, seja atuando nele em reflexo às atividades exercidas no mundo real.

Assim, ter a consciência do metaverso como um novo ambiente de trabalho já é um grande passo para que possamos nos debruçar sobre todo os pontos positivos e negativos que exigem a intervenção do Direito do Trabalho.

Afinal, não podemos nos esquecer da antiga máxima de George Ripert :"quando o direito ignora a realidade, a realidade se vinga, ignorando o direito".

REFERÊNCIAS

PEREZ, Carlota. *Technological revolutions and techno-economic paradigms.* Cambridge Journal of Economics, Volume 34, Issue 1, January 2010. Disponível em: <https://academic.oup.com/cje/article-abstract/34/1/185/1699623?redirectedFrom=PDF>.

DORNELLES, Paulo Roberto Jr. *A plataformização das relações de trabalho*: como as tecnologias inovadoras das plataformas digitais impactaram na economia e desafiam as estruturas do direito do trabalho. São Paulo: Tirant lo Blanch, 2020.

GRIFFIN, Clark. *Metaverse: The Visionary Guide for Beginners to Discover and Invest in Virtual Lands, Blockchain Gaming, Digital art of NFTs and the Fascinating technologies of VR, AR and AI.* Crypto Meta Art Publications, 2022.

LEE, Kai-Fu. *Inteligência artificial.* Como os robôs estão mudando o mundo, a forma como amamos, nos relacionamos, trabalhamos e vivemos. Trad. Marcelo Brabão, Rio de Janeiro: Globo Livros, 2019.

BALL, Matthew. *The metaverse:* what it is, where to find it, and who build it. Disponível em: <https://www.matthewball.vc/all/themetaverse>.

NING, Huansheng *et al. A survey on metaverse:* the State-of-art, Tecnhologies, Applicatiosn, and Challenges. 2021. Disponível em: <https://arxiv.org/abs/2111.09673>.

SCHWAB, Klaus. *A quarta revolução industrial.* Trad. Daniel Moreira Miranda. São Paulo: Edipro, 2019.

Prevenção de Passivos

Vinicius Soares Rocha(*)
Alessandra Viegas Vendrame(**)

Em artigo publicado no jornal Correio Braziliense no dia 19 de junho de 2017, o professor José Pastore afirmou que o Brasil é campeão de ações trabalhistas no mundo (*in* https://www.fecomercio.com.br/noticia/jose-pastore-brasil-campeao-de-acoes-trabalhistas).

Pastore levantou números de 18 países para sustentar a informação. Só em 2016, foram ajuizadas 3 milhões de novas ações que se somaram às remanescentes de anos anteriores, chegando a quase 8 milhões de processos.

Dados atuais revelam que o ano de 2021 fechou com 1,550 milhão de novas ações.

O conflito que emerge das relações de trabalho exageradamente levado ao Judiciário deve ser visto como uma anomalia do sistema.

Não se está a criticar o amplo acesso à Justiça fortalecido pela Constituição de 1988, mas sim a exacerbada judicialização das relações de trabalho.

Não pode ser tida como natural a avalanche de processos trabalhistas que todos os anos chegam à Justiça do Trabalho.

A falta de simplicidade do ordenamento jurídico trabalhista impede que uma grande parte de empregadores cumpra a lei.

Mesmo para os especialistas, a tarefa de decifrar a norma é árdua. As empresas precisam se cercar de inúmeros profissionais, o que as onera e não garante passarem ilesas.

Não bastassem os quase 1000 artigos da CLT recheados de parágrafos, incisos e alíneas, o ordenamento jurídico trabalhista ainda é composto por um emaranhado de Portarias, Instruções Normativas, Resoluções, Súmulas, Orientações Jurisprudenciais, das mais diversas fontes, entre elas o Ministério do Trabalho e o Tribunal Superior do Trabalho.

Ao longo dos anos de 2020 e de 2021 houve uma pandemia de novas leis que visavam enfrentar o avanço da Covid-19.

Além de detalhes e mais detalhes, todo esse conjunto de normas é objeto de interpretações das mais diversas, com intenso grau de subjetivismo e ativismo.

Não raro, magistrados afastam a aplicação da lei, optando pela adoção de princípios jurídicos que os socorrem ao sabor de convicções ideológicas pessoais.

Some-se a esses fatores a ausência de sucumbência no caso de sentença desfavorável.

(*) Graduado em Direito pela UERJ. Pós-graduado em Direito do Trabalho, Direito Processual do Trabalho e Direito Previdenciário pela Universidade Cândido Mendes. MBA em Gestão Empresarial pela FGV. Estratégia e Liderança pela Ohio University. É Gerente Jurídico Trabalhista e de Relações Sindicais em multinacional do setor de energia e combustíveis. É Membro da Comissão de Relações de Trabalho e Emprego do IPOJUR e integra o Conselho de Relações do Trabalho da FIESP.

(**) Possui MBA em Gestão de Projetos pela USP/ESALQ e especialização em Tópicos Avançados em Gerenciamento de Projetos pela University of La Verne, Califórnia/USA. Lidera atualmente a área de Governança e Excelência Trabalhista em uma das maiores empresas do país.

A recente reforma trabalhista inseriu na CLT dispositivo pelo qual ao advogado vencedor serão devidos honorários de sucumbência, de 5% até 15% sobre o valor que resultar da liquidação da sentença, do proveito econômico obtido ou, não existindo alternativa, sobre o valor atualizado da causa.

No entanto, o Supremo Tribunal Federal julgou inconstitucionais a parte final do *caput* e o § 4º do art. 790-B e o § 4º do art. 791-A, ambos introduzidos à CLT pela citada reforma trabalhista.

A Corte entendeu como inconstitucionais os artigos que fixam o pagamento de honorários periciais e sucumbenciais pela parte derrotada, mesmo que ela seja beneficiária da justiça gratuita.

Assim, os beneficiários da justiça gratuita ficam eximidos do pagamento de honorários sucumbenciais quando derrotados.

Como em regra geral as ações trabalhistas são ajuizadas por trabalhadores quando não mais estão empregados, comumente lhes são deferidos os benefícios da gratuidade de justiça, os eximindo, assim, da sucumbência, como mais um fator de estímulo à judicialização exacerbada.

Um terceiro fato que se atribui à alta litigiosidade trabalhista no brasil é o desestímulo da lei a soluções alternativas de resolução de conflitos como a mediação e a arbitragem privadas, fazendo com que tudo desague no Judiciário.

Certamente que se o empregador quiser fazer a parte dele para eliminação de passivo trabalhista, não é suficiente somente um comportamento ético de querer pura e simplesmente cumprir a lei. É preciso mais.

Aos profissionais do Direito que queiram se ativar em atividades de prevenção de passivos, essencial que saiam de posições tradicionais de emissão de pareceres e orientações e passem a atuar de forma estratégica.

É fundamental que as organizações — dos mais diversos tamanhos e segmentos — implementem ferramentas de gestão para lidar com a complexidade oriunda do contencioso trabalhista.

Nesse contexto, metodologias e ferramentas de gerenciamento de projetos podem ser utilizadas para a criação de programas visando a implementação de ações para mitigar ou controlar riscos e passivos trabalhistas, minimizando assim a constituição de provisões de contencioso e, consequentemente, reduzindo o impacto no resultado da organização.

O uso do gerenciamento de projetos nesse contexto permite o planejamento, o acompanhamento e a concretização das ações, garantindo a alocação dos conhecimentos, habilidades e recursos necessários ao longo de toda a jornada.

Ter a figura de um gerente de projetos é essencial para apoiar o desenvolvimento do plano e para imprimir o ritmo da implementação das ações definidas.

Além de atuar em itens como escopo, cronograma, custo, comunicação, riscos etc., o gerente de projetos também é o responsável pela interlocução com todas as áreas envolvidas, atuando como facilitador e mediador nas diferentes etapas do processo.

Pensando na criação de um programa para prevenção de passivos trabalhistas, o processo inicia-se pela mensuração do impacto financeiro que o contencioso gera no resultado da organização.

É importante compreender, por exemplo, como o EBITDA (sigla em inglês para lucros antes de juros, impostos, depreciação e amortização) é impactado pelo contencioso trabalhista. Ao apurar esse número, é possível demonstrar o impacto gerado pelo contencioso trabalhista frente a outros ofensores dos resultados financeiros.

Não é incomum em algumas empresas que o passivo trabalhista esteja em patamares equivalentes a outros temas que resultam em impactos financeiros relacionados ao próprio negócio, como produtividade, eficiência operacional, entre outros.

A partir do momento que, de forma estruturada, se dá visibilidade a esse dado para a alta liderança, traduzindo-se em números todas as informações, consegue-se demonstrar a relevância do tema e o potencial custo evitado que um programa dessa natureza pode gerar, saindo de uma linguagem puramente jurídica para uma abordagem mais próxima a adotada pelos executivos.

Esse pode ser o primeiro passo para gerar engajamento da alta liderança e para assegurar suporte na liberação dos recursos necessários visando avançar efetivamente na construção de um programa para prevenção de passivos trabalhistas.

Também é de suma importância definir o modelo de governança que será adotado desde a concepção de um programa dessa magnitude.

Identificar precisamente quem são os *stakeholders* (termo utilizado para definir todas as partes interessadas) envolvidos em cada uma das esferas de atuação — estratégica, tática e operacional — é crucial para dar a celeridade necessária na implementação e posterior gerenciamento de um programa para prevenção de passivos trabalhistas.

Tendo em vista esse ponto, é recomendável a criação de um comitê executivo, composto pela alta liderança da organização, cujo objetivo é — além de monitorar os avanços do programa — aprovar decisões estratégicas e investimentos necessários para implementação das ações.

Adicionalmente, na esfera tática, é imprescindível identificar os representantes de cada uma das áreas envolvidas no programa para composição de times multidisciplinares.

Esses times são os responsáveis pelo aprofundamento técnico necessário para avaliação da viabilidade e efetividade das medidas de prevenção de passivos trabalhistas.

Como exemplo, no time voltado para construção do plano de ação relativo a temas como insalubridade e periculosidade, imperiosa a participação dos profissionais de saúde e de segurança no trabalho, tais como médico do trabalho, engenheiro de segurança, entre outros.

Já no time que se dedica aos temas de jornada de trabalho, os profissionais especialistas em folha de pagamento, escalas de trabalho, relações sindicais e advogados trabalhistas são imprescindíveis.

No âmbito operacional, é necessário ter um time focado na implementação das ações de fato. O programa para prevenção de passivos trabalhistas deve ser a atividade prioritária do time operacional dedicado.

Vale destacar que é possível contar também com a participação de membros volantes que se unem a cada um dos times conforme demanda e por tempo determinado. Esses membros volantes aportam conhecimento específico e contribuem para definição e implementação de ações pontuais do plano para prevenção de passivos trabalhistas.

Como exemplo, é possível citar os Consultores Internos de RH (também conhecidos como *business partners*), que podem participar de ações em que a comunicação com os trabalhadores seja um fator crucial para o sucesso da implementação, visto que possuem profundo conhecimento das áreas e pessoas com quem interagem no dia a dia.

Além de membros volantes internos, pode-se contar também com a participação e visão de membros volantes externos, como por exemplo advogados de escritórios parceiros ou até mesmo médicos e engenheiros de segurança do trabalho de empresas que prestam serviços de assistência técnica em perícias.

Como próximo passo na jornada para construção de um plano de prevenção de passivos trabalhistas, é crucial realizar o mapeamento dos ofensores.

Para tal, é necessário compreender em detalhes como a provisão do contencioso trabalhista é constituída, segregando os pedidos por categoria e elaborando um *ranking* com todos os ofensores. De igual forma, é essencial compreender e estratificar as causas que ensejaram condenações judiciais e pagamentos de execuções e acordos.

Essa é uma fase crítica e que exige análise minuciosa dos dados levantados nos sistemas e controles internos.

Tendo em vista o grande volume de dados, sugere-se o uso de *softwares* de inteligência de negócios, como por exemplo o Power BI, para transformar os dados brutos em informações claras e valiosas, otimizando a construção e visualização de relatórios e dashboards.

Considerando a variedade de ofensores que poderão compor esse *ranking* (por exemplo: hora extra, intervalo intrajornada, periculosidade, insalubridade etc.), recomenda-se fazer um exercício de priorização, delimitando o escopo e definindo a implementação em fases ou ondas.

Essa priorização deve sempre levar em consideração o impacto financeiro gerado diretamente pelos ofensores.

É necessário atacar prioritariamente aqueles itens que mais ofendem o resultado da organização. Assim, a delimitação do escopo contribui para o foco na implementação e no monitoramento efetivo das ações de prevenção de passivos trabalhistas

Uma vez definidos os ofensores que serão atacados de forma prioritária, é fundamental compreender a causa raiz dos problemas, ou seja, o que de fato levou a uma sentença desfavorável naquele pedido do processo trabalhista.

Saindo do campo abstrato, é possível utilizar métodos quantitativos, como por exemplo as jurimetrias, para entendimento das principais causas das condenações.

Aliando tecnologia e expertise jurídica, é possível identificar padrões e apontar quais são os principais problemas na operação, nos procedimentos internos, na governança, nas defesas etc.

Atingir uma compreensão clara e objetiva sobre a causa raiz que leva a cada ofensor é fundamental para que ações efetivas sejam adotadas.

Não é simples o trabalho de elencar e ranquear a causa raiz. As ações trabalhistas estão atreladas a causas multifatoriais. Veja-se, por exemplo, as condenações em horas extras como podem se desdobrar: horas extras por labor além da jornada contratual, horas extras pela não realização de intervalos, horas extras a partir da sexta diária por haver labor em turnos de revezamento sem previsão em norma coletiva, horas extras por trabalho em domingos ou sem descanso semanal remunerado, horas extras noturnas e respectivas prorrogações, horas extras e cargo de gestão ou confiança, horas extras em viagens, horas extras por tempo à disposição etc.

Além dessa gama de subcategorias, os passivos podem estar sendo gerados por questões relacionadas ao incorreto registro de ponto, aos equipamentos de coleta dos registros, aos sistemas de gestão de jornada e geração dos relatórios, entre outros.

Não se perca de vista que passivos relacionados a horas extras podem estar sendo causados pelo cálculo equivocado que gera os créditos em holerite, adotando-se premissas sem respaldo legal ou em dissonância à jurisprudência dos tribunais.

Diga-se o mesmo para outras temáticas. Também merece menção o exemplo dos passivos relacionados ao adicional de insalubridade. O Judiciário Trabalhista está repleto de ações com condenações a esse título porque o empregador não possui adequada gestão do fornecimento dos equipamentos de proteção individual. Empregadores são condenados porque ora não conseguem provar o fornecimento, ora não conseguem provar que o EPI estava adequado, ou não conseguem demonstrar fornecimento suficiente e em tempo pertinentes.

Assim, é crucial identificar qual é a ação que de fato irá endereçar e tratar cada uma das causas raízes mapeadas. Somente deve-se mitigar ou controlar os riscos e passivos trabalhistas se houver a garantia de que se está atacando cada um dos problemas de forma cirúrgica.

Adicionalmente, as ações que compõe o plano para prevenção de passivos trabalhistas podem ser analisadas em uma matriz de esforço vs. impacto para implementação. Algumas ações poderão requerer investimentos financeiros, outras poderão demandar ajustes simples em procedimentos internos ou até mesmo na redação dos acordos coletivos de trabalho.

O objetivo de utilizar uma matriz de esforço vs. impacto é facilitar a priorização das ações, dividindo os afazeres em quatro grandes grupos, onde se realiza a classificação de acordo com o impacto gerado e o esforço despendido, sejam eles "alto" ou "baixo".

A matriz é construída com dois eixos: na vertical, o impacto, que é o efeito ou repercussão que a ação poderá gerar no negócio, já no eixo horizontal, o esforço, medido pelo tempo, energia, investimento financeiro ou recursos humanos que a ação irá requerer para ser implementada.

Essa abordagem simples e direta ajuda a trazer ainda mais clareza na priorização e execução das ações.

Classificam-se as ações de baixo esforço e alto impacto como "quick wins", termo em inglês para conquistas rápidas.

A partir da implementação desses "quick wins" é possível demonstrar resultados efetivos de forma ágil, motivando e estimulando as equipes dedicadas ao projeto e também a liderança a seguir em frente com a execução dos demais itens mapeados no plano.

Por outro lado, as ações que exigem "alto esforço" e trazem "baixo impacto" devem ser analisadas com profundidade e cautela. Normalmente, essas ações deixam de ter prioridade no plano, visto que podem inclusive ser desestimulantes para toda a equipe e para organização.

Já as ações enquadradas no "alto esforço" e "alto impacto" podem exigir muita disciplina, análises constantes e até mesmo uma dose de criatividade para implementação. É necessário dedicar tempo para planejar passo a passo como essas ações serão efetivamente executadas.

As ações que exigem "baixo esforço" podem ser atrativas em um primeiro momento, no entanto, se elas também geram "baixo impacto", exigem atenção. Deve-se sempre questionar se essas ações são realmente necessárias e se irão mover os ponteiros corretos no plano para prevenção de passivos trabalhistas.

Em todas as ações — sejam de baixa ou alta complexidade — é essencial contar com o engajamento e patrocínio da liderança e demais *stakeholders*.

A exata compreensão da causa raiz e do posicionamento das ações na matriz de esforço vs. impacto é essencial para que se possa desenvolver medidas efetivas de ataque.

Nesse contexto, o plano para prevenção de passivos trabalhistas deve ser implementado pelas áreas de negócio e não somente -pelo jurídico trabalhista ou áreas de recursos humanos.

Essa apropriação da responsabilidade pelas áreas de negócio é essencial para o sucesso do plano de prevenção de passivos trabalhistas.

Assim, o plano em questão deve fazer parte da visão estratégica de médio/longo prazo do negócio.

Importante ressaltar que, uma vez implementado e consolidado o plano de prevenção de passivos trabalhistas, é preciso definir indicadores para medir a eficácia de cada uma das ações.

Cabe uma análise minuciosa dos processos distribuídos a partir da data de implementação de cada uma das ações para assegurar que, ao longo do tempo, os objetivos foram devidamente atingidos.

Obviamente que as ações não surtem efeito em um curto período. Os resultados das ações implementadas são sentidos no médio ou longo prazo. É necessário que os trabalhadores vivenciem as mudanças ao longo dos seus contratos de trabalho por razoável duração para que, ao se desligarem, não tenham estímulo para ingressar com ações trabalhistas.

Ao longo de toda a condução do plano para prevenção de passivos trabalhistas também é possível identificar oportunidades para retroalimentar os advogados responsáveis pela condução das defesas e, até mesmo, outras áreas correlatas, como a de relações sindicais, na medida em que os acordos e convenções coletivas podem ser um importante instrumento de blindagem contra passivos, em especial após a redação do art. 611-A da CLT introduzido pela reforma trabalhista.

Com *inputs* para teses de defesas, contestações, impugnações etc. garante-se a melhoria contínua dos procedimentos internos e são maximizadas as chances de êxito nos processos trabalhistas.

Por último, mas não menos importante, é essencial frisar que todas as etapas supracitadas irão requerer um processo efetivo para gestão da mudança.

Mudanças, mesmo que benéficas, em geral, podem provocar sentimentos de negação e resistência em um primeiro momento.

Toda evolução exige mudança. Assim, faz-se necessário preparar, equipar e apoiar a organização para adotar efetivamente o plano de prevenção de passivos trabalhistas. Por meio de um processo de gestão de mudanças eficaz, é possível avançar a passos largos na implementação do plano para prevenção de passivos trabalhistas sem desestabilizar ou gerar disrupção nas equipes ou até mesmo na organização.

Em conclusão, a avalanche de ações judiciais deve ser estancada com um plano estruturado, voltado à prevenção, com utilização de metodologias e ferramentas de gerenciamento de projetos para a criação de programas visando a implementação de ações mitigatórias e de controle de riscos e passivos trabalhistas.

Produção Gráfica e Editoração Eletrônica: GRAPHIEN DIAGRAMAÇÃO E ARTE
Projeto de Capa: DANILO REBELLO
Impressão: META BRASIL